新编21世纪高等职业
教育精品教材 / 物流类

仓储与配送作业管理

主编◎代湘荣 周志刚 叶红梅 副主编◎任天舒 刘宁 胡江

Warehousing and Distribution Operation Management

中国人民大学出版社
·北京·

图书在版编目（CIP）数据

仓储与配送作业管理 / 代湘荣，周志刚，叶红梅主编 . -- 北京：中国人民大学出版社，2022. 3
新编 21 世纪高等职业教育精品教材 . 物流类
ISBN 978-7-300-30321-5

Ⅰ. ①仓… Ⅱ. ①代… ②周… ③叶… Ⅲ. ①仓库管理—高等职业教育—教材 ②物流配送中心—企业管理—高等职业教育—教材 Ⅳ. ①F253

中国版本图书馆 CIP 数据核字（2022）第 026088 号

新编 21 世纪高等职业教育精品教材 · 物流类
仓储与配送作业管理
主　编　代湘荣　周志刚　叶红梅
副主编　任天舒　刘　宁　胡　江
Cangchu yu Peisong Zuoye Guanli

出版发行	中国人民大学出版社		
社　址	北京中关村大街 31 号	邮政编码	100080
电　话	010－62511242（总编室）		010－62511770（质管部）
	010－82501766（邮购部）		010－62514148（门市部）
	010－62515195（发行公司）		010－62515275（盗版举报）
网　址	http://www. crup. com. cn		
经　销	新华书店		
印　刷	北京七色印务有限公司		
规　格	185 mm×260 mm　16 开本	版　次	2022 年 3 月第 1 版
印　张	19. 5 插页 1	印　次	2022 年 3 月第 1 次印刷
字　数	393 000	定　价	45. 00 元

前　言

2021年，我国社会物流总额达335.2万亿元，物流业当之无愧成为支撑国民经济发展的基础性、战略性、先导性产业。党的十九大更是对我国物流业发展提出了更高的目标。当前，我国物流业正随着新技术、新业态、新模式转型升级，进入以质量和效益提升为核心的发展新阶段，以效率改进、创新驱动为出发点，以智慧物流为发展方向，必将重塑我国物流价值链和物流产业新格局。

“智慧物流仓储先行”，这句话说明仓储业是现代物流业的重要组成部分。在物流业转型升级的大环境下，在大数据、信息化、人工智能的驱动下，仓储业正在快速发展，同时对仓储从业人员的职业能力提出了更高的要求。

湖北普罗格科技股份有限公司（以下简称“普罗格”）作为AAAA级物流企业，积极倡导“科技赋能物流”，在智慧物流尤其是仓储领域经营多年，积累了丰富的场景经验和技术应用，是一家立足物流行业、精耕仓储的高速成长型高科技企业。普罗格已形成智能物流服务生态，拥有供应链咨询规划、物流信息系统与云平台物流解决方案、自动化设备调度算法与集成总包、第三方物流运营辅导、物流实训教育等新型智能仓储建设的综合能力及业务板块，能更好地满足新物流时代下智能仓储建设发展实际需求，用科技为客户提供可感知、可链接、可调度的智能化解决方案，用实效为客户创造最优的投资回报。

现代仓储业既是物流业的重要组成部分，又是第三产业中的独立行业。我国物流业的现代化离不开仓储业的现代化，现代仓储业的发展必然推动现代物流业的发展。

武汉交通职业学院物流学院联手普罗格，加强校企合作力度，通过校企战略合作，以普罗格智仓作为实习实践基地，通过深入的实践和场景化教学，有效地进行智慧物流人才培养，让学生身临其境地体会新物流、感受新物流，变革教育方式，实施个性化、定制化的学习系统，致力于教授智慧物流人才所应掌握的知识技能，最终使学生熟练掌握智慧物流背景下多种仓储形态和物流系统的完整知识体系结构和规范流程，为学生的个人发展提供强有力的保障，为行业不断输送面向未来的物流创新复合型人才。

新技术、新规范、新标准的广泛应用，为现代仓储业注入了更大的活力。武汉交通职业学院联合普罗格专家，以真实的职场新人入职仓储岗位为起点，共同编撰了《仓储与配送作业管理》这本教材。本教材的特点是：

1. 以课程思政引领教材建设

本教材积极贯彻落实党的十九大、全国教育大会、全国高校思政工作会议精神，以习近平新时代中国特色社会主义思想为指导，落实立德树人根本任务，教材中每个项目均设置素质、知识、技能三维目标，将价值引领与专业教学相融合，引导学生践行社会主义核心价值观，发挥专业课程的育人功能。

2. 以真实仓储业职场新人成长轨迹链接教材内容

本教材以普罗格录用的仓储管培生入职为切入点，以真实职场新人成长轨迹来组织教材编写，由浅入深，不仅可以作为高职高专课程教材，也可以作为物流企业职业培训用书。

3. 以校企合作平台助力课程建设推动教材建设

在普罗格研学中心大力支持下，为融入最新物流技术、理念，为实现课程建设推动教材建设目标，本教材依托校企合作平台，采用了普罗格真实案例、流程、单据，更有大量的资深企业仓储专家参与教材编写，为深化职业教育“三教”改革做出极大贡献。普罗格公司专家教材编写人员如下表所示：

序号	企业专家	职务	编写任务
1	周志刚	普罗格董事长	总体规划
2	叶红梅	普罗格执行副总经理	项目二、项目三
3	胡江	普罗格副总裁	项目五、项目六
4	杨婧	普罗格研学中心培训部主任	项目一
5	孙伟	普罗格供应链服务事业群管理中心	项目四、项目七

4. 对接专业标准规范教材建设

本教材对接物流管理专业教学标准，对接物流管理技能等级标准，根据物流管理1＋X证书制度改革要求，进行了模块化教学改革，重构了教学内容和教学大纲，满足了育训结合的需要。

本教材由武汉交通职业学院教授代湘荣、普罗格董事长周志刚、普罗格执行副总经理叶红梅共同担任主编，武汉交通职业学院教师任天舒、刘宁和普罗格副总裁胡江担任副主编。全书共分为七个项目，项目一由黄腾跃（武汉交通职业学院教师）、杨婧编写，项目二由刘宁、叶红梅编写，项目三由罗雅倩（武汉交通职业学院教师）、叶红梅编写，项目四由代湘荣、孙伟编写，项目五和项目六由任天舒、胡江编写，项目七由罗雅情、孙伟编写。教材中还精心设计了同步测试并编写了相应实训项目。

在本教材的编写过程中，武汉交通职业学院浦震寰教授以及武汉软件专业技术学院李海华教授提供了大力支持。湖北省物流职业教育集团、长江经济带物流职业教育协同发展联盟、湖北省物流协会、武汉物流协会、中国人民大学出版社给予了教材编写大力帮助，在此一并致以真诚的感谢。

由于物流业发展特别是仓储技术发展日新月异，加之编者能力和时间有限，教材中难免存在不当之处，恳请广大读者批评指正，以使本教材日臻完善。

编者

2022 年 1 月

目　录

项目一
现代仓储业认知

【知识结构图】

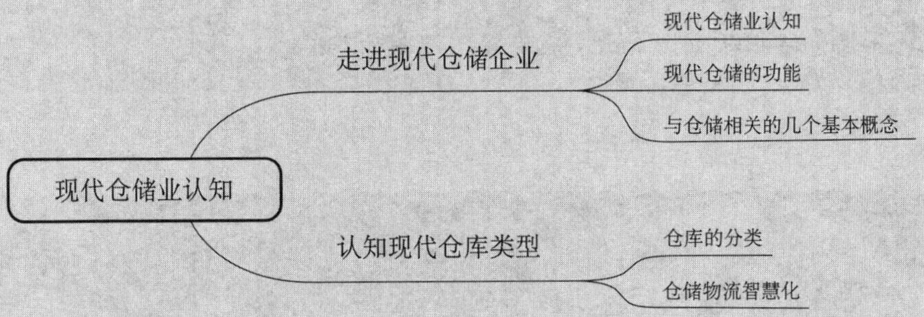

【内容提要】

本项目是以物流管理专业学生成为物流企业职场新人的岗前培训为切入点，旨在帮助学生了解现代仓储业的现状和发展方向，感知仓储企业文化，并深入仓库实地了解现代仓库的种类。

【学习目标】

※ 素质目标

1. 引导学生了解我国仓储物流的悠久历史，增强学生物流强国的文化自信。
2. 培养学生担当民族复兴大任、成为物流强国的时代新人的信心。

※ 知识目标

1. 掌握仓储及仓储管理等重要概念。
2. 掌握仓库的种类及功能。
3. 了解现代仓储业的发展方向、特点。

※ 技能目标

1. 能识别不同类型的仓库。
2. 能深刻认知现代仓储业在国民经济中的重要作用。
3. 对现代仓储业以及物流业发展有较为深刻认识。

任务一 走进现代仓储企业

学习情境

刘盼是武汉交通职业学院物流管理专业毕业生，于2019年9月成为湖北普罗格科技股份有限公司（以下简称“普罗格”）运营部管培生。为助力职场新人尽快了解企业，普罗格给予管培生的岗前第一课培训为“认识普罗格”，详细介绍了普罗格的发展历史、现状、未来发展目标，促使仓储企业职场新人们能对现代物流仓储行业有深刻认识。

普罗格成立于2012年，总部设于湖北武汉，在全国有10余家分子公司，遍布于华中、华东、华南、西南和华北的5大物流运营中心和2所科研基地，为哈药集团、良品铺子、快鱼服饰等300多家客户构筑了通达全国的物流网络。

2021新普罗格

普罗格秉持以客户需求为驱动的“CARE”服务理念，即“Cost”——降低成本、“Automation”——自动化信息化、“Rational”——合理化、“Energy”——节能。

普罗格作为立足物流行业、精耕仓储的一家高速成长型高科技企业，拥有供应链咨询规划、物流信息系统与云平台物流解决方案、自动化设备调度算法与集成总包、第三方物流运营辅导等新型智能仓储建设的综合能力及业务板块，能更好地满足新物流时代下智能仓储建设发展实际需求，用科技为客户提供可感知、可链接、可调度的智能化解决方案，用实效为客户创造最优的投资回报。

普罗格在物流技术上持续投入、不断创新，软硬件技术团队近300人，拥有20多项软硬件自主知识产权，通过“技术＋服务”的无缝对接、成熟的仓储解决方案与前沿技术的验证场景互融互通，帮助300多家客户实现方案落地并转化为物流生产力。

在咨询规划方面，普罗格以流程精益为核心，以物流技术赋能，提供管理优化、流程设计、仓储规划等总体规划服务。在软件及云平台方面，普罗格以控制中台为核心，以软件定义硬件，由智能物流控制中台调度各项物流活动，融合不同物流硬件终端功能，发挥最大的设备协同。在智能设备方面，普罗格以设计和算法为核心，提供集成与总包服务。在运营管理方面，普罗格在全国五大区域设有普罗格自营仓储中心，同时运营数十家品牌，仓储提效显著。

普罗格旗下实体设备研发生产基地——智芯科技是全球供应链科技服务品牌，也是普罗格旗下AIoT重要的产业布局，致力于打造物流科技大脑，基于5G物联网技术与普罗格“菠菜云”框架，着力打造“智芯”控制中台系统，链接机器人控制系统、智能自动化设备、物联网交互设备，实现一站式物流智控服务。

普罗格研学中心以“实学、真知、实干、真行”为理念，以促进智能仓储业高质量发展为己任，以实现民族振兴的“中国梦”为目标，旨在将智能仓储行业丰富积累转化为科学研究、技术创新和人才培养的宝贵资源，成为培养科技物流人才的“黄埔军校”。秉承“培养有物流热情、渴望成为物流领域专家的多元化复合型人才”的运作理念，普罗格研学中心以高品质面授与社交化学习为特质，服务于各行各业的战略合作伙伴、高等院校、客户以及研学中心全国学员，为企业提升、产业升级、社会发展赋能。

普罗格深耕大健康、新零售、精益制造三大行业，拥有深厚的行业积淀，为上百家客户提供了不同层次的物流与供应链解决方案。服务是第一生产力，普罗格全国分子公司、物流运营中心以及科研基地、遍布全国的服务网络为客户提供及时的服务响应，伴随客户共同迈入智能仓储新时代。

普罗格利用行业领先的技术优化供应链，通过使用业界一流的产品和软件，最大程度以结果为导向提高运营效率，并为各行业带来新的增长机会，已累积为数百家客户提供了物流与供应链解决方案：在大健康（医药流通、医药零售、医疗器械、医药生产）领域，服务于华润、国药、上药等龙头企业；在新零售（电商平台、零售商超、鞋服、食品饮料、生鲜冷链、美妆日化、图书等）领域，服务于菜鸟、良品铺子、重百、中百、天虹等多家大型行业龙头；在精益制造（综合制造、汽车零部件）领域，服务于法雷奥、中外运、一汽富晟、震坤行等多家行业头部企业。

普罗格已通过 AAAA 级物流企业认证、CMMI 5、信息安全管理、ISO、知识产权管理等体系认证，是高新技术产业协会副会长、湖北省物流协会常务理事、湖北省软协理事单位、武汉市软件协会副会长单位、中国电商联盟会员单位、数字孪生体联盟、湖北省“金种子”企业。普罗格先后获得中物联科技进步奖、医药供应链“金质奖”十大信息化解决方案、物流软件创新奖、2020 年湖北省疫情防控重点保障企业、2021 年零售业供应链最佳实践案例（中国连锁经营协会）、物流技术装备推荐品牌（中物联装备委）、2020 年诚信建设优秀企业（武汉物流协会）、全国通用仓储企业 100 强（中仓协）、首批武汉人工智能企业＋首批武汉雄鹰会业（武汉市高新协会）、高工机器人金球奖年度优秀集成商奖（高工机器人）等荣誉称号。

学习情境分析：了解企业发展史，感知仓储企业文化，是职场新人认知企业、认同企业、融入企业的第一步。

知识链接

一、现代仓储业认知

（一）基本概念

1. 仓储

仓储指利用仓库及相关设施设备进行物品的入库、存储、出库的活动。其中，“仓”指仓库，是存放、保管物品的建筑物或场所的总称，可以为房屋建筑、大型容器、洞穴或者特定的场地等，具有存放和保护物品的功能；“储”表示收存以备使用，具有收存、保管、交付使用的意思，当适用有形物品时也称为储存。

仓储伴随着社会产品出现剩余和产品流通的需要而产生，当产品不能被及时消费，需要专门的场所存放时，就产生了仓储。

2. 仓储业

仓储业是指专为他人储藏、保管货物，以及以仓储为主的物流配送的商业营业活动，是现代化大生产和国际、国内商品货物的流转中一个不可或缺的环节。现代仓储业已突破仓储传统的“存货保管”概念，成为现代物流的核心环节与运营中心。现代仓储业从业人员的工作不仅涵盖仓储，更兼有输送、保管、配送、理货功能，其发展的趋势是连接起销售，是将货主与物流中心两者结合在一起的接口。

（二）我国仓储业发展历程

仓储随着储存的产生而产生，又随着生产力的发展而发展。人类社会自从有剩余产品以来就产生了储存。“积谷防饥”是我国古代的一句警世名言，其含义是将丰年多出的粮食储存起来以防歉年之虞。

在5000多年前母系氏族的原始社会里就出现了“窖穴库”。在西安半坡村的仰韶遗址可以看到仓库的雏形。而西汉时建立的“常平仓”是我国历史上最早的由国家经营的仓库。在我国古代，“仓”是指储藏粮食的场所，而“库”则是指储存物品的场所，此后，人们逐渐将“仓”和“库”两个字连在一起用，表示储存各种商品、物资的场所。随着商品经济的飞速发展，现代意义上的仓库已不完全是古代意义上的“仓库”了，其内涵已发生深刻的变化。回顾我国仓储的发展历史，可以分为古代仓储业、近代仓储业和现代仓储业三个阶段。

1. 古代仓储业

由于人们通常在稻谷成熟、颜色苍黄之时将它们收割入库，因此称粮库为“仓”。早在春秋战国时期，《管子·牧民》中就有“错国于不倾之地，积于不涸之仓，藏于不竭之府”一说，写出了“不涸之仓”是国家得以立、民得以治理的重要基础。朱元璋也曾提出“高筑墙，缓称王”。管仲的“仓廪实而知礼节，衣食足而知荣辱”是我国古老仓储文化的写照。

我国古代仓储业是随着社会分工和专业化生产的发展而逐渐形成的。唐朝初期出现的“邸店”，可以说是商业仓库的最初形式，但由于受当时商品经济的局限，它既具有商品寄存性质，又具有旅店性质。随着社会分工的进一步发展和交换的不断扩大，专门储存商品的“塌房”从“邸店”中分离出来，成为带有企业性质的商业仓库。

丰图义仓

2. 近代仓储业

我国近代仓储业是伴随近代工业和商业的产生而发展起来的。我国近代仓储业起源于商品流通领域。近代具有商业性的仓库一般称为“堆栈”，是指堆存和保管物品的场地。堆栈业与交通运输业、工商业的发展状况，以及与商品交换的深度和广度关系极为密切，我国工商业发展较快地区的堆栈也较为发达。例如：1929年上海的大小仓库已有40多家，库房总容量达90万吨。散装货品、堆场货栈、私营管理是当时的仓储特点。

3. 现代仓储业

仓储那些事儿

我国现代仓储业的发展得益于经济的快速发展，现代仓储业在国民经济中占有十分重要的地位。近年来，仓储业占社会物流总费用的比重和占GDP的比重都在不断上升，仓储业在整个经济运行中的地位逐年提高。中金企信国际咨询公布的《2020—2026年中国仓储专项调研及投资战略预测可行性咨询报告》统计数据显示：2017年全国社会物流总费用12.1万亿元，其中保管费用3.9万亿元，管理费用1.6万亿元，而仓储费用是为储存保管一定数量的商品物资所支出的仓储保管费用和应负担的企业管理费用的总和，因此2017年仓储费用占社会物流总费用的45.5%，占GDP的6.65%。2018年上半年，社会物流总费用为6.1万亿元，仓储费用为3万亿元。2020年仓储费用占社会物流总费用的49.2%，占GDP的7.16%。

我国现代仓储业具备以下特点：

（1）仓储业资产总额增长明显。近年来我国仓储业发展迅速，在宏观经济形势影响下，仓储物流行业总投资放缓，但仓储业总资产仍然保持增长趋势。虽然常温仓储设施增长平稳，但冷库建设以及高标仓库仍保持较高增速。2006—2017年我国仓储业投资连续大幅增长，但2018年后，仓储业投资转向库内功能完善、末端节点建设、信息化、智慧化等方面，在一定程度上放缓了仓储业投资。行业对外公布的2013—2017年数据显示，仓储业年均资产投资增长率为14.6%。2020年，仓储业总资产达到约3.7万亿元。

（2）仓储业务需求、盈利能力有很大提升空间。我国物流业的快速发展为仓储业的崛起提供了巨大的市场需求，同时，制造业、商贸流通、服务业外包需求的释放以及电商改变物流模式和政策的引导，极大地拉动了我国现代仓储需求。尽管2020年受新冠肺炎疫情影响，1—6月仓储业平均业务量指数为49.98%，略低于荣枯线水平50%，但在2020年上半年全国经济明显收缩的背景下，仓储业务需求表现稳定，疫情稳定后即呈现上升趋势，最终，2020年全年社会物流总额突破3万亿元。

我国仓储业盈利能力一直处于提升状态。尽管2020年初受到疫情影响，在2月降到历史最低的24.3%，2020年上半年平均业务量指数为45.9%，保持在荣枯线以下，但疫情稳定后的4月开始，就逐渐恢复到荣枯线以上水平，说明仓储业务利润仍有进一步扩展趋势。

（3）高标仓成为行业未来发展趋势之一。高标仓指拥有“高标准仓储物流设备”的仓库。高标仓和传统仓的差异主要表现在：高标仓选址合理、合规，且建筑结构相对先进和完善，加上计算机、通信和机器人技术的使用，辅以流畅的物流信息规划系统，能够实现物流规模化效应，提高拣选效率和准确性，从而减低仓储成本并减少库存资金占用率。基于此，高标仓成为仓储行业发展主要趋势之一。

根据物联云仓统计的覆盖全国 219 个城市、7 187 个园区的仓库资源数据，截至 2020 年底，全国通用仓库总面积超 3 亿平方米，从仓库水平来看，目前高标仓约占通用仓库总面积的 30%，高标仓供给量不足，还有很大的市场拓展空间。

(4) 仓储业盈利模式相对丰富。我国仓储企业盈利模式主要包括基础存储业务、保税仓业务、质押监管融资业务、配送和报关报检等增值业务、仓储地产业务（见表 1-1）。

表 1-1　仓储业主要盈利模式

服务类型	盈利模式	盈利水平
基础存储业务	基本依靠收取租金获利，利润＝入库量×单价＋出库量×单价＋增值服务成本消耗	盈利水平最低，大部分传统仓储企业提供此类单一服务
保税仓业务	以仓库库位出租为核心的物流服务项目的收费	盈利水平较高，需获得行业资质，门槛较高
质押监管融资业务	企业利润＝向融资企业收取费用－监管人员的成本－管理成本－风险成本	盈利水平较高，但风险较大
配送和报关报检等增值业务	在现有物流服务的基础上，通过向配送、报关报检等上下游服务延伸，为客户提供更加完善和全面的物流服务	盈利水平较高，是大部分传统仓储企业转型发展的主要方向
仓储地产业务	通过仓库租赁后形成的产业集群特征带动地产升值来获得长期收益	盈利水平较高，但由于涉及土地交易，行业门槛较高

基础存储业务模式是仓储物流企业最原始、最初级的盈利模式，这种模式比较简单，其主要业务就是为客户提供单纯的存储服务以及最简单的装卸服务，对经营管理和人力资源的要求较低。目前国内市场大部分仓储企业都是上述单一的服务模式，这也是仓储行业整体盈利水平较低的主要原因。

仓储物流增值服务是目前传统仓储企业转型发展的主要方向，而保税仓业务、仓储地产业务的盈利水平较高，但这类业务市场进入门槛也较高。

(5) 发展中的不足。我国仓储业发展中主要不足表现为：一是仓储业经营成本压力较大。由于仓储业的资金密集型、劳动密集型特征，因此行业业务成本指数整体高于业务利润指数，尽管行业利润有所增长，但成本的不断增高仍对企业经济效益产生了不利影响，企业整体的经营成本压力较大。二是盈利水平整体较低。由于目前国内市场大部分传统仓储企业的业务模式较为基础和单一，因此仓储行业整体盈利水平较低。三是现代仓储管理水平较低。现代物流的发展离不开仓储管理的现代化，我国仓储业在发展增值性服务以及满足客户的个性化、多样化的需求方面都有待挖掘和提升。

（三）现代仓储业的特征

现代仓储业作为一个产业，存在多种属性，表现出许多特点。从发展的角度看，现代仓储业可以归纳出如下 4 个主要特征：

1. 与其他产业密切相关

现代仓储业的这一特征是指其与其他产业有着特别密切的联系。由于现代仓储业服务于整个产业链，同时具有强烈的社会功能，因此，相关性是现代仓储业最显著的特征。从经济功能看，这一特征可以用产业关联度来反映，产业关联度是指各产业之间通过产品供需而形成的广泛的、密切的、互为存在的技术经济内在联系。现代仓储业涉及多个经济部门，具有极强的产业关联度：一方面，现代仓储业具有高中间投入率、高中间需求率的产业特征，有明显的基础性和先导性产业性质，这反映出现代仓储业在生产活动中与其他产业较高的相互依赖程度。另一方面，现代仓储业具有较高的产业影响力系数和产业感应度系数，这反映了现代仓储业与其他经济部门之间的较高的相互影响程度，也表明了现代仓储业与整个经济产业有较强的相互关联、相互带动的作用，它的高效运营能够有力地推动社会经济各个产业的发展。总体而言，现代仓储业属于中间生产性服务性行业，它与第一、第二产业，包括第三产业的其他行业有较强的联动和相互影响；作为生产性服务业，仓储业既影响商品的生产领域，也制约商品的消费领域，其影响力远超过一般服务性行业。可以说，作为一个跨行业、跨地区、跨部门的产业，现代仓储业对于三大产业及细分行业门类都有相当的影响力。

2. 表现形式多样

现代仓储业的这一特征是指其覆盖领域广且有着多种多样的形式。由于现代仓储业已突破传统，更广泛地参与社会经济发展，从农业、工业到服务业，从生产者市场到消费者市场，从初级产品到最终产品，从经济活动到社会活动，所有这些方面都离不开现代仓储业的参与。为了适应不同领域，现代仓储又呈现许多类型，例如：按仓储物的处理方式划分为保管式仓储、加工式仓储、消费式仓储；按仓储经营主体划分为商业营业仓储、企业自营仓储、战略储备仓储、公共仓储；按仓储功能划分为储存仓储、物流中心仓储、配送仓储、运输转换仓储、保税仓储等。现代仓储的主要业态也呈多样化，例如：按提供的产品性质分为仓储地产业、仓储服务业；按服务的功能分为物流中心、分拨中心、配送中心。同时，过去单纯的仓储服务，开始向全程服务，如商品装卸、包装、分拣、配送、后续加工等服务拓展，这些服务的每一项都能够实现产品的价值增值，形成形式产品和附加产品，更好地满足消费者需求。

3. 信息化发展明显

现代仓储业的这一特征是指仓储服务必须以计算机网络设备、信息技术与方法作为基础，实现商流、物流、资金流、时间流等与信息流的结合。由于仓储活动必须涉及成千上万的产品信息，数据量极其庞大，依靠传统的技术和方法很难满足需要，因此利用计算机网络、信息技术等成为必然。现代仓储业信息化特征主要表现在仓储信息的收集、处理、传递、储存等方面的现代化，分别表现为收集的信息代码化和数据库化、信息的处理电子化和计算机化、信息的存储数字化、信息的传递执行标准化和实时化等。现代仓储业信息化系统主要包括三大部分：一是电子数据交换（EDI）系统，用于仓储数据流转处理。二是条形码（BAR-CODING）系统，用于仓储库存控制。货物条形码是货物属性及其物流信息的标准代码。三是全球定位系统（GPS），用于物流流程监控。

4. 现代技术运用密集

现代仓储业的这一特征是指仓储活动普遍采用先进的设备和技术，实现仓储作业的机械化、自动化。仓储机械化是企业和活动主要借助机械设备、设施来完成工作作业的仓储，由于仓储作业量比较大、场地环境特殊、安全性要求高，因此机械作业具有效率高、工作时间久、承重能力强、损害低等特点，使得仓储机械化成为必然。另外，仓储机械化具有较高的企业集成度、较少的人力成本、货损，劳动生产率很高，同时，由于运输中货物的包装向着大型化、托盘化的方向发展，仓储也需与之适应，必然要向机械化过渡，实现仓储作业机械化。仓储自动化则是指由计算机进行管理和控制，不需要人工搬运作业就能实现货物收发作业的自动管理和控制系统，并可直接与其他生产系统相连。在自动化仓库中，通过相关软件的计算机数据库管理货物基本信息及住址，再通过扫描技术、条形码技术、射频通信技术、数据处理技术等，协调指挥仓库货物堆垛机、货物输送带、货物自动装载导引车、货物自动分拣设备等，自动完成仓储作业，并同时自动完成单证、报表的制作和传递。自动管理系统还能向运输工具下达运输指令来安排运输任务等。自动控制系统对环境温湿度、设备工况等进行自动监控和管理是指在不直接进行人工处理的情况下能自动存储和取出物料。这个定义覆盖了不同复杂程度及规格极为广泛的、多样的系统。

二、现代仓储的功能

仓储的功能可以分为基本功能和增值服务功能两部分。仓储的基本功能是传统仓储企业直接经济利益的来源。随着市场竞争的不断加剧，企业为了建立竞争优势，不仅要提高原有服务功能的质量，还要大力扩展仓储业务，创造新的增值服务。

（一）仓储的基本功能

1. 存储保管

存储保管是指将物品收存并进行妥善的保管，确保物品的价值不受损害。存储保管是仓储最基本的功能，也是仓储产生的根本原因。对于全年生产、季节性需求（如羽绒服）和季节性生产、全年需求（如农产品）的产品来说，产品的存储尤为重要，仓储的存储保管功能不仅提供了存货缓冲，还使生产活动在受到材料来源和顾客需求限制的条件下提高效率。

2. 存期控制

物品储存的时间有可能长，也有可能短。存期控制就是指安排商品存储的时间和地点，形成对流通的控制，起到"蓄水池"和"调节阀"的功能。

3. 数量管理

仓储的数量管理主要包括两个方面：一是存货人提取的货物数量和交付的数量一致；二是保管人可根据存货人和提货人的要求分批收货和发货，同时，可以提供存货数量的信息，以便客户控制存货。

4. 质量养护

仓储的作业之一就是对保管过程中的物品进行养护，控制内外因素对商品质量的影响，防止或减弱商品质量的变化，降低损耗，根据收货时的质量交还货物。

（二）仓储的增值服务功能

1. 交易中介

仓储经营人利用其与商品使用部门广泛的业务联系，为存货人提供交易中介服务，不仅能加速商品周转、增加利润，还能吸引更多的仓储业务。

2. 流通加工

为了方便生产和促进销售，企业通常将包装、分割、计量、分拣、刷标志（刷唛）、组装等简单作业延迟或提前到仓储环节进行，使得仓储成为流通加工的重要环节。仓库承担的少量制造活动，可以帮助生产企业实现加工延迟（即加工延期的经济功能），起到降低企业风险和存货水平的作用。

3. 配载

仓库将来自不同企业的产品或材料按同一运输方向整合成一个单元，进行一票装运。配载可以使仓库具有整合的经济功能，能起到提高车辆利用率、降低运输费率、减少因多个供应商同时向同一客户送货带来的收货站台拥塞等问题。

4. 配送

配送是指供应商将大批量货物满载运输到仓库，仓库再根据客户生产和销售的需要，将小批量的货物送到不同客户的手中。配送业务的发展有利于企业降低库存和运输成本，实现准时制生产。

三、与仓储相关的几个基本概念

详见表1-2。

表1-2　与仓储相关的几个基本概念

序号	概念	内涵
1	仓库	泛指保管货物的场所，包括库房、露天货场、洞穴、大型容器等。
2	仓储	指利用仓库对商品进行储存和保管的活动。仓储的对象可以是生产资料，也可以是生活资料，但必须是实物动产。
3	仓储业	指专门从事货物仓储、货物运输中转仓储，以及以仓储为主的物流配送活动，是现代化大生产和国际、国内商品货物的流转中一个不可或缺的环节。
4	仓储管理	指对仓储设施布局和设计，以及仓储作业所进行的计划、组织、协调与控制。具体而言，仓储管理包括仓储资源的获得、仓储商务管理、仓储流程管理、仓储作业管理、保管管理、安全管理多种管理工作及相关的操作。
5	库存	指仓库中实际储存的货物。库存可以分为两类：一类是生产库存，是为了保证企事业单位所消耗的物资能够不间断地供应而储存的；另一类是流通库存，即生产企业的原材料或成品库存、生产主管部门的库存和各级物资主管部门的库存。此外，还有特殊形式的国家储备物资，它们主要是为了保证及时、齐备地将物资供应或销售给基层企业、事业单位的供销库存。
6	储存	指包含库存和储备在内的一种广泛的经济现象。具体而言，储存是指物资在进入生产加工、消费、运输等活动之前或在活动结束之后，存放起来的物资。储存不一定在仓库中，也不一定有储备的要素，而是在任何位置，也有可能永远进入不了再生产和消费领域。储存一般包括储存管理和储存技术两个方面的内容。

内化与提升

通过培训，刘盼深深体会到我国仓储文化的源远流长，以及时代赋予现代仓储企业更多的发展机遇和期待。作为AAAA级现代仓储物流企业，普罗格秉承“客户为中心”的服务宗旨，深耕大健康、新零售、精益制造三大行业，用科技为现代仓储业赋能，完全突破了传统仓库仅有的“保管”功能。普罗格是立足物流行业、精耕仓储的一家高速成长型高科技企业，为上百家客户提供了不同层次的物流与供应链解决方案，拥有供应链咨询规划、物流信息系统与云平台物流解决方案、自动化设备调度算法与集成总包、第三方物流运营辅导等新型智能仓储建设的综合能力及业务板块，能更好地满足新物流时代下智能仓储建设发展实际需求，用科技为客户提供可感知、可链接、可调度的智能化解决方案，用实效为客户创造最优的投资回报。刘盼感觉，现代仓储业是现代物流的发展的写照，在社会发展中极具活力。

任务二 认知现代仓库类型

学习情境

"介绍普罗格公司仓库的构成"是管培生培训的内容之一。在运营部主管的介绍下，管培生们对普罗格公司仓库的构成有了初步了解。

首先，普罗格公司仓库分为自营仓与非自营仓。其中自营仓管理面积共约 50 万平方米，分布在华中区、华东区、华南区、西南区及华北区五大区域。自营仓服务三大领域：一是新零售类，即为菜鸟网络、唯品会、御泥坊等电商企业提供仓储服务；二是大健康类，即为威普仕医疗器械等企业提供仓储服务；三是服务 B2B 企业，即为快鱼、孩子王等服装、母婴企业提供仓储服务。

普罗格非自营仓主要指其为客户提供规划咨询、软件集成、设备集成及运营服务。非自营仓主要服务大健康、商贸流通及精益制造三大行业客户，良品铺子、健民药业、哈尔滨第一机械集团等都是普罗格客户。普罗格为这三大行业客户提供了现代化程度极高的物流服务，其中，大健康行业客户 200 多家，主要相关配套设备有托盘自动化立库、码垛系统、多穿箱式货到人拣选系统、电子标签拣选系统、A 字架拣选系统等。商贸流通行业客户 100 多家，主要相关配套设备有托盘自动化立库、RGV 搬运设备、螺旋输送穿层系统、输送分拣系统等。精益制造行业客户约 50 家，主要相关配套设备有四向穿梭车立库、AGV 搬运系统等。

此外，基于客户货物品种的多样性，普罗格仓库中不仅有普通仓库，还有服务于冷链物流的温控仓面，更有科技含量极高的立库。

学习情境分析：刘盼参观了普罗格的仓库，走进了未来工作的场所，从而对仓库有了较为深刻的认识。

知识链接

一、仓库的分类

仓库是保管、存储物品的建筑物和场所的总称。对于生产制造型企业，如最具代表性的工业企业，仓库是为储存各种自身生产所需的原材料、零部件、设备、机具和半成品、产成品的场所。对于流通型企业，如最具代表性的第三方物流企业，仓库是为储存各种社会需求的商品、物资的场所。从传统管理的角度看，仓库在物流系统中是主要承担保管功能的场所，是物流网络中以储存为主要功能的节点。从现代物流的角度看，大型的、多功能的仓库往往作为区域分拨的基地，是区域内物流运作的中心。

（一）仓库的不同类型

仓库是物流系统的基础设施。仓库的种类多种多样，形态结构各异，服务范围存在较大差异，从营运形式、保管物品种类、仓库保管条件、仓库建筑封闭程度、仓库建筑结构、库内形态、仓库功能等角度，可以将仓库分为不同种类。

1. 按营运形式分类

（1）自有仓库。自有仓库是指各企业为了保管本企业的物品（包括原料、半成品、产成品）而建设的仓库。仓库的建设、物品的保管以及出入库等业务均属于本企业责任范围。所保管物品确定后，企业可选择适合这些物品的仓库结构和装卸设备。

（2）营业仓库。营业仓库是指按照仓库业管理相关条例取得营业许可并保管他人物品的仓库。营业仓库是社会化的一种仓库，面向社会，以经营为手段，以盈利为目的。营业仓库有更高的使用效率。

（3）公用仓库。公用仓库包括车站站台、港口码头以及货栈、货站，甚至是配送中心的备货场等。这类仓库对物资的存储是暂时的，有很强的附属性。而自有仓库和营业仓库对物资的储存带有防护性、保护性，需配合一系列维护保养工作，具有独立功能，储存时间相对较长。

2. 按保管物品种类分类

（1）综合库。综合库是指用于存放多种不同属性物品的仓库，见图 1－1。

图 1－1　综合库

烟草与医药仓储

服装、农产品与汽车零配件仓储

（2）专业库。专业库是指用于存放一种或某一大类物品的仓库，见图 1－2。

图 1－2　专业库

3. 按仓库保管条件分类

（1）普通仓库。普通仓库是指用于存放无特殊保管要求的物品的仓库，见图 1－3。

图 1－3　普通仓库

（2）保温、冷藏、恒温恒湿库。保温、冷藏、恒温恒湿库是指用于存放有保温、冷藏或恒温恒湿要求的物品的仓库。这类仓库具备制冷设备，并有良好的保温隔热性能以保持所需的温度，见图 1－4。

（3）危险品仓库。危险品仓库是指用于保管危险物品的仓库。这类仓库能对危险品起一定的防护作用，见图 1－5。

（4）气调仓库。气调仓库是指用于存放要求控制库内特殊气体（如氧气和二氧化碳）浓度的物品的仓库，见图 1－6。

图 1-4　保温、冷藏、恒温恒湿库

图 1-5　危险品仓库

图 1-6　气调仓库

4. 按仓库建筑封闭程度分类

(1) 封闭式仓库。封闭式仓库，俗称“库房”。这类仓库封闭性强，便于仓储物品进行维护保养，见图 1-7。

(2) 半封闭式仓库。半封闭式仓库，俗称“货棚”。这类仓库的保管条件相对封闭式仓库要低，但出入库作业方便，建造成本较低，见图 1-8。

(3) 露天式仓库。露天式仓库，俗称“货场”。这类仓库装卸作业方便，存放可露天储存的物品或大型物品，存储成本低，见图 1-9。

图 1-7 封闭式仓库

图 1-8 半封闭式仓库

图 1-9　露天式仓库

5. 按仓库建筑结构分类

（1）平房仓库。平房仓库是指只有一层建筑结构的仓库，其结构简单，建筑费用低，仓储作业方便，见图 1-10。

图 1-10　平房仓库

（2）楼房仓库。楼房仓库是指具有两层以上建筑结构的仓库。这类仓库可减少土地的占用面积，但物品上下移动作业复杂，见图 1-11。

（3）罐式仓库。罐式仓库呈球形或柱形，主要用来储存石油、天然气等液体货物，见图 1-12。

（4）简易仓库。简易仓库结构简单，通常为一些简易货棚，常作为临时仓库，见图 1-13。

图 1－11　楼房仓库

图 1－12　罐式仓库

图 1－13　简易仓库

（5）高层货架仓库。高层货架仓库建筑物本身是平房结构，但棚顶很高，内部设施层数多，主要使用仓储管理系统控制，仓储作业由机械设备完成，见图 1-14。

图 1-14　高层货架仓库

6. 按库内形态分类

（1）地面型仓库。地面型仓库一般指单层地面库，多使用非货架型的保管设备，见图 1-15。

图 1-15　地面型仓库

（2）货架型仓库。货架型仓库是指采用货架保管货物的仓库。这类仓库把货物摆放在货架上，或通过托盘摆放在货架上。同时，根据货物的特性不同，可选择不同类型的货架，见图 1-16。

图 1－16　货架型仓库

（3）自动化立体库。自动化立体库是指出入库采用运送机械存放或取出，用巷道堆垛机等设备进行机械化作业的高层货架仓库。与普通仓库相比，自动化立体库能大大提高仓储作业效率，提高储存空间的利用效率，降低劳动强度，库存信息准确而及时，但投资较大，对库存货物的标准化要求高。

以普罗格公司自动化立体库为例，根据自动存取设备形式的不同分为巷道堆垛机库及托盘穿梭车库。

1）巷道堆垛机库。主要由横梁式货架、巷道堆垛机组成，当仓库 WCS（仓储控制系统）将作业指令发送至巷道堆垛机系统时，巷道堆垛机就会根据具体指令要求取放货物，见图 1－17。

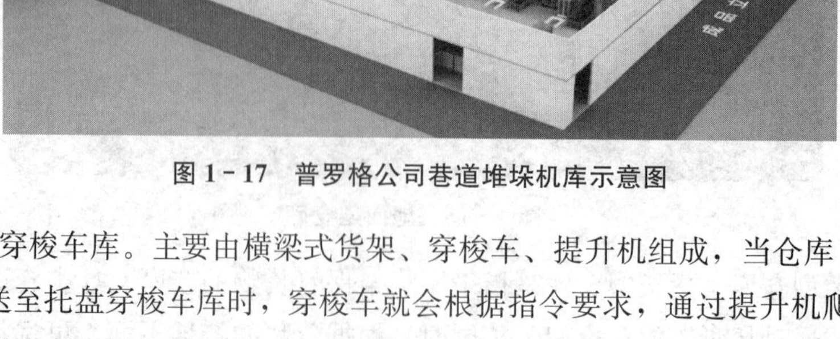

图 1－17　普罗格公司巷道堆垛机库示意图

2）托盘穿梭车库。主要由横梁式货架、穿梭车、提升机组成，当仓库 WCS 系统将作业指令发送至托盘穿梭车库时，穿梭车就会根据指令要求，通过提升机爬升至对应楼层，并取放对应商品托，见图 1－18。

通常而言，自动化立体库可根据其用途、拣选功能分为不同的类型：

图 1－18　普罗格公司托盘穿梭车库示意图

1）按自动化立体库用途分类。可分为存储库、拣选库及中转库三种类型，其物流功能为存储、拣选及补货三种功能。基于所处理对象的商品属性（ABCD 类品）的物流特点适用场景有所不同，见图 1－19。

类型	存储功能		拣选功能					补货功能		
	单批单品种存储量大	单批单品种存储量小	A品原箱，出库频次低，单批出库量大	AA品原箱，出库频次高，单批出库量大	D品原箱，出库频次低，单批次出库量小	BC品原箱，SKU多，单批出库量小	ABC非原箱出库	整托补货	原箱补货SKU少	原箱补货SKU多
存储库	√	×								
拣选库	√	×	√	×	√	×	×	√	√	×
中转库	√	√混托								

图 1－19　按自动化立体库用途分类

2）按自动化立体库拣选功能分类。根据自动化立体库商品处理的 SKU 的个数和单批次处理的件数，可将自动化立体库的拣选形式分为库内拣选、库端拣选、库外拣选。

①库内拣选。指在自动化立体库巷道内部搭建钢平台的在线拣选形式。主要适用于 SKU 多、拣选频次高、单品存量大的原箱拣选作业场景，可减少堆垛机效率的消耗，主要使用实景见图 1－20。

②库端拣选。指在自动化立体库巷道前端搭建钢平台的在线拣选形式。主要适用于 SKU 少、单批出库量大的 A 类和频次低量小的 D 类的原箱作业场景，可减少库前端搬运动作，主要使用实景见图 1－21。

③库外拣选。指先将商品补到自动化立体库外部区域，再进行原箱拣选的作业形式。主要适用于单批出库量大、频次高的AA类品种，以及单品种存量小、SKU多的BC类的原箱作业场景，可降低堆垛机效率对作业连续性的影响，主要使用实景见图1-22。

图1-20　库内拣选

图1-21　库端拣选

图1-22　库外拣选

7. 按仓库功能分类

现代物流管理力求进货与发货同期化，使仓库管理从静态管理转变为动态管理，仓库功能也随之改变，主要类型有：

（1）物流中心。物流中心是指从事物流活动且具有完善信息网络的场所或组织。物流中心应基本符合下列要求：1）主要面向社会提供公共物流服务。2）物流功能健全。3）集聚辐射范围大。4）存储、吞吐能力强。5）为下游配送中心客户提供物流服务。

（2）配送中心。配送中心是指从事配送业务且具有完善信息网络的场所或组织。配送中心应基本符合下列要求：1）主要为特定客户或末端客户提供服务。2）配送功能健全。3）辐射范围小。4）多品种、小批量、多批次、短周期。

（3）转运中心。转运中心是指提供不同运输方式之间转换交接业务且具有完善信息网络的场所或组织。转运中心应基本符合下列要求：1）主要为不同运输方式的运输商提供转运或联运服务。2）转运功能健全。3）对货物的存储是暂存性质的。

（4）加工中心。加工中心是指从事仓储活动且以流通加工为中心的具有完善信息网络的场所或组织。加工中心应基本符合下列要求：1）主要面向社会提供公共物流服务。2）加工功能健全。3）在提高商品附加值的基础上方便用户。

（二）普罗格公司的仓库

1. 普罗格自营仓

普罗格自营仓共约 50 万平方米，分布在华中区、华东区、华南区、西南区及华北区五大区域。其中华中区电商仓位于湖北省鄂州市，总面积约 8 万平方米，自动化面积共 2 万平方米，分别为 1 万平方米的箱式多穿库和 1 万平方米的悬挂链库。

箱式多穿库主要服务于菜鸟体系下美妆及快消商品，相关配套设备有穿梭式立库（见图 1-23）、高速交叉带分拣机（见图 1-24）、机器人拣选站（见图 1-25）、GAS 拣选工作站（见图 1-26）等。

图 1-23　穿梭式立库

图 1－24 高速交叉带分拣机

图 1－25 机器人拣选站

图 1－26 GAS 拣选工作站

悬挂链库主要服务于唯品会体系下 JIT（及时生产）服装业务，相关配套设备有悬挂链系统（见图 1－27）、AGV 货到人系统（见图 1－28）等。

图 1-27　悬挂链系统

图 1-28　AGV 货到人系统

2. 普罗格非自营仓

普罗格非自营仓主要为客户提供规划咨询、软件集成、设备集成及运营服务。主要面向大健康、商贸流通及精益制造三大行业客户。

大健康行业客户 200 多家，主要相关配套设备有托盘自动化立库（见图 1-29）、

图 1-29　托盘自动化立库

码垛系统（见图 1 - 30）、多穿箱式货到人拣选系统（见图 1 - 31）、A 字架拣选系统（见图 1 - 32）、电子标签拣选系统（见图 1 - 33）等。

图 1 - 30　码垛系统

图 1 - 31　多穿箱式货到人拣选系统

图 1 - 32　A 字架拣选系统

图 1-33　电子标签拣选系统

商贸流通行业客户 100 多家，主要相关配套设备有托盘自动化立库（见图 1-34）、RGV 搬运设备（见图 1-35）、螺旋输送穿层系统（见图 1-36）、输送分拣系统（见图 1-37）等。

图 1-34　托盘自动化立库

图 1-35　RGV 搬运设备

图 1-36 螺旋输送穿层系统

图 1-37 输送分拣系统

精益制造行业客户约 50 家，主要相关配套设备有四向穿梭车立库（见图 1-38）、AGV 搬运系统（见图 1-39）等。

图 1-38 四向穿梭车立库

图 1-39　AGV 搬运系统

二、仓储物流智慧化

（一）仓储物流智慧化概述

普罗格智仓

1. 智慧物流

中国物联网校企联盟认为，智慧物流是利用集成智能化技术，使物流系统能模仿人的智能，具有思维、感知、学习、推理判断和自行解决物流中某些问题的能力，即在流通过程中获取信息、分析信息，从而做出决策，使商品从源头开始被跟踪与管理，使信息流快于实物流。可通过 RFID（射频识别技术）、传感器、移动通信技术等让配送货物自动化、信息化和网络化。

2. “智慧＋共享”物流

“智慧＋共享”物流是指将智慧化和共享化两种理念融入现代化物流运作系统，在降本增效等机制作用下实现智慧化的物流智能技术体系和共享化的物流共享互动机制之间关联要素相互耦合衔接，推动物流系统主要功能环节相互适应、相互协调、相辅相成，并最终达成物流运作流程高效智能化、物流资源高度共享化、物流系统功能全面转型升级的新型物流运作模式。

“智慧＋共享”物流实现的制约因素有物流智慧化水平、物流共享化水平、耦合环境、耦合机制、耦合能力、耦合意愿、企业特质共 7 个主范畴。内驱因素、外驱因素、中介因素和调节因素构成四大机制及各作用路径交互融合，共同推动物流企业“智慧＋共享”的实现。

物流智慧化和共享化具有天然耦合“基因”，共享物流“智慧化”和智慧物流“共享化”是未来物流企业发展趋势，物流企业的“智慧＋共享”耦合运作、共融共生将打破传统行业企业边界、实现多方利益主体的协同合作，打造互联共享的智慧共享物流生态圈。

（二）仓储物流智慧化的意义

1. 降低物流成本，提高企业利润

仓储物流智慧化能大大降低制造业、物流业等各行业的成本，实打实地提高企业利润，生产商、批发商、零售商三方通过智慧物流相互协作、信息共享，物流企业便更能节省成本。其关键技术诸如物体标识及标识追踪、无线定位等新型信息技术应用，能够有效实现物流的智能调度管理、整合物流核心业务流程、加强物流管理的合理化、降低物流消耗，从而降低物流成本、减少流通费用、增加利润。

2. 加速物流产业的发展，成为物流业的信息技术支撑

仓储物流智慧化的建设，将加速当地物流产业的发展，集仓储、运输、配送、信息服务等多功能于一体，打破行业限制，协调部门利益，实现集约化高效经营，优化社会物流资源配置。同时，将物流企业整合在一起，将过去分散于多处的物流资源进行集中处理，发挥整体优势和规模优势，实现传统物流企业的现代化、专业化和互补性。此外，这些企业还可以共享基础设施、配套服务和信息，降低运营成本和费用支出，获得规模效益。

3. 为企业生产、采购和销售系统的智能融合打基础

随着 RFID 技术与传感器网络的普及，物与物的互联互通将给企业的物流系统、生产系统、采购系统与销售系统的智能融合打下基础，而网络的融合必将带来智慧生产与智慧供应链的融合，企业物流完全智慧地融入企业经营之中，打破工序、流程界限，为智慧生产打下基础。

4. 使消费者节约成本，轻松、放心购物

通过提供货物源头自助查询和跟踪等多种服务，尤其是对食品类货物的源头查询，能够让消费者买得放心、吃得放心，在增加消费者的购买信心的同时促进消费，最终对整体市场产生良性影响。

5. 提高政府部门工作效率

仓储物流智慧化可全方位、全过程监管食品的生产、运输、销售，大大节省了相关政府部门的工作压力，同时使监管更彻底、更透明。通过计算机和网络的应用，政府部门的工作效率将大大提高。

6. 促进当地经济发展，提升综合竞争力

仓储物流智慧化集多种服务功能于一体，体现了现代经济运作特点的需求，即强调

信息流与实物流快速、高效、通畅运转，从而降低社会成本，提高生产效率，整合社会资源。

（三）仓储物流智慧化发展趋势

当前，物联网、云计算、移动互联网等新一代信息技术的蓬勃发展，正推动着中国智慧物流的变革。可以说，智慧物流将是信息化物流的下一站。工业和信息化部信息化推进司副司长董宝青表示："我们要把数字物流、智慧物流作为物流信息化的标志语。"中国物流学会常务副会长戴定一表示："智能物流标志着信息化在整合网络和管控流程中进入到一个新的阶段，即进入到一个动态的，实时进行选择和控制的管理水平。这个方向肯定是未来发展的方向。"

目前，我国先进的信息技术在物流行业的应用和推广水平仍然较低，自主创新和产业支撑能力不强，物流设施设备的自动化、智能化程度和物品管理的信息化水平与发达国家还有较大差距。

物流信息化的标准问题一直是物流产业发展的关键问题之一。我国物流标准化体系的建设还很不完善，系统内条块分割现象比较严重，难以实现信息的交换和共享，难以形成完整通畅的供应链，这最终将导致无效环节增加、物流速度降低、成本和事故上升，因此，要加快研究和制定物流信息技术、服务、编码、安全和管理标准，促进数据层、应用层和交换层等物流信息化标准的衔接，推动物流信息化标准体系建设。

《工业和信息化部关于推进物流信息化工作的指导意见》提出，要致力于促进物流信息化标准体系的基本形成，关键的基础性标准、重点行业应用标准和服务规范的制定和宣贯成效显著；推进汽车及零部件、食品、药品、纺织品、农资和农产品等重点行业物流信息化应用标准体系的逐步完善，促进数据层、应用层和交换层等物流信息化标准的衔接；要支持利用云计算等技术，开展物流信息技术服务平台建设试点，提高物流信息化关键共性技术研发、推广和应用水平。在装备制造、食品、药品、危险化学品、烟草等具有高附加值或需重点监管的行业，开展物联网应用试点；等等。

内化与提升

通过参观普罗格公司的仓库，刘盼对普罗格公司的仓库有了进一步的认识：为了服务不同的客户，普罗格公司的仓库分为自营仓库和非自营仓库，这些仓库中既有传统型仓库，也有智慧型仓库，如自动化立体库。实际上，按照不同的分类方式，仓库有不同的类型，如按营运形式不同可分为自营仓库、营业仓库、公用仓库；按保管物品种类不同可分为综合库、专业库；按仓库保管条件不同可分为普通仓库，保温、冷藏、恒温恒湿库，危险品仓库，气调仓库；按仓库建筑封闭程度不同可分为封闭式仓库、半封闭式仓库、露天式仓库；按仓库建筑结构不同可分为平房仓库、楼房仓库、罐式仓库、简易仓库、高层货架仓库；按库内形态不同可分为地面型仓库、货架型仓库、自动化立体库；按仓库功能不同还可分为物流中心、配送中心、转运中心、加工中心；等等。目前，仓库越来越朝着智慧化的方向发展，普罗格的智慧仓库中也设置了各种各样的智慧设施设备，如穿梭车、高速交叉带分拣机、机器人拣选站、GAS 拣选工作站、悬挂链系统、AGV 货到人系统等。

同步测试

一、单选题

1. 通过对储存物的保管保养，可以克服产品的生产与消费在时间上的差异，创造物资的（　　）。

A. 时间效用　　B. 增值效用　　C. 空间效用　　D. 附加效用

2. 以下不是现代仓储基本功能的是（　　）。

A. 存储保管　　B. 流通加工　　C. 数量管理　　D. 质量养护

3. 仓库经营者以其拥有的仓储设施，向社会提供商业性仓储服务的行为称为（　　）。

A. 自营仓库　　B. 营业仓库　　C. 公共仓库　　D. 战略储备仓库

4. （　　）主要用于保管 IC 芯片、焊锡条、羊绒等价值较高且数量较多的物品。

A. 专用仓库　　B. 普通仓库　　C. 危险品库　　D. 冷库

5. 箱式穿梭车系统组成不包括（　　）。

A. 收货系统　　B. 储存与搬运系统

C. 发货系统　　D. 托盘式穿梭车系统

二、多选题

1. 现代仓储业的主要特征有（　　）。

A. 与其他产业密切相关　　B. 表现形式多样

C. 信息化发展明显　　D. 现代技术运用密集

2. 现代仓储的增值功能有（　　）。

A. 储存　　B. 流通加工　　C. 配载　　D. 配送

3. 按建筑封闭程度分类，仓库可分为（　　）。

A. 封闭式仓库　　B. 敞篷式仓库　　C. 半封闭式仓库　　D. 露天式仓库

4. 按功能分类，仓库可分为（　　）。

A. 物流中心　　B. 配送中心　　C. 转运中心　　D. 加工中心

5. 自动化立体库的主体组成包括（ ）。

A. 操作控制系统 B. 巷道式堆垛起重机

C. 在线自动充电系统 D. 货架

三、判断题

1. 在我国古代，“仓”是指储藏粮食的场所，“库”则是指储存物品的场所。（ ）

2. 仓库屋顶的一般要求是防水、保温、隔热，并具有一定的防火性能。（ ）

3. 贵重物品是指具有较高价值的物品。仓管人员应根据物品的价值实施相同级别的保管，常用的保管措施有专用仓库保管和保险柜保管。（ ）

同步实训

实训项目 仓储物流企业调研

项目介绍

以小组为单位跟踪调研一家仓储型物流企业，调研企业的经营理念、服务项目、组织结构、主要客户等信息资料。

实训目的

以具体企业为例，了解其经营理念及范围，熟悉其仓储服务项目，全面了解企业的基本情况，包括企业文化、业务范围、经营状况、组织结构、主要客户等。

实训内容

根据调研目的和内容，依据实际情况选定调研对象，适当调整调研问卷。调研内容应包括但不限于：

（1）企业概况。即企业基本情况、企业经营范围、企业营运情况。

（2）企业结构。即企业组织结构类型、企业部门设置及仓储岗位设置情况。

（3）仓储业务。即业务范围、流程及主要客户。

实训资源

（1）国家级物流实训基地机房。

（2）校企合作仓储型物流企业。

实训组织

（1）学生以5～6人为一组，明确本次调研的目的，设计本次调研问卷。

（2）小组分工，通过现场拜访、网络调研等多种渠道展开调研，记录调研过程和事项。

（3）调研结束，整理调研问卷或其他材料，归纳总结调研结果和数据。

（4）根据调研结果编写调研报告，提交成果材料。

实训指导

步骤一：实训指导老师讲解实训任务及要求。

步骤二：实训指导老师讲解调研的步骤及评分标准。

步骤三：学生以组为单位开展实训任务。

步骤四：学生以组为单位完成调研报告。

步骤五：实训指导老师根据学生的调研报告完成情况进行检查和点评。

实训考核

详见表1-3。

表1-3 仓储物流企业调研实训考核表

评分点	自评（10%）	小组互评（30%）	教师评价（60%）	合计
调研报告中企业概况内容全面、准确（20分）				
调研报告对企业结构描述准确（10分）				
调研报告关于业务范围、流程及主要客户等相关内容描述准确、全面（20分）				
调研问卷设计合理（20分）				
调研报告的撰写逻辑清晰、表述得当（30分）				

项目二
现代仓储管理要素认知

【知识结构图】

【内容提要】

现代仓储管理包括众多要素，如仓库选址与建设、仓储机械设备的选择与配置、仓库业务管理、仓库的库存控制管理、人力资源管理、仓储信息管理以及仓库安全管理等诸多方面。本项目结合仓储企业业务运作实操，侧重于现代仓库作业现场管理中“人员要素”“空间要素”“设备要素”“安全要素”知识学习。

【学习目标】

※ 素质目标

1. 培养学生立足物流岗位的良好服务意识，树立爱岗敬业的社会主义核心价值观。
2. 帮助学生认识仓储行业现代化设施设备，增强制造强国的自豪感。
3. 帮助学生学习安全作业规范要求，树立安全生产、人人有责的意识。

※ 知识目标

1. 了解仓储企业岗位设置及岗位职责。
2. 识别仓储设施设备。
3. 掌握仓储区域管理的原则。
4. 理解企业安全生产的制度要求。

※ 技能目标

1. 能对照仓储企业岗位职责要求自己。
2. 能按照工作要求选用适宜的设施设备。
3. 能开展仓储区域规划工作。
4. 具备安全生产理念。

任务一 现代仓储管理之“人员要素”

学习情境

运营部管培生刘盼在仓库参观时，注意到仓库里每一个工作人员都紧张有序地做着自己的工作。于是她希望知道自己的岗位职责是什么、将来发展通道是什么。作为未来的仓库管理人员，刘盼应该储备哪些知识、提升哪些素养？

普罗格公司运营部针对新进员工所关注的岗位定位和成长通道，邀请人力资源总监专门介绍了公司的组织架构（见图 2-1）、岗位职责（见表 2-1）及成长路径（见图 2-2），让新晋员工明白各自的岗位职责及发展通道，帮助大家合理规划属于自己的未来。

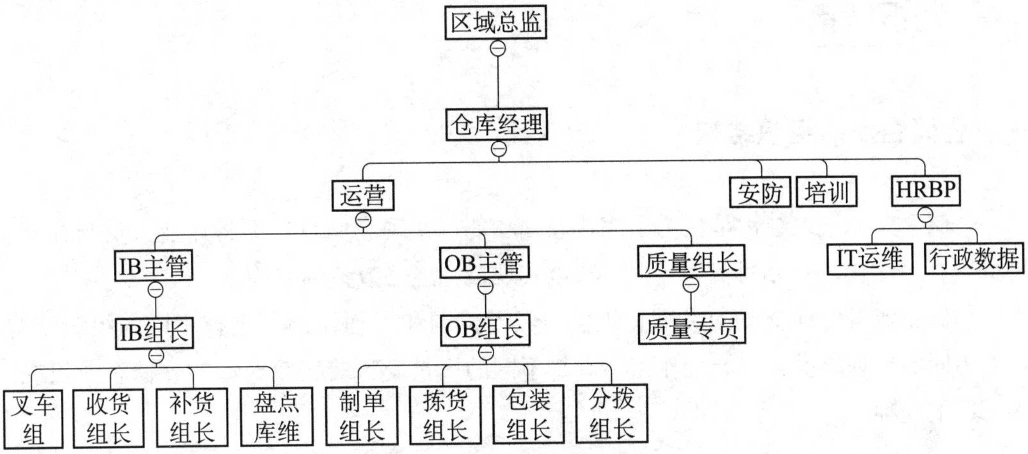

图 2-1　普罗格公司的组织架构

表 2-1　普罗格公司运营部管培生岗位职责

岗位	岗位职责	岗位任职条件	发展通道
管培生	1. 协助仓储日常管理、异常处理及流程改善。 2. 提出改进方法和技巧，提高效率，降低成本。 3. 协助部门领导协调沟通团队问题。 4. 快速学习掌握流程规范，有效把控流程风险。 5. 参与人力资源信息化建设，人力资源系统需求收集和流程优化。 6. 负责日常运营数据处理，定期输出运营报表。	1. 全日制统招在校学生，物流管理、物流工程、供应链管理相关专业。 2. 物流仓储管培生培养时间 1～2 年，入职后将根据公司要求，分配基层仓储一线轮岗 6 个月以上；其他岗位管培生根据事业部要求分配岗位而定。 3. 积极主动，踏实认真，勇于接受挑战，具备良好的团队协作精神和出色的分析、解决问题的能力。 4. 具备良好的心态和职业态度，学习能力及适应能力强，有上进心。 5. 热爱物流行业，有创新和挑战意识，愿意与普罗格共同成长。	专员 ↓ 组长 ↓ 主管

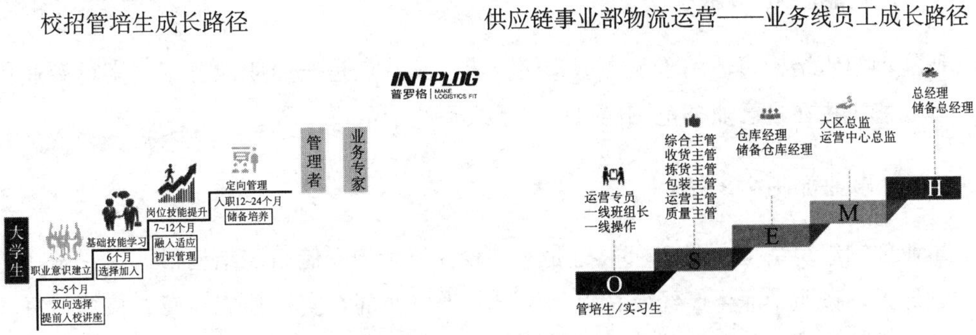

图 2-2　普罗格公司运营部管培生成长路径

学习情境分析： 清楚自身岗位职责以及必备的职业素养，明确未来的成长通道，是职场新人提升个人的素养、实现自我价值的必修课。

知识链接

一、仓储企业的组织结构

仓储企业的组织结构是指为了完成仓储功能、实现仓储目标而将作业人员与存储工具进行有效结合，充分利用人、财、物以实现最大经济效益的架构。

仓储企业可依据企业的类型、规模、经营范围和管理体制等选择不同的组织结构，设置不同的管理层次、职能工作组，安排不同的人员。目前比较典型的仓储企业组织结构有以下几种：

（一）直线型组织结构

直线型组织结构见图 2－3，是最简单的小型仓储企业常用组织结构。由仓库主管负责人对所属单位一切负责，仓储企业中下属各工作人员（如业务员、质检员、财务人员）都只接受仓库主管这一个上级的指令。

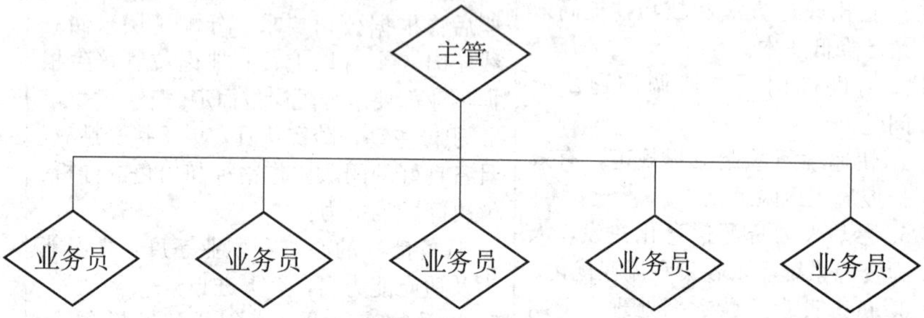

图 2－3　直线型组织结构

（二）职能型组织结构

职能型组织结构多适用于大中型仓储企业。其特点是按照职能分工，实行专业化管理，各职能机构在自己业务范围内可以向下级下达指示，见图 2－4。

（三）事业部制组织结构

事业部制组织结构见图 2－5。这是一种较为复杂的仓储组织结构形式，它是在企业宏观领导下，按照企业生产经营特点，设立若干事业部，实行独立经营、核算，每一个事业部都有较为完整的职能机构。事业部制组织结构多适用于大型仓储企业。

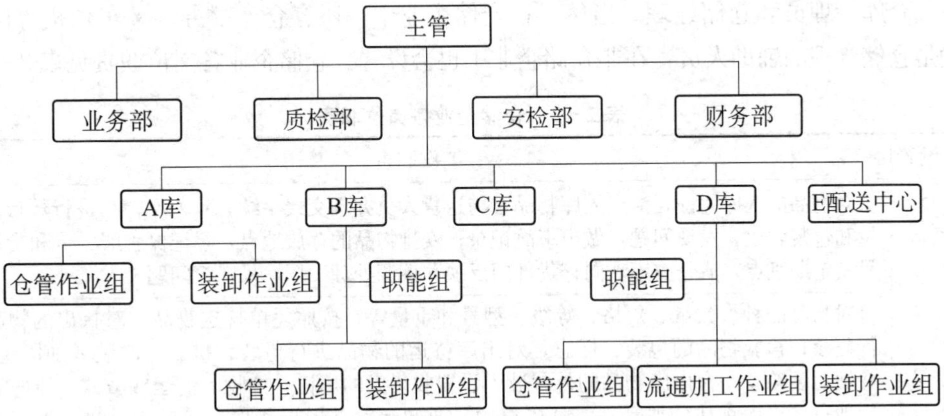

图 2-4 职能型组织结构

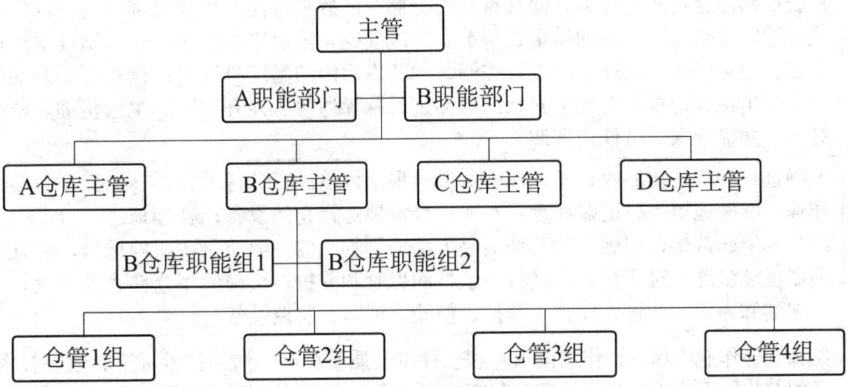

图 2-5 事业部制组织结构

二、仓储企业各岗位职责

仓储管理活动主要是对人、财、物的管理，其中“人”这一要素居首位，管理好“人”了，其他工作开展起来会得心应手很多。而人作为具有主观能动性的个体，是引领和主导仓储管理活动的要素，可以说在仓储管理活动中，人又是财和物的管理者。因此，对人员的管理是仓储管理中最基础、最重要的。高效的人员管理对财和物的管理具有重要意义，也会使其他工作开展起来更加得心应手。

在仓储管理活动中，对人员的管理主要体现在岗位的设置上。不同类型的企业，由于组织结构和工作内容不同，岗位设置也有区别。对于仓储企业来说，既有管理工作人员，也有基层工作人员，如仓储经理、仓储主管、仓管员、仓库财务员、仓库文员、叉车司机等，这些人员合作分工、各司其职做好仓储管理工作。

一般而言，对于仓储企业的岗位设置，不同的企业称谓不同，而工作内容本质上并没有太大区别。按照《中华人民共和国职业分类大典》和《仓储从业人员职业资质》（GB/T 21070—2007）中对仓储企业的职业定位，仓储岗位包括保管员、理货员、商品养护员、仓库管理员和仓储经理。当然，在仓储企业中，还有仓库财务、叉车司机等岗位，这些是仓储管理的辅助人员，在非仓储企业中也会设置。仓储企业各岗位职责见表 2-2。

表 2-2 仓储企业各岗位职责

岗位设置	工作职责
保管员	核对物品的入库凭证，清点入库物品，与送货人员办理交接手续；对入库物品进行数量、质量和包装验收，发现问题，做出事故记录；安排物品的存放地点，登记保管账、卡和货位编号；定期盘点，清仓查库，向存货部门反映并催调处理积压、呆滞等问题。
理货员	核对物品品种、数量、规格、等级、型号和重量等；按照凭单拣选物品，对拣出的物品进行复核；检验物品的包装、标志，对出库待运的物品进行包装、拼装、改装或加固包装，并填写装箱单；在出库物品的外包装上设置收货人的标记；按物品的运输方式、流向和收货地点将出库物品分类管理、分单集中，通知运输部门提货发运；对物品进行搬运、整理、堆码；鉴定货运质量，分析物品残损原因，划分运输事故责任；办理物品交接手续。
商品养护员	检查商品储存场所与环境，使其符合安全储存的要求；使用化学试剂、测潮仪等检测仪器或凭感官检测入库商品的质量、包装，发现问题，做出事故记录；使用温度、湿度测量仪测量、记录库房内温度、湿度；控制、调节库房内的温度与湿度；检查在库商品的储存状况，做出检查记录；对发生异状的商品进行翻垛通风、摊开晾晒、挑选整理、药剂除虫等处理，并提醒保管员催销催调。
仓库管理员	准确进行日常的物品收、发、保管业务；根据订单进行分拣、拆零、加工、包装、备货等作业；准确地填表、记账和盘点对账；合理地选择仓储设备；合理地进行分区分类、货位编号和堆码苫垫；用感官和其他简易方法鉴别物品的一般质量，正确记录、合理调节库房内温度、湿度；对库存物品进行一般性的保管和养护；正确使用仓储管理系统；正确使用一般装卸搬运、计量、保管、养护、检验、消防、监控设备与设施。
仓储经理	熟知仓储作业流程、操作规范与管理软件以及质量标准、储存技术标准、包装技术标准等；理解并执行现代物流政策标准、制度规定、成本核算、库存与绩效管理、财务管理、项目管理等；具备组织领导能力、方案设计能力、人力资源管理能力、制度建设能力、过程控制和质量管理能力、运作成本核算能力、信息技术管理能力、营销能力等。

三、仓储企业员工的素质要求

孔子的第一份工作

《仓储从业人员职业资质》(GB/T 21070—2007) 规定了仓储管理员等仓储从业人员的职业资质条件，便于专业仓储、物流企业，以及生产与流通企业的仓储部门参照使用。仓储管理员是仓库内从事与物品仓储作业管理有关的一线操作人员的统称（包括直接从事物品收发、出入库、分拣、理货等工作的人员，不含装卸工），简称“仓管员”。该标准对仓储管理员职业资质的要求主要由基本条件、基本知识和基本技能三方面构成（见表 2-3）。

表 2-3 仓储管理员的职业资质

仓储管理员职业资质	仓储管理员职业资质内涵
基本条件	具有仓储、物流专业中专以上学历，经考核合格取得证书。

续表

仓储管理员职业资质	仓储管理员职业资质内涵
基础知识	熟悉仓储作业流程；具备库存商品管理知识；具备仓储作业工具使用知识；具备安全防护知识。
基本技能	具备仓储作业技能；具备设备工具使用技能；具备基层作业管理技能。

内化与提升

通过培训，刘盼了解到，普罗格公司作为一家大型物流企业，其组织结构为事业部制组织结构。在未来的工作中，刘盼首先将按照公司安排接受一线岗位轮岗（见图 2－6），在轮岗过程中，企业将通过观察、考核，为每一位员工设置考核档案，待实习期满将根据考核情况（见图 2－7）和管培生个人意愿安排恰当的岗位。

普罗格现代学徒制管培生班学习计划												
姓名	9月		10月		11月		12月		2020年1月		2020年2月	
袁泳琪	拣货	播种	质量	分拨	上架		制单		收货		包装	
伍远航	上架		分拨	质量	拣货	播种	制单		包装		收货	
叶真雄	包装		上架		制单		收货		分拨	质量	拣货	播种
刘盼	播种	拣货	包装		收货		上架		制单		质量	分拨
汪颖	播种	拣货	收货		制单		包装		质量	分拨	上架	
刘启航	上架		收货		质量	分拨	拣货	播种	包装		制单	
刘静	包装		质量	分拨	收货		上架		播种	拣货	制单	
王巧	质量	分拨	制单		包装		上架		收货		播种	拣货
薛王丽	包装		拣货	播种	上架		分拨	质量	收货		制单	
郭兴	包装		制单		收货		播种	拣货	上架		分拨	质量
雷鑫	上架		拣货	播种	制单		分拨	质量	收货		包装	

图 2－6　普罗格管培生轮岗学习安排

序号	姓名	现代学徒制管培生班（轮岗学习）									青苗班Ⅰ	青苗Ⅱ	综合评价（优、良、差）		
		考核内容	收货	上架	制单	拣货	播种	包装	分拨	质量	（储备组长）	（储备主管）	稳定性	工作素养	综合能力
1	袁泳琪	笔试													
		实操													
		总结													
2	伍远航	笔试													
		实操													
		总结													
3	叶真雄	笔试													
		实操													
		总结													
4	刘盼	笔试													
		实操													
		总结													

图 2－7　普罗格管培生轮岗学习档案

任务二
现代仓储管理之“空间要素”

学习情境

在普罗格仓库参观时，刘盼注意到墙上有一幅仓库布局图（见图 2－8）。作为物流

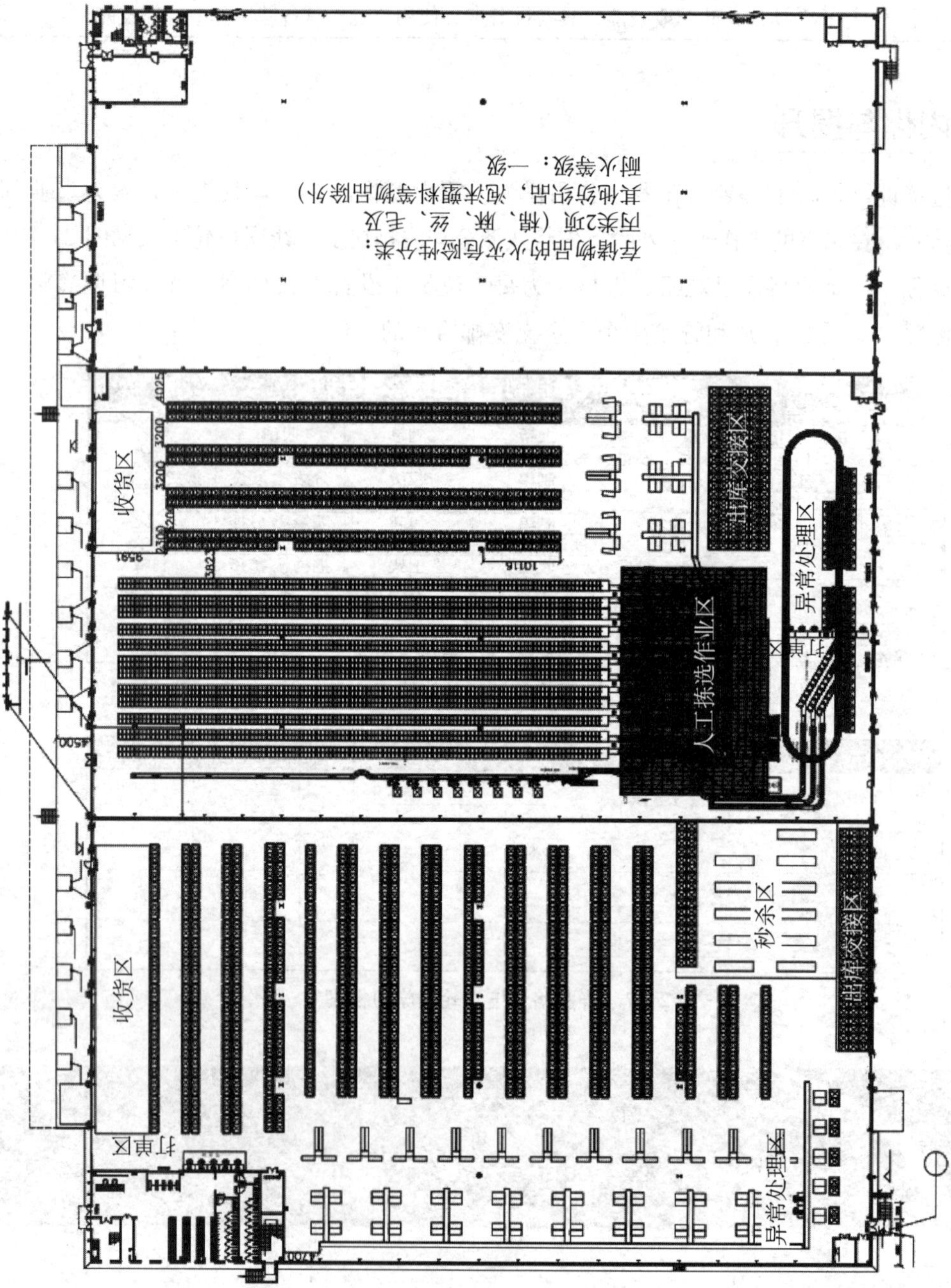

图 2-8 普罗格仓库布局图

专业的学生，她知道，必须尽快熟悉仓库库区布局，只有这样才能保证今后的各项作业有条不紊地进行。

学习情境分析： 仓库布局的核心工作就是对仓库实施空间管理，在方便进出库作业的前提下提高仓库库区的空间利用率，从而降低物品的仓储运作成本。

知识链接

一、仓储企业的整体布局

（一）库区整体布局原则

库区布局是指一个库区的各个组成部分，如库房、货棚、货场、辅助建筑物、铁路专运线、库内通道、附属固定设备等，在规定的范围内进行平面和立体的合理安排。库区布局的目的是充分利用有限资源，有效提高仓储作业效率和服务水平，在保障存货安全的前提下提高企业经济效益。

库区布局的原则为：布局整齐、紧凑适用、节省用地、方便作业、便于管理。

（二）库区整体布局构成

库区通常由生产作业区、辅助生产区和行政生活区三大部分组成。

1. 生产作业区

生产作业区是仓库的主体部分，是商品储运活动的场所，主要包括储货区、铁路专运线、道路、装卸台等。储货区是储存保管的场所，具体分为库房、货棚、货场。货场不仅可存放商品，同时起着货位的周转和调剂作业作用。

2. 辅助生产区

辅助生产区是为了商品储运保管工作服务的辅助车间或服务站，包括车库、变电室、油库、维修车间等。

3. 行政生活区

行政生活区是仓库行政管理机构所在区域和生活区域，一般设在仓库入库口附近，便于业务接洽和管理。行政生活区应与生产作业区分开，并保持一定距离，以保证仓库的安全及行政办公和居民生活的安静。

图 2－9 为某仓储企业规划布局图。

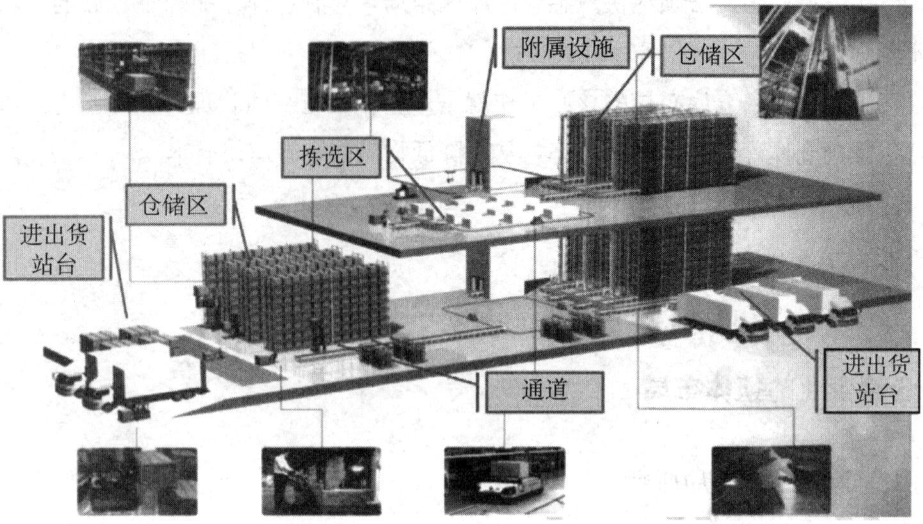

图 2-9　某仓储企业规划布局图

二、仓库功能划分与布局

（一）库内布局

库内布局（即库内平面布置）是指对仓库的各个部分，如存货区、入库检验区、理货区、流通加工区、配送备货区、通道以及辅助作业区等，在规定范围内进行全面而合理的安排。

库内布局主要有以下三种模式：

1. U 形布局

U 形布局是指进货区和出货区在仓库的同一侧，货物“进→存→出”形成了类似“U”字形的移动线路，见图 2-10。其特点是：出库月台和入库月台合并使用，月台资源得以充分利用；适合越库作业；易于控制货物安全。但是由于使用同一车道供车辆出入，业务繁忙时容易造成拥堵。在土地少而人工成本高的时期，采用 U 形动线的配送中心最常见。

2. L 形布局

L 形布局是指货物的进货区和出货区设置在仓库相邻的两侧，见图 2-11。其特点是：可以应对进出货高峰同时发生；适合有库存（存储功能）和无库存的加工型仓库同时并存作业；可同时处理高频率和低频率的货品。这种布局适用于流通加工中心。

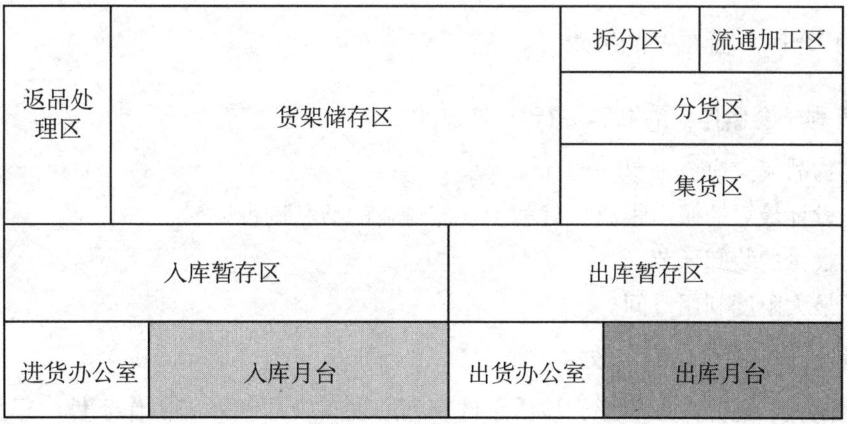

图 2-10　U 形布局的动线

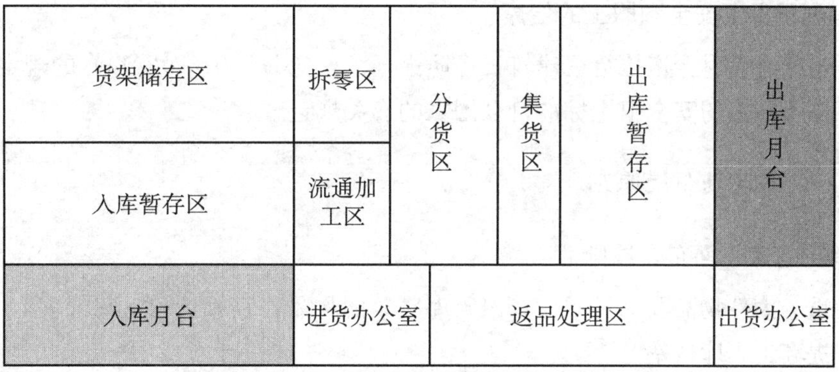

图 2-11　L 形布局的动线

3.I 形布局

I 形布局是出货区和进货区设置在仓库相对的两侧，见图 2-12。其特点是可以应对进出货高峰同时发生的情况，货物周转率高；作业流程相对简单。这种布局适用于无库存的转运中心。

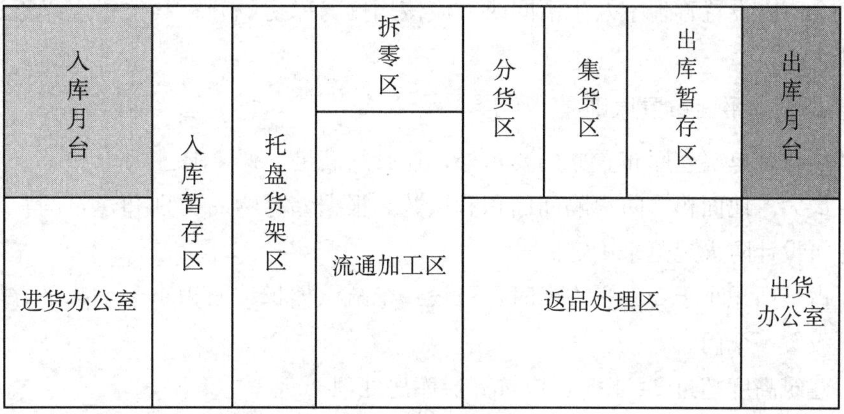

图 2-12　I 形布局的动线

（二）仓库平面布置的要求

1. 有利于仓储作业的顺利进行

（1）物品流向应该是单一的。

（2）设计最短的搬运距离，有利于仓储作业的顺利进行。

（3）最少的装卸环节。

（4）最大限度利用空间。

2. 有利于提高仓储经济效益

因地制宜，充分考虑地形、地质条件，利用现有资源和外部协作条件，根据设计规划和库存物品的性质选择和配置设施设备。

3. 有利于保证安全和职工的健康

（1）仓库建设时严格执行《建筑设计防火规范》（GB 50016—2014）的规定。

（2）作业环境的安全卫生标准符合国家的有关规定。

（三）仓库规划布局原则

1. 单层仓库平面布置原则

（1）重、大件物品及周转量大、出入库频繁的物品，宜靠近出入口布置，以缩短搬运距离，提高出入库效率。

（2）易燃的物品，应尽量靠外布置，以便管理。

（3）充分考虑利用面积和空间，使布置紧凑。

（4）有吊车的仓库，汽车入库的运输通道最好布置在仓库的横向方向，以减少辅助面积，提高面积利用率。

（5）仓库内部主要运输通道，一般采用双行道。

（6）仓库出入口附近，一般应留有收发作业使用的区域。

（7）仓库内设置管理室及生活间时，应该用墙与库房隔开，其位置应靠近道路一侧的入口处。

2. 多层仓库平面布置原则

除必须符合单层仓库布置原则要求外，还必须满足下列要求：

（1）最大占地面积、防火隔间面积和层数，根据储存物品类别和建筑耐火等级，遵照现行建筑设计防火规范来确定。

（2）占地面积小于 300 平方米时，可设一个疏散楼梯；面积小于 100 平方米的防火隔间，可设置一个门。

（3）建筑高度超过 24 米时，应按高层库房处理。

（4）存放物品时遵守上轻下重，周转快的物品存放在低层。

（5）当设地下室时，地下室净空高度不宜小于 2.2 米。

（6）楼板载荷控制在 2 吨/平方米左右为宜。

（四）仓库货区布置的形式

1. 垂直式布局

货位布局

垂直式布局是指货垛或货架的排列与仓库的侧墙互相垂直或平行，具体包括横列式布局、纵列式布局和纵横式布局三种形式。

（1）横列式布局是指货垛或货架的长度方向与仓库的侧墙互相垂直，见图 2－13。

这种布局的优点是：主通道长且宽，副通道短，整体整齐美观，便于存储查点，有利于通风和采光。

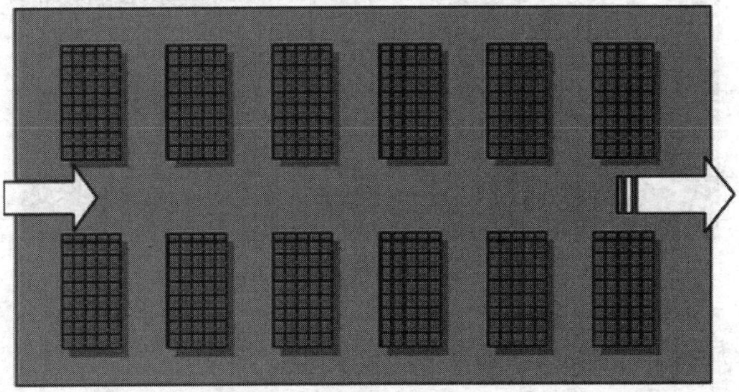

图 2－13　横列式布局

（2）纵列式布局是指货垛或货架的长度方向与仓库侧墙平行，见图 2－14。

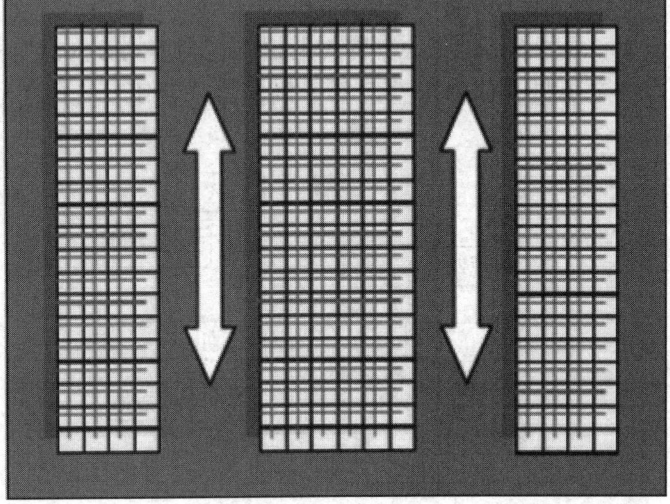

图 2－14　纵列式布局

这种布局的优点是：可以根据库存物品在库时间长短的不同和进出频繁程度安排货位，在库时间短、进出频繁的物品放置在主通道两侧；在库时间长、进出不频繁的物品放置在里侧。

（3）纵横式布局是指在同一保管场所内，横列式布局和纵列式布局兼而有之，可以综合利用两种布局的优点，见图 2－15。

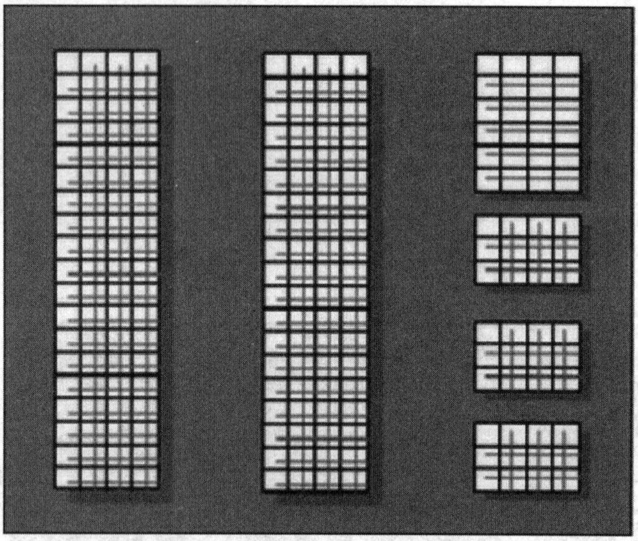

图 2－15 纵横式布局

2. 倾斜式布局

倾斜式布局是指货垛或货架与仓库侧墙或主通道成 60 度、45 度或 30 度夹角，具体包括货垛倾斜式布局和通道倾斜式布局两种形式。

（1）货垛倾斜式布局是横列式布局的变形，是为了便于叉车作业、缩小叉车的回转角度、提高作业效率而采用的布局方式。

（2）通道倾斜式布局指仓库的通道斜穿保管区，把仓库划分为具有不同作业特点的保管区，如大量存储和少量存储的保管区等，以便综合利用。其优点是仓库内形式复杂，货位和进出库路径多，见图 2－16。

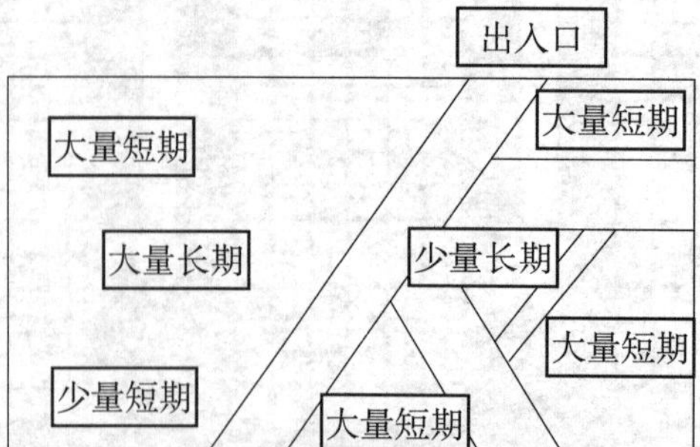

图 2－16 通道倾斜式布局

（五）储位编码与储位分配

1. 储位编码

储位编码是将库房、货场、货棚、货架、货跺按存放的具体位置顺序，统一编列序号，并做出明显标志。

（1）库房编号。把整个仓库的储存场所依地理位置按顺序编号，统一印制在库房外墙或库门上，编号要清晰醒目，易于查找，见图 2－17。

图 2－17　库房编号

（2）库房内货位编号。根据库内业务情况，按照库内主干、支干道分布，可划分为若干货位，按顺序以各种简明符号与数字，来编制货区、货位的号码，并标于明显处。具体方法有：

1）区段法。即先把保管区分成不同的区段，再对每个区段进行编码。这种方法以区段为单位，每个号码代表的储区较大，适用于单位化商品和量大但保管期短的商品，见图 2－18。

A 通道		
3	2	1
4	5	6
B 通道		
9	8	7
10	11	12

图 2－18　区段式编号示例

2）品项群法。即把一些相关性商品经过集合后，区分成几个品项群，再对每个品项群进行编码。这种方法适用于容易按商品群保管和品牌差异大的商品，如服饰群、五金群等。

3）地址式编号。即利用保管区域中的现成参考单位，如库场的第几栋、第几保管区、第几排、第几行、第几层、第几格等，依照其相关顺序来进行编码。这种编码方式由于所标注代表的区域通常以一个货位为限，且有相对顺序可依循，使用起来明了又方便，是目前仓储中心使用最多的编码方式。

地址式编号最常用的是“四号定位法”。例如：货位号“4321”，第一位数字“4”表示库序号，通常称为“4号库”；第二位数字“3”表示货架序号；第三位数字“2”表示货架层号；第四位数字“1”表示货位号。在实际操作中，各仓储企业也可以自己设定编号规则，管理货位。图2-19为某仓库的货位编号示意图。

图2-19 某仓库货位编号示意图

2. 储位分配

在进行储区规划、储位管理时，应充分考虑商品的特性、轻重、形状及周转率情况，根据一定的分配原则确定商品在仓库中具体存放的位置。

（1）根据物动量确定储位。仓库采用ABC分类法，一般将物动量作为主要特征，把物动量累计百分比达70%～80%的若干物品称为A类，累计百分比在10%～20%的若干物品称为B类，累计百分比在10%左右的若干物品称为C类。需要说明的是，累计百分比在实际工作中会根据实际情况调整。将物动量大（即周转率高、出入库频繁）的A类物品储存在低层、接近出入口或专运线的位置，以加快作业速度和缩短搬运距离；将物动量小（即周转率低、出入库不频繁）的C类物品存放在远离出入口或作业相对不便的位置；B类物品则居中。ABC分类标准见表2-4。

表2-4 ABC分类标准

级别	物品特点	数量比	物动量比
A	物动量大	15%～20%	70%～80%
B	物动量中	20%～40%	10%～20%
C	物动量小	40%～55%	10%

ABC分类管理法的基本步骤如下：

1）分析本仓库所存货物的特征，确定物动量，是ABC分类管理法起关键性作用的因素。

2）收集有关货物的物动量资料。

3）资料的整理和排序。将所收集的货物资料按物动量进行排序。

4）将资料整理成表格形式，计算累计百分数。再根据价值比和数量比的划分标准，确定货物对应的种类。

［例题］某仓储企业要求根据货物一定时期货物出库量数据信息进行物动量分析（物动量 ABC 分类计算过程中保留 2 位小数），并按照规定确定货物等级，以便于进行货位优化。其中：A 类货置于货架第一层，B 类货置于货架第二层，C 类货置于货架第三层。ABC 分类参考值范围见表 2－5。

表 2－5　ABC 分类参考值范围

ABC 分类	品种累计百分比	物动量累计百分比
A	0＜A≤15％	0＜A≤65％
B	15％＜B≤45％	65％＜B≤90％
C	45％＜C≤100％	90％＜C≤100％

物动量 ABC 分类计算过程中保留 2 位小数。如 12.34％。

经统计，对该仓库库存货物物动量累计百分比和品种累计百分比等数据进行处理后的 ABC 分类结果见表 2－6，根据累计百分比描绘出 ABC 分类图，见图 2－20。

表 2－6　ABC 分析结果

物品名称	出库量（箱）	所占比重		累计所占比重		ABC 分类
		品目	物动量	品目	物动量	
兴华苦杏仁	5 750	3.33％	32.10％	3.33％	32.10％	A
雪碧	3 100	3.33％	17.31％	6.67％	49.41％	
可比克薯片	2 210	3.33％	12.34％	10.00％	61.75％	
梦阳奶粉	1 470	3.33％	8.21％	13.33％	69.96％	B
爱牧云南优质小粒咖啡	890	3.33％	4.97％	16.67％	74.93％	
联广酶解可可豆	680	3.33％	3.80％	20.00％	78.72％	
张裕解百纳干红葡萄酒	500	3.33％	2.79％	23.33％	81.51％	
花冠多味花生	400	3.33％	2.23％	26.67％	83.75％	
娃哈哈 AD 钙奶	340	3.33％	1.90％	30.00％	85.65％	
神奇松花蛋	270	3.33％	1.51％	33.33％	87.15％	
诚诚油炸花生仁	260	3.33％	1.45％	36.67％	88.60％	
尖叫	240	3.33％	1.34％	40.00％	89.94％	
利鑫达板栗	200	3.33％	1.12％	43.33％	91.06％	C
乐纳可茄汁沙丁鱼罐头	190	3.33％	1.06％	46.67％	92.12％	
金谷精品杂粮营养粥	180	3.33％	1.00％	50.00％	93.13％	

续表

物品名称	出库量（箱）	所占比重		累计所占比重		ABC分类
		品目	物动量	品目	物动量	
华冠芝士微波炉爆米花	130	3.33%	0.73%	53.33%	93.85%	C
早苗栗子西点蛋糕	120	3.33%	0.67%	56.67%	94.52%	
轩广章鱼小丸子	110	3.33%	0.61%	60.00%	95.14%	
休闲黑瓜子	100	3.33%	0.56%	63.33%	95.70%	
黄桃水果罐头	97	3.33%	0.54%	66.67%	96.24%	
沃尔特舒汽车维修专用工具	93	3.33%	0.52%	70.00%	96.76%	
好娃娃薯片	91	3.33%	0.51%	73.33%	97.26%	
鹏泽海鲜锅底	90	3.33%	0.50%	76.67%	97.77%	
日月腐乳	90	3.33%	0.50%	80.00%	98.27%	
金多多婴儿营养米粉	90	3.33%	0.50%	83.33%	98.77%	
万盛牌瓷砖	70	3.33%	0.39%	86.67%	99.16%	
大嫂什锦水果罐头	70	3.33%	0.39%	90.00%	99.55%	
雅比沙拉酱	30	3.33%	0.17%	93.33%	99.72%	
山地玫瑰蒸馏果酒	30	3.33%	0.17%	96.67%	99.89%	
脉动	20	3.33%	0.11%	100.00%	100.00%	
总计	17 911	100%	100%	—	—	—

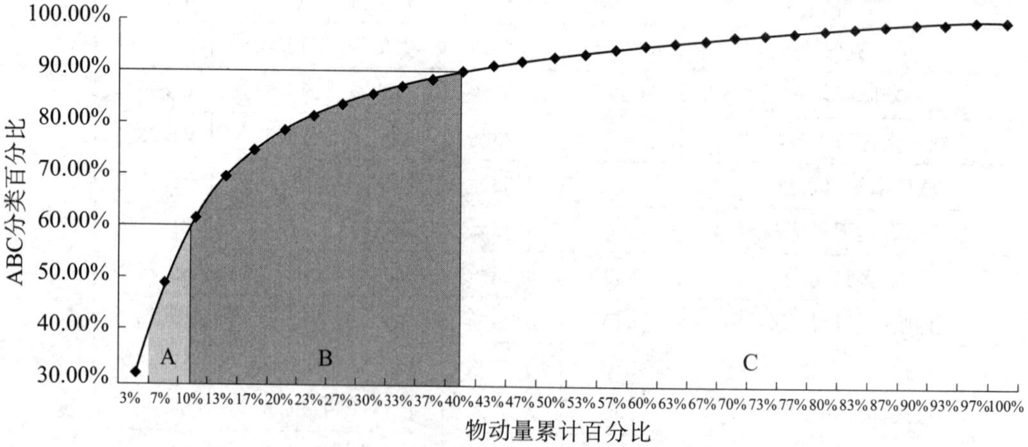

图 2-20 ABC 分类图

根据分析结果，做出储位安排：A 类货——兴华苦杏仁、雪碧、可比克薯片，可置于货架第一层；B 类货——梦阳奶粉等 9 种商品，可置于货架第二层；C 类货——其余商品，可置于货架第三层。

（2）根据货物相关性确定储位。有些库存的货物具有很强的相关性，相关性大的货物，通常被同时采购或同时出仓，对于这类货物，应尽可能规划在同一储区或相近储区，以缩短搬运路径和拣货时间。

（3）根据货物特性确定储位。为了避免货物在储存过程中相互影响，性质相同或保管条件相近的货物应集中存放，并相应安排在条件适宜的库房或货场。也就是说，将同一种货物存放在同一保管位置，产品性能类似或互补的货物放在相邻位置；将相容性低，特别是互相影响质量的货物分开存放。例如：气味容易挥发的货物不能与易串味的货物放在一起，如汽油、香料和茶叶、面粉等不宜存放在一起；容易受到污染的电子类零部件不宜与易散发灰尘的货物存放在一起。这样既能提高作业效率，又能防止货物在保管期间遭受损失。

特殊货物的储位规划可参考如下规则：易燃物品必须存放在具有高度防护措施的独立空间内，且必须安装适当的防火设备；易腐物品必须存放在冷冻、冷藏或其他特殊的设施中；污损物品必须与其他物品隔离；易窃物品必须隔离并封闭管理。

（4）根据货物体积、重量特性确定储位。在仓库布局时，必须同时考虑货物体积、形状、重量，以确定货物所需堆码的空间。通常而言，重大的货物保管在地面上或货架的下层位置。为了保证货架的安全并方便人工搬运，人的腰部以下的高度通常宜储放重物或大型货物。

（5）根据货物先进先出的原则确定储位。先进先出是指先入库的货物先安排出库，这一原则对于寿命周期短的货物尤其重要，如食品、化学品、化妆品等。在运用这一原则时，必须注意在产品形式变化少、产品寿命周期长、质量稳定不易变质等情况下，要综合考虑先进先出所引起的管理费用增加的问题，而对于食品、化学品、化妆品等易变质的货物，应考虑的原则是先到期的先出货。

除上述方法外，为了提高存储空间的利用率，还必须利用合适的积层架、托盘等工具，使货物储放向空间维度发展。储放时应尽量使货物标志面对通道，以方便作业人员识别标号、名称，提高货物的活性程度。保管货物的位置必须明确标示，保管场所必须清晰，易于识别、联想和记忆。另外，在规划储位时应注意保留一定的机动储位，以便在货物大量入库时调剂储位，避免打乱正常的储位安排。

内化与提升

通过学习，刘盼了解了公司仓库内布局主要分为：收货区、存储区、出库发货区、异常处理区、打单区以及设备存放区，为了高效指引库内作业，库内还有区域指示牌。

此外，刘盼学习了普罗格的货位编号规则，具体见图 2－21。

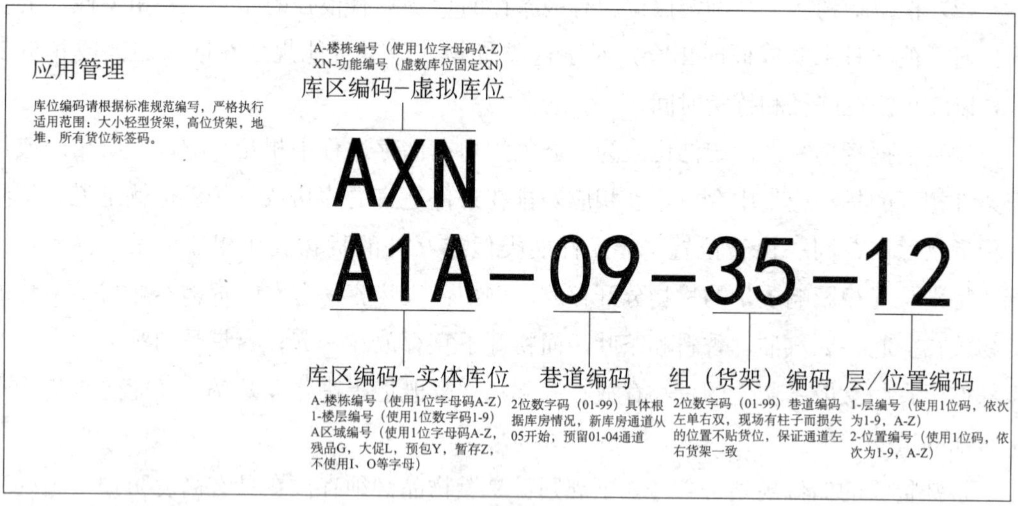

图 2-21 普罗格的货位编号规则

任务三
现代仓储管理之“设备要素”

学习情境

在参观普罗格仓库时，刘盼看到仓库里有许多的设施设备，如货架、托盘、叉车、打包袋、周转箱、RF 枪，还有跑动的“小黄人”，仓库里工作人员都有序地使用着相关的设施设备做着自己的工作。设施设备是仓储企业的重要作业工具，辅助仓储作业完成，提升作业效率。于是她想，自己在工作时需要操作哪些设备，具备哪些技能呢？

学习情境分析：为了理解和学会各类设施设备的功能和作用，普罗格公司给刘盼等管培生安排了一次培训，全面介绍了仓库现有的设施设备及它们的性能、专业参数。

知识链接

在工作中，仓库作业人员需借助各种各样的仓储设备，合理、高效地组织商品的库存管理，妥善维护商品的质量，保障人员、财物的安全。仓储管理离不开仓库设施设备的配置，因此仓库设施设备是仓储管理的要素。仓储设施设备按其用途和特征可以分成储存设备、装卸搬运设备、分拣设备、包装设备、计量设备、养护检验设备、通风照明设备、劳动防护设备以及其他设备等。以普罗格公司为例，其不仅有传统的货架、叉车等设施设备，还拥有大量现代化程度较高的仓储设施设备。普罗格公司场景化仓储设施设备见表 2 - 7。

表 2 - 7　普罗格公司场景化仓储设施设备

序号	设备类型	设备种类
1	储存设备	(1) 托盘类：巷道堆垛机库、四向穿梭车库、子母穿梭车库、堆垛机+穿梭板库、后推式货架、驶入式货架、传统横梁式货架等。 (2) 箱式类：四向穿梭车箱式立库、两向穿梭车箱式立库、CTU 料箱、AGV 式立库、Autostore 箱式立体货架、旋转式立体货架、传统箱式横梁货架等。
2	装卸搬运设备	(1) 自动化类：AGV、箱式输送线、托盘输送线、桁架机械手、关节机械手等。 (2) 非自动化类：前移式叉车、平衡重叉车、堆高车等。
3	分拣设备	(1) 拣选设备：A 字架拣选、电子标签 DPS 拣选、GAS 翻盖拣选、平板拣选、货到人拣选等。 (2) 路由分拣：斜轮分拣机、滑块分拣机、万向分拣机、交叉带分拣机、模组带分拣机等。
4	包装设备	自动开箱机、自动封箱机、自动贴标机、自动裹膜机、自动打带机等。
5	其他设备	信息、计量、养护检验、通风照明、消防安全、劳动防护等设备。

一、常用仓储设施设备

仓储企业应根据仓库的功能、储存的对象、业务规模及潜力等综合要求，合理配置仓储设施设备，高效实现仓储功能。常用的仓储设施设备包括货架、托盘、叉车等。

(一) 货架

货架是指用支架、隔板或托架组成的立体储存物品的设施。合理使用货架可有效改善仓储的功能，促进机械化和自动化的实现。

货架的种类很多，主要可分为传统式货架和新型货架两种。传统式货架包括层架、层格式货架、抽屉式货架、橱柜式货架、U 形架、栅架、悬臂架等。新型货架包括旋转式货架、移动式货架、装配式货架、驶入驶出式货架、调节式货架、托盘货架、高层货架、阁楼式货架、重力式货架等。其中常用的货架包括：托盘货架、阁楼式货架、驶入驶出式货架、移动式货架、悬臂式货架、抽屉式货架、重力式货架等。

1. 托盘货架

托盘货架是应用最广泛的托盘类物品存储货架之一，有较强的通用性。一般情况下，货架沿仓库宽度方向分成若干排，每两排货架之间有一条巷道，供堆垛起重机、叉车或其他搬运机械运行，见图 2 - 22。

图 2-22 托盘货架

2. 阁楼式货架

阁楼式货架适用于库房内空较高、货物较轻、人工存取和储货量较大的情况，也适用于现有旧仓库技术改造的情况，最大的特点是可提高仓库的空间利用率，见图 2-23。

图 2-23 阁楼式货架

3. 驶入驶出式货架

驶入驶出式货架是一种不以通道分割的、连续性的整栋式货架。在驶入驶出式货架两端，叉车都可以进行存取作业，也可以从一端存货另一端取货，适合存放品种少而数量多的物品，见图 2-24。

图 2-24　驶入驶出式货架

4. 移动式货架

移动式货架是一种在货架的底部安装运行车轮，可以在地面上运行的货架。按驱动方式的不同，可以分为人力推动式、机械驱动式、电动式等，见图 2-25。

图 2-25　移动式货架

5. 悬臂式货架

悬臂式货架适合细长和环形物品的保管和整理，悬臂单臂承重 200～500 千克，见图 2-26。

图 2-26 悬臂式货架

6. 抽屉式货架

普通的抽屉式货架用于存放中小型模具。重型抽屉式货架可用于存放特重型模具和货物，具有节省场地、结构简单、操作轻便和安全可靠的特点，见图 2-27。

图 2-27 抽屉式货架

7. 重力式货架

重力式货架分为轻型重力式货架（见图 2-28）和重型重力式货架（见图 2-29）两种。

图 2-28　轻型重力式货架

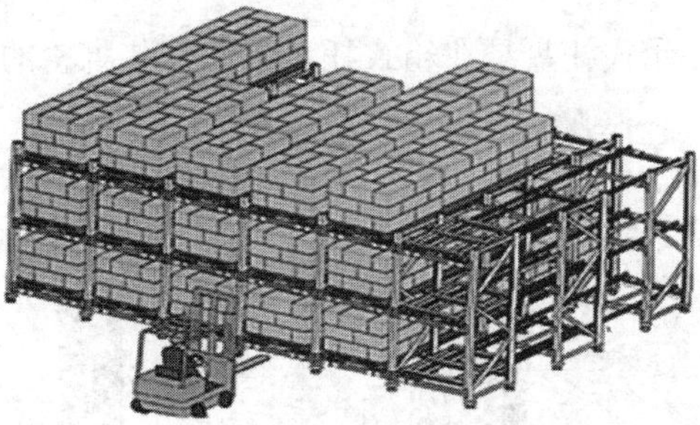

图 2-29　重型重力式货架

（二）托盘

托盘是用于在集装、堆放、搬运和运输时，放置作为单元负荷的货物和制品的水平平台装置。在托盘上集装一定数量的单件货物，并按要求捆扎加固，形成一个搬运单元，便于使用机械进行装卸、搬运和堆存。托盘是在物流领域中适应装卸机械化而发展起来的一种集装器具。一般情况下，托盘需要与叉车搭配使用，两者共同提高了物流活动中的装卸机械化水平。

按适用性分类，托盘可以分为通用托盘和专用托盘两大类。

按结构分类，托盘可以分为以下几种：

1. 平托盘

平托盘是使用范围最广的托盘。其由双层板或单层板另加底脚支撑构成，在承载面和支撑面间夹以纵梁，可使用叉车或搬运车等进行作业，见图 2-30。

2. 箱式托盘

箱式托盘以平托盘为底，上面有箱形装置，四壁围有网眼板或普通板，顶部可以有盖或无盖，可用于存放形状不规则的物料，见图 2-31。

图 2-30　平托盘

图 2-31　箱式托盘

3. 柱式托盘

柱式托盘是在平托盘基础上发展起来的，其基本结构是托盘的四个角有钢制立柱，柱子上端用横梁连接，形成框架型，见图 2-32。

4. 轮式托盘

轮式托盘是在箱式托盘下部安装脚轮的箱形设备，其主要特点是可以用作短距离移动，有很强的搬运性，见图 2 - 33。

图 2 - 32　柱式托盘

图 2 - 33　轮式托盘

按制作的材料分类，托盘则可以分为塑料托盘、金属托盘、木托盘、纸制托盘等，见图 2 - 34。

塑料托盘　金属托盘　木托盘　纸制托盘

图 2 - 34　不同制作材料托盘

另外，还有一些特种专用托盘，见图 2 - 35。

平板玻璃集装托盘　轮胎专用托盘　长尺寸物托盘　油桶专用托盘

图 2 - 35　特种专用托盘

据调查，我国使用和流通的托盘种类繁多、规格不一，而统一的托盘规格对提高仓储管理效率具有重要意义，特别是在和多式联运进行联动时尤为重要。随着我国深刻融入国际贸易，托盘的规格也需要与国际接轨，当前国际标准化组织规定的托盘通用尺寸主要有三种规格：1 200mm×1 000mm、1 200mm×800mm、1 000mm×800mm。

（三）叉车

叉车又称铲车，是一种用来装卸、搬运和堆码单元货物的车辆。它以货叉作为主要的取货装置，依靠液压起升机构升降货物，由轮胎式行驶系统实现货物的水平搬运。叉车除了使用货叉以外，还可以更换各类装置以适应多种货物的装卸、搬运和作业。

1. 平衡重式叉车

平衡重式叉车的工作装置位于车辆前端，货物载于前端货叉上，为了平衡前端货物重量，在叉车的后部装有配合重。以内燃机为动力的平衡重式叉车，简称内燃叉车，其机动性好、动力较大，是室外作业应用最广泛的叉车，见图 2－36。

以电瓶为动力的平衡重式叉车，简称电动叉车，其操作容易、无废气污染、环保性好，适合室内作业，见图 2－37。

图 2－36　内燃叉车

图 2－37　电动叉车

变换属具可以扩大叉车的使用范围和作业效率，图 2－38 展现了叉车的多方面功能。

图 2－38　不同属具的叉车

2. 前移式叉车

前移式叉车是门架（或货叉）可以前后移动的叉车。前移式叉车具有两条前伸的支腿，支腿前端有两个轮子，叉车的门架可以前移，便于叉取货物，叉取完货物后门架可以沿着支腿回到原来的位置，这样可使货物重心位于前、后轮之间，运行稳定。前移式叉车适用于通道较窄的室内仓库作业，见图 2-39。

图 2-39 前移式叉车

3. 托盘式叉车

托盘式叉车是以搬运托盘为主的搬运车辆，包括手动托盘搬运车和电动托盘搬运车。

在使用手动托盘搬运车时，将其承载的货叉插入托盘孔内，由人力驱动液压系统来实现托盘货物的起升和下降，并由人力拉动完成搬运作业。它是托盘运输中最简便、最有效、最常见的装卸、搬运工具，见图 2-40。

电动托盘搬运车，如常见的带踏板的电动托盘搬运车，由驾驶员站立驾驶，行驶速度通过手柄上的无级变速开关控制。其功能相当于手动托盘搬运车，但具有省力、效率高等优势，见图 2-41。

图 2-40 手动托盘搬运车

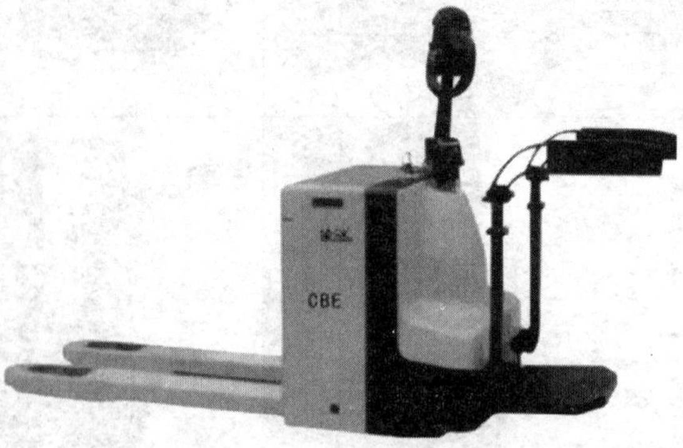

图 2-41 电动托盘搬运车

4. 手推液压堆高车

手推液压堆高车是利用人力推拉运行的简易式插腿式叉车，见图 2-42。左为手摇机械式，中间为手动液压式，右为电动液压式。适用于效率要求不高，但需要有一定堆垛、装卸高度的工厂车间、仓库。

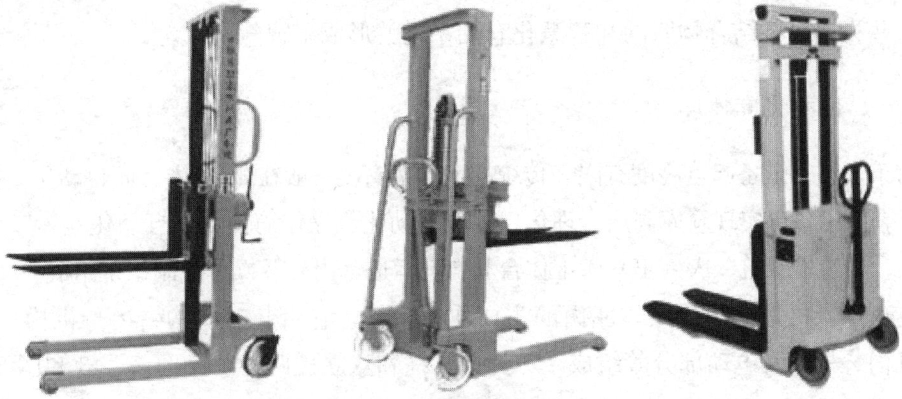

(a) 手摇机械式　　(b) 手动液压式　　(c) 电动液压式

图 2-42　手推液压堆高车

二、现代智慧仓储设施设备

随着科技的飞速发展和人力成本的快速增长，为了应对日益激烈的行业竞争，提高仓储管理效率，降低成本，提高竞争力，适应智慧仓储的发展趋势，仓储企业也在研发和使用更加自动化、智慧化设施设备。

京东智仓

仓储设施设备的发展主要经历了人工操作机械化设施设备、部分自动化设施设备、系统性自动化设施设备和智慧化设施设备四个阶段。

人工操作机械化设施设备是仓储作业人员通过操纵机械设备来实现物品的装卸搬运和储存等作业活动。

部分自动化设施设备是在仓储系统中采用了自动输送机械、自动导引小车（AGV）、货品自动识别系统、自动分拣系统、巷道式堆垛机等。

系统性自动化设施设备是将仓储过程各环节的作业系统集成为一个有机结合的综合系统，在统一控制指挥下，各子系统密切配合、有机协作，从而提高仓储系统的总体效益。

京东无人仓

智慧化设施设备是指设施设备可以完全自动运行，无须人为干预，并根据实际运行情况自动地调整运行状态，同时向仓储管理和操作人员反馈系统运行状态和操作建议。

现阶段仓储企业正处于由人工向自动化、智慧化过渡阶段，四种形态共存，以人工操作机械化设施设备为主，自动化设施设备正在广泛地应用于仓储作业。而随着物联网的发展，智慧化设施设备必然成为仓储企业发展的未来。在智慧仓储发展过程中，自动化是智慧化设施设备的基础，这里我们主要介绍在智慧化发展过程中的自动化设施设备，这些设施设备结合物联网和智慧化仓储系统就形成了智慧仓储。

（一）自动化立体库

由于叉车等设备起重高度有限，传统仓库货架高度一般在3～5米。而自动化立体库利用立体仓库设备可实现仓库高层合理化、存取自动化、操作简便化。自动化立体库的主体由货架、巷道堆垛机、入（出）库工作台和自动运进（出）及操作控制系统组成。

巷道堆垛机是自动化立体库内的主要作业机械，它由起升机构、运行机构、货叉、伸缩机构、机架及电动部分等组成，分为单立柱和双立柱两种，见图2-43和图2-44。巷道堆垛机的主要用途是在立体仓库的货架巷道间来回穿梭运行，将位于巷道口的货物存入货格，或者取出货格内的货物运送到巷道口。巷道堆垛机可以整体沿货架间的轨道水平方向移动，载货平台可以沿堆垛机的支架上下垂直移动，载货平台的货叉可借助伸缩机构向平台的左右方向移动，这样可以实现所取货物的三维移动。

图2-43　单立柱巷道堆垛机

图2-44　双立柱巷道堆垛机

（二）自动导引车

传统仓库由于货架是固定的，在货物分拣时，需要分拣员根据系统拣选信息操作叉车等设备在不同的货架之间来往拣选，费时费力。而货到人系统依赖驮着货架运行的自动导引车和可移动的货架，可以实现货动人不动，高效解决这一难题。

自动导引车（Automated Guided Vehicles，AGV）上装备有自动导向系统，可以在不需要人工操作的情况下沿预定路线自动行驶，将货物或物料从起始点运送到目的地。AGV 柔性好，行驶路径可以根据仓储货位要求、生产工艺流程等改变而灵活改变，并且运行路径改变的费用与传统的输送带和刚性的传送线相比非常低廉。AGV 一般配备有装卸机构，可以与其他物流设备自动衔接，实现货物和物料装卸与搬运自动化，见图 2-45 和图 2-46。

图 2-45　AGV（1）

图 2-46　AGV（2）

内化与提升

通过参观仓库，刘盼认识了非常多仓库设施设备。这些设施设备既有常用的，也有不常用的，既有智能的，也有手动的。其中，公司自主研发的物流设施设备在仓储作业及管理中发挥着极大作用，主要包括储存设备、装卸搬运设备、分拣设备、包装设备、其他设备五大类。货架等储存设备用于存放货物，叉车、AGV 等装卸搬运设备用于搬运货物，尤其是公司自主研发的设施设备，对提高效率、服务客户、创造价值发挥了很好的作用。各类设备相互配合，为高效完成各类仓储作业提供了积极支持。

普罗格公司部分现代化仓储设施设备展示见图 2-47、图 2-48、图 2-49 和图 2-50。

图 2-47　普罗格巷道堆垛机

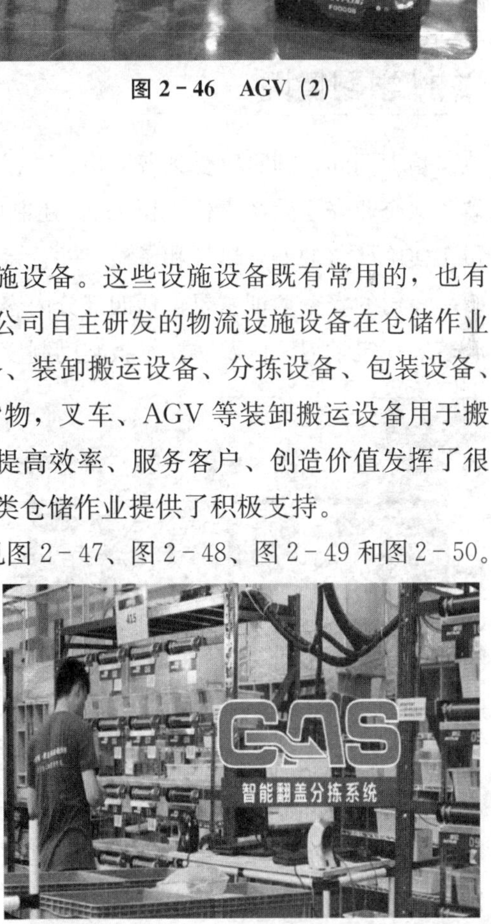

图 2-48　普罗格智能翻盖分拣系统

图 2-49 普罗格托盘四向穿梭车

图 2-50 普罗格箱式穿梭车

任务四
现代仓储管理之“安全要素”

学习情境

培训期间，刘盼感受到普罗格公司极其重视安全管理，公司不仅与安全主管部门签署了《企业安全生产责任承诺书》，还制定了严格的安全管理制度，对所有参与作业的员工实施严苛的安全培训和考核，并且每个员工必须签署《安全防损承诺书》。

公司的安全培训主要包括四部分内容：基本安全防损规定学习，安检流程学习，进仓着装规定学习，以及防损举报奖励制度学习。图 2-51 为普罗格公司安全管理看板。

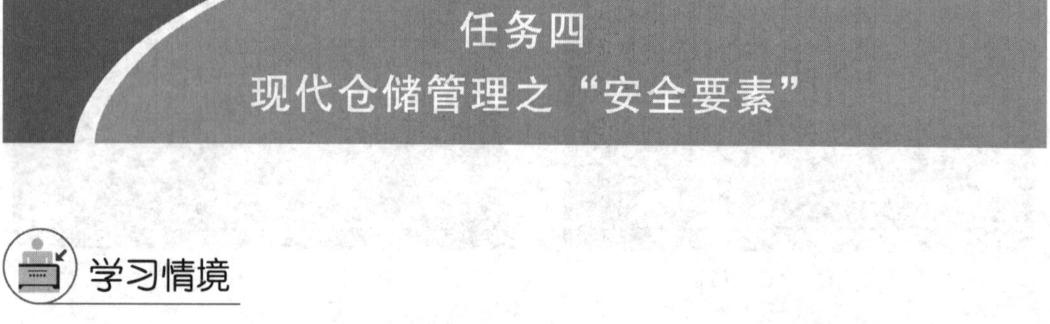

图 2-51 普罗格公司安全管理看板

学习情境分析：仓储安全工作是关乎国家财产和人民生命安全的一件大事，是做好仓储业务的基本前提。仓储企业必须建立安全保证体系，认真履行安全责任制度，切实做好以消防为中心的仓储安全管理工作。签署《安全防损承诺书》更是为了督促员工绷紧“安全弦”。

知识链接

仓储安全作业管理是指在商品进出仓库装卸、搬运、储存、保管等过程中，为了防止和消除伤亡事故，保障职工安全和减轻繁重的体力劳动而采取的措施。

仓储安全作业管理直接关系货物的安全、作业人员的人身安全、作业设备和仓库设施的安全。这些安全事项都是仓库的责任范围，所造成的损失100%由仓库来承担，因而说仓储安全作业管理是经济效益管理的组成部分。

安全作业管理要从作业设备和场所，以及作业人员两方面进行管理，一方面消除安全隐患、减少不安全的系统风险；另一方面提高作业人员的安全责任心和安全防范意识。

一、仓储安全管理的意义

仓库既是货物高度集中的重要基地，也是广大仓储职工进行各种仓储作业的场所。做好货物的养护工作，确保货物安全，是仓库的基本职责，也是仓储货物正常流通的基本保证。如果因仓储的安全管理工作不善，致使仓库发生火灾、被盗、货物腐烂变质等情况，不仅会给有关客户及本单位造成重大的经济损失，而且会影响正常的社会秩序、生产秩序和生活秩序，甚至会严重影响仓储企业的信誉。因此，做好仓库的安全管理工作直接影响企业的生存和发展，是仓储工作的首要任务，也是每个工作人员的基本职责。仓储安全管理工作要以消防工作为核心，认真贯彻“以预防为主”的方针，确保人身、货物和设备的安全。

二、仓储安全管理的基本内容

仓储安全管理的基本内容包括三个方面：人身安全、货物安全和设施设备安全。

（一）人身安全

仓储工作人员在装卸、搬运、堆码、保管养护货物等操作过程中，直接与装卸、搬运设备以及不同特征的货品接触，因而必须注意做好人身安全工作。做好人身安全工作应该从以下几个方面着手：

（1）优化工作环境，消除事故隐患。

（2）加强安全意识教育。

（3）进行仓储机械设备的安全操作规程培训。

（4）建立健全工作场所、仓储设备的安全检查制度，并有效地组织实施。

（二）货物安全

货物安全管理的主要内容包括货物由于本身的化学成分、结构特点和理化性质，以及受阳光、温度、湿度等客观条件的影响而发生的霉烂变质、虫蛀鼠咬、自燃爆炸、火灾等事故。为切实做好货物的安全管理工作，应该从以下几个方面着手：

（1）加强货物养护知识的培训教育。

（2）根据货物的性质、特点和保管条件要求等设计货物的保管环境。

（3）选用适当的仓储设施设备。

（4）采取有效的防水措施。

（5）采取有效的防鼠措施。

（6）采用功能完善的仓储管理软件，做好货物的全方位管理，如对各货物的保质期进行提前预警等。

（7）积极采用先进而科学的管理技术手段，如防盗防火监控系统等。

（三）设施设备安全

仓储设施设备是指与仓储活动有关的所有设施与设备，包括仓库本身、储存货架、搬运输送机械等。使用这些设施设备时，应该严格按照设施设备使用的技术要求进行操作。做好设施设备的安全管理工作，应该从以下几个方面着手：

（1）把好设施设备选购关，在进行设施设备选型时，必须进行广泛的市场调研，在保证设施设备使用性能的前提下，选择安全性能好的设施设备。

（2）做好设施设备的使用培训工作。

（3）制定设施设备的安全检查保证制度，并严格执行。

以上三个方面的安全管理内容是相互联系的，只有重视各项工作，才能最大限度地保证人身安全、货物安全和设施设备安全。影响仓储安全的因素很多，各类仓储企业都要根据自身的特点，认真分析影响仓储安全的各种因素，制定一系列切实可行的仓储安全管理方法，采取相应的安全预防措施，及时排除各种不安全因素，杜绝事故隐患，确保仓储企业的安全运营，把损失降到最低。

三、仓储安全管理的措施

为了使仓储安全管理工作落到实处，管理者必须根据企业的实际情况制定一系列安全保障措施，使安全工作有组织、有落实、有检查，做到人人关心安全、重视安全。具体应该做好以下几个方面的工作：

（一）建立健全安全管理组织保证体系

要做好仓储安全管理工作，必须建立健全安全管理组织保证体系，并保证体系的正常运转。安全管理组织保证体系见图 2-52。

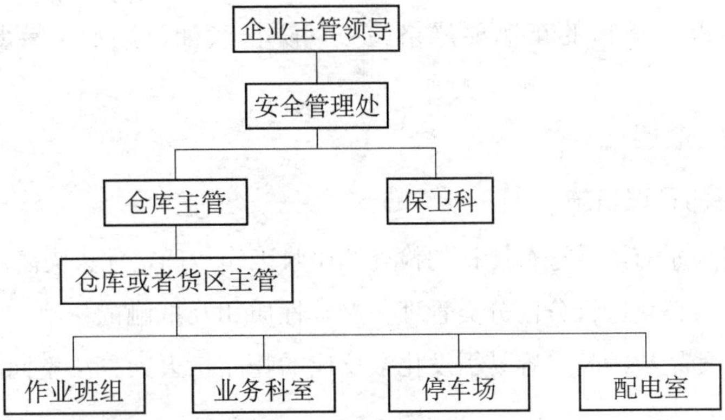

图 2-52　安全管理组织保证体系

（二）建立健全安全管理制度

在建立安全管理组织保证体系的基础上，建立一系列切实可行的安全管理制度。实行安全责任制，各有关部门都要根据现场情况制定安全管理的具体内容，并指定具体的责任人，然后根据具体的管理内容制定一套有效的安全管理工作评价指标体系，作为安全管理评价的重要依据。

（三）严格执行安全检查制度

定期或不定期地对企业仓储工作进行安全检查，及时发现安全隐患，是保证仓储安全的重要措施。在现实工作过程中，可以开展经常性自查、临时性互查、季节性检查和节日性检查等。

（四）完善消防安全管理措施

在消防安全管理中，要认真贯彻执行公安部制定的《仓库防火安全管理规则》，注意做好火源火种、货物储存、装卸搬运机械以及电气设备等的管理工作，制定相应的管理措施，杜绝火灾的发生。

1. 火源火种的管理措施

（1）仓库应当在醒目位置设置“禁止吸烟”“禁止烟火”等防火标志（见图 2-53），以提醒所有人员随时注意消防安全。

图 2-53 防火标志

(2) 对外来提送货物的车辆要严格检查，防止汽油、柴油、易燃易爆货物进入仓库。

(3) 库房内严禁明火。

2. 货物储存的管理措施

(1) 货物在入库前，要进行严格的检查和验收工作，确定无火灾隐患后方可入库。

(2) 库存货物必须进行分区分类管理。严禁性质相互抵触的货物，具有污染性和易感染性的货物、食品与毒品，容易引发化学反应的物品，灭火方法不同的物品存放在同一区域。

(3) 库存货物要进行合理的堆码、苫垫，特别是对具有自然性质的货物要采用科学的堆垛方式，垛形要有利于通风。

(4) 库房建筑及辅助设施必须符合国家标准《建筑设计防火规范》(GB 50016—2014) 的要求，在仓库区域内应布置火灾自动报警系统 (分为烟感、温感、光感、复合等多种形式)、自动灭火系统、消火栓系统、防烟排烟系统、应急广播和应急照明、安全疏散等消防设施以及灭火器、沙箱、水桶、消防斧等消防器材。

3. 装卸搬运机械的管理措施

(1) 各机动车辆必须在规定的区域内进行作业，如运输配送车辆必须有配送区相应的停车位。

(2) 在库区内作业的装卸搬运机械应充分考虑所储存货物的种类，选择防火安全性能良好的车型。

(3) 出现故障的机动车辆必须及时离开作业区。

(4) 各种搬运机械设备要有专人负责。

(5) 装卸作业结束后，操作人员应将装卸搬运车辆停放在规定的区域里，确认安全后可以离开。

4. 电气设备的管理措施

(1) 仓库所使用的电气设备必须符合国家现行的有关电气设计和施工、安装、验收的标准。

(2) 库房内不允许设置移动式照明工具。

(3) 库内各种用电设备的使用必须严格遵循安全操作规程及有关管理制度。

四、灭火方法与灭火器材

（一）灭火方法

常用的灭火方法主要有冷却法（把燃烧物的温度降低至其燃点以下，使之不能燃烧）、窒息法（使燃烧物与氧气隔绝）、拆移法（搬开、拆除可燃烧的货物，使火不能蔓延）、遮断法（将浸湿的货物遮盖在火场附近的其他易燃物上，防止火势蔓延）、分散法（将集中的货物迅速分散，孤立火源）等。

（二）灭火器材

常用的灭火器材主要有以下几种：

1. 消火栓

消火栓是接于消防供水管道上的阀门装置，供给灭火用水。其形式有三种：栓式消火栓，装于室外；壁式消火栓，装于室内；地下式消火栓，装于室外地下。每个消火栓应配有数条合适的水龙带和消防水枪。水的灭火作用是冷却和窒息，但不适用于油类及电气设备着火。

2. 沙箱

沙子适用于盖熄小量易燃液体及不能用水或液体灭火器来救火的物质。沙子应细小，不得有石子、乱纸和垃圾等，并应备有铁铲置于沙箱旁。用沙土覆盖燃烧的灭火原理，一方面是冷却，另一方面是隔绝空气。

3. 灭火器

根据存放货物的性质及业务操作情况，配备各种类型的灭火器，并置于明显且使用便利的地方。常用的灭火器主要有以下几种：

（1）泡沫灭火器。也称酸碱灭火器，内部分别装有硫酸与碳酸氢钠（含有发泡剂）两种溶液，使用时将筒身倒转，两种溶液混合后发生化学作用，产生含有二氧化碳气体的浓厚泡沫，由喷嘴喷出。泡沫轻且富有黏性，喷出后覆盖在易燃液体表面，一方面，可以吸取液体的热量，使液体的温度降低，蒸发速度减慢；另一方面，泡沫之间还有一种黏着力，浮在易燃液体表面使其与空气隔绝，燃烧就会停止。泡沫灭火器主要适用于扑救木材、棉花、纸张、油类、易燃液体的火灾，但电气设备着火不能使用，以免造成触电事故。

（2）二氧化碳灭火器。二氧化碳高压压缩液化后装于钢瓶内，使用时旋转活塞，二氧化碳立即自动喷出，在其迅速汽化的过程中，吸收大量热量而变成雪花状固体二氧化碳，温度可降至−78.5℃，故可起冷却和窒息作用，从而将火扑灭。二氧化碳灭火器适用于贵重药品、易燃药品、精密仪器、油类、电气设备等的火灾，但不能用于扑救金属钾、钠、镁、铝等物质的火灾，因为这类物质性质活泼，能夺取二氧化碳中的氧，起化学反应而燃烧。

（3）四氯化碳灭火器。这种灭火器为圆形钢筒，内装四氯化碳液体，由于喷射方式不同，因此可分为分泵式、气压式、高压式三种。使用时打开开关，四氯化碳液体因受筒内气压作用而从喷嘴喷出，一般射程为 7 米左右。四氯化碳落入火区后会迅速蒸发，1 千克四氯化碳可汽化成 145 升蒸气，这种蒸气的相对密度约为空气的 5.5 倍，可以覆盖在燃烧物上隔绝空气，断绝氧气供应，当空气中有 7.5%的四氯化碳蒸气时，即可阻止燃烧。四氯化碳不导电，适用于扑救电气设备、油类及贵重货物的火灾。但应注意，四氯化碳有毒，其蒸气的毒性更大，当空气中含 0.3 克/毫升时，人吸入就会有生命危险；同时，四氯化碳遇 250℃以上的高温时，能与水蒸气作用，分解并产生有剧毒的光气（碳酰氯）和氯化氢气体，尤其是遇灼热的金属时，分解更为强烈，因此，在使用时要站在上风口或较高的地方。如果在室内或空气不流通的地方使用，最好戴上防毒面具；如果没有防毒面具，可用湿毛巾把嘴和鼻孔捂上，灭火后应立即通风。四氯化碳不能扑救金属钾、钠、镁、铝以及乙炔、乙烷、二硫化碳等的火灾。

（4）干粉灭火器。由盛装干粉（由碳酸钠粉末加防潮剂和增滑剂配制而成）的铁筒和盛装压缩气体（二氧化碳）的钢瓶组成。使用时可提起圈环，在二氧化碳的压力下将干粉喷射到燃烧区，由于干粉颗粒细而且质轻，因此能覆盖在燃烧物上隔绝火焰的辐射热，并析出不燃气体冲淡空气中氧气的含量，从而阻止燃烧。干粉灭火器的灭火效率高、速度快、不导电、不腐蚀、毒性低，适用于扑救石油及其产品、油漆、有机溶剂和电气设备等的火灾。

（5）1211 灭火器。瓶内装有 1211（二氟一氯一溴甲烷），灭火原理主要是通过干扰，抑制火焰的连锁反应，并具有一定的冷却、窒息效果，从而将火扑灭。1211 灭火器的特点是高效、毒性低、腐蚀性小，灭火后不留痕迹，使用安全，保存时间长，可适用于扑救各种油类、可燃气体和电气设备等初起的火灾。

4. 破拆工具

破拆工具主要是在灭火时用来破拆建筑物、门窗、地板、屋顶等，以便打开通路进行灭火、救人或疏散货物，或者防止火势蔓延。破拆工具主要有消防斧、铁锹、火钩等。

五、在库货物的防盗

仓库中必须安装防盗监视、自动报警设备，建立治安保卫制度，实行门卫放行制度，加强日常巡查，做好交接班记录，制定治安应急预案，完善防盗的各项规章制度。

六、日常在库检查

检查在库储存货物，是为了了解和掌握货物在保管过程中的质量变化情况，发现存在的问题，便于及时采取相应的措施，进行防治或处理。如果不能及时发现并采取措施救治，就会造成或扩大损失。有些货物在工厂制成后，并未发现有什么问题，进入仓库后也未发现异状，可是在经过了一段时间再检查时，就发现变质了，这种情况多半是入库货物或其包装水分偏高所致。

在进行货物在库检查时，不可能每批每件都查，可以有重点、有计划、有步骤地进行定期检查。一般应重点检查下列货物：(1) 入库时发现已有问题的货物。(2) 性能不稳定或不够熟悉的货物。(3) 堆放场所不甚适宜的货物。(4) 已有轻微异状尚未处理的货物。(5) 储存时间较长的货物。

按序排好需检查的货物后，要根据确定的检查周期，每月检查，循环进行，对所保管货物的质量情况做到心中有数。检查货垛、抽查货物时，要从最易发生问题的部位着手，如近窗、沿墙、垛底、垛芯等处，必要时可进行翻堆倒垛、抽芯挖底检查，还可以用测湿仪抽测水分，协助感官检查。

总之，对库存货物的质量情况，应进行定期或不定期的检查，检查时应特别注意货物温度、水分、气味、包装物外观、货垛状况等。

需要注意的是，对检查时发现的问题，要彻底地调查情况、分析原因，根据产生异状的原因，迅速采取措施，进行防治和处理。凡属于储存条件和保管措施上的问题，应主动改善储存条件；凡属于货物生产工厂方面的问题，应联系委托单位，协商处理，积极配合解决。如有因仓库保管不善而引起的问题，仓库应承担应负的责任。

对在库检查时发现异状的货物，可根据其异状程度，进行不同的处理。凡在检查时发现货物的外观质量与入库时比较起了一些变化，但异状程度轻微、异状面不大、蔓延趋势缓慢、不影响销售和使用的，可作为一般异状对待，填写货物异状问题报告表并报委托单位，仓库加强保管、检查措施，注意其变化发展情况。凡在质量上已发生显著变化，异状程度较重、异状面较广、有迅速发展的趋势的，可作为重大异状问题处理，填写货物异状问题催请处理表并送委托单位催请处理。

七、物流仓储业常见的安全隐患清单

（一）可燃物品乱堆乱放

1. 法规依据

(1) 我国国家标准 GB 15603—1995《常用化学危险品贮存通则》："10.1 禁止在化

学危险品储存区域内堆积可燃废弃物品。”

（2）我国行业标准 GA 1131—2014《仓储场所消防安全管理通则》：“6.15 使用过的油棉纱、油手套等沾油纤维物品，以及可燃包装材料应存放在指定的安全地点，并定期处理。”

2. 隐患分析

无论是在仓库内还是在生产现场，可燃物品的乱堆乱放都是禁止的。首先，可燃物品乱堆乱放会造成环境的不良，若发生火灾，则显著增加了事故能量，影响人员疏散；其次，一些可燃物品长期堆积可能发生自燃现象造成火灾事故，如长时间堆积的油棉纱，若通风不良，则会由于内部油脂的氧化和聚合作用产生热量积蓄而自燃引发火灾。

3. 事故案例

2001 年 8 月 14 日，广州市白云区某公司的仓库发生火灾，事故的直接原因是地毯堆垛蓄热，过火面积达 1 000 平方米，直接财产损失达 359 万元，所幸火灾中无人员伤亡。

（二）物品超高堆放

1. 法规依据

（1）我国国家标准 GB 17914—2013《易燃易爆性商品储存养护技术条件》：“6.1.3 各种商品应码行列式压缝货垛，做到牢固、整齐、出入库方便，无货架的垛高不应超过 3m。”

（2）我国国家标准 GB 17915—2013《腐蚀性商品储存养护技术条件》：“5.2.3 堆垛高度应控制在：a）大铁桶液体：立码；固体：平放，不应超过 3m；b）大箱（内装坛、桶）不应超过 1.5m；c）化学试剂木箱不应超过 3m；纸箱不应超过 2.5m；d）袋装 3～3.5m。”

2. 隐患分析

物品超高堆放，容易使物品自身遭挤压受损，也更容易发生倾倒导致物品损失、人员伤亡。若发生事故，在应急抢险时，也可能来不及安全、快速地撤离超高堆放的物品。应注意标准中规定的高度是指无货架的物品堆放。

3. 事故案例

2018 年 1 月 14 日，张家港保税区长江物流有限公司 3 号仓库发生货垛坍塌事故，事故原因是棉包堆放不规范，物品超高堆放，造成货垛整体失稳倒塌，结果造成一人死亡。

（三）仓库主通道间距不足、堆垛间距不足

1. 法规依据

（1）《易燃易爆性商品储存养护技术条件》：“6.2 堆垛间距”。

（2）《腐蚀性商品储存养护技术条件》："5.2.4 堆垛间距"。

（3）我国国家标准 GB 17916—2013《毒害性商品储存养护技术条件》："6.3 间距"。

以上标准都对堆垛间距做出了以下规定：应保持在主通道大于等于 180cm；支通道大于等于 80cm；墙距大于等于 30cm；柱距大于等于 10cm；垛距大于等于 10cm；顶距大于等于 50cm。

（4）《仓储场所消防安全管理通则》："6.7 每个堆垛面积不应大于 150m^2。库房内主通道的宽度不应小于 2m。"

2. 隐患分析

安全、可靠的堆垛间距是重要的防火技术措施之一。首先，充足的堆垛间距，便于人员检查（预防事故发生），便于物料的通风（防止高温积聚），便于人员操作、物品进出、防止磕碰等人身伤害；其次，在发生事故时，特别是在事故初期，充足的通道便于人员、物品的撤离；安全的防火间距便于隔离火灾发生部位，避免火灾迅速扩大。另外，还需注意仓库照明灯具下方不准堆放物品，其垂直下方与储存物品的水平间距离不得小于 0.5 米。

3. 事故案例

2015 年 1 月，秦皇岛某啤酒公司的露天堆场，啤酒箱堆垛周边箱区、托盘瓶区与空箱区的间距较小，摆放密集，只容一人侧身通过，致使火灾发生后火势蔓延迅速。

（四）配电开关箱设置在仓库内

1. 法规依据

（1）我国国家标准 GB 50016—2014《建筑设计防火规范》："10.2.5 配电箱及开关应设置在仓库外。"

（2）《仓储场所消防安全管理通则》："8.5 仓储场所的每个库房应在库房外单独安装电器开关箱，保管人员在离库时，应切断场所的非必要电源。"

2. 隐患分析

配电箱及开关是容易发生电气火花的部位，在仓库这类火灾危险较大的场所，必须限制使用。若把配电箱及开关设置在仓库外，则从根本上避免了仓库内产生由此引发的电气火花，从而避免了因此造成的火灾事故。另外，无论任何场所，电器设备周围都应禁止堆放物品，至少保持 0.5 米的安全间距。

3. 事故案例

2017 年 1 月 5 日 20:30 左右，南京鼓楼区中山北路 627 号原下关饮食公司的仓库内一配电箱突然失火。火点来自配电房内的一间无人库房，库房内的配电箱因短路引燃了杂物。供电部门的工作人员立即进入火灾现场，及时切断电源。经过消防队员全力扑救，大火终于被成功扑灭，但此时配电房内的杂物早被烧成一片灰烬。该库房隶属于原下关饮食公司，因长期无人使用，库房内堆放了一大堆杂物，在配电箱起火后，杂物不幸遭火星点燃。幸好发现及时，否则万一燃烧起来引爆配电站，后果不堪设想。

内化与提升

普罗格物流运营安全防损管理制度

（一）基本安全防损规定

（1）员工应熟悉并遵守所有安全防损规章制度，签署《安全防损承诺书》，在工作时严格遵守公司管理制度中的安全防损管理规定。

（2）若发现安全防损隐患及违章作业，员工应及时报告主管或安全防损部。

（3）熟悉逃生路线，有火警或需要紧急疏散时立即离开库房到紧急集合点集合。

（4）仓库区室内严禁吸烟，违者将被解除劳动合同或退回派遣公司；在库外非吸烟区吸烟将被开具违章违纪单。

（5）未佩戴普罗格公司工卡者禁止进入库房。所有自有、第三方员工以及长期在库内工作的供应商（如保洁、保安人员等），必须每人持有自己的工卡，任何人不得共用工卡、不得替他人刷卡。来访者应由接待人陪同办理“访客卡”，培训期员工应佩戴“培训生卡”，通过培训后的第三方员工使用“临时工卡”，正式员工使用带照片的“普罗格工卡”。

（6）佩戴工卡时应使用安全挂绳或卡扣，严禁使用无安全接口的挂绳。

（7）访客在库区访问时必须由普罗格员工全程陪同，拍照必须得到相关领导的书面批准。

（8）未经许可，下列物品严禁带入库房：食品、饮料、未经授权登记的手机、首饰（项链、手链、戒指、脚链、耳环等）、钥匙饰品、钱包、手表、香烟、打火机等易与库内商品混淆或对库房管理存在安全隐患的物品。

（9）未经许可，员工不得进入发货月台；除得到许可的供应商外，任何人不得从月台垛口或主入口之外的其他地方离开、进出库房（紧急情况除外）。

（10）违反安全防损制度的员工将接受询问并在相关记录表上签字。不要在空白的表格上签字，否则造成的一切后果由签字人自行负责。

（11）自行车、电动车、机动车必须放在指定的存放处，在指定的区域外存放自行车、电动车、机动车将被开具违章违纪单。

（12）禁止堵塞通道和出入口。严禁在消防设施前、逃生通道上、紧急出口前、电气设施前和楼梯下堆放或临时堆放任何物品。

(13) 在传送带附近工作（包括临时工作）时，长发过肩的员工应将头发盘起或者戴发罩。

(14) 库房作业区内只允许使用安全防损部提供的安全刀具。安全刀具应小心使用，妥善保管，刀片损坏或不够锋利时应联系主管及时更换。

(15) 不要做超出自己能力范围的动作，搬运的物品过重时应找人帮忙（单人搬运物品限重 15 千克，手提物品限重 10 千克）。

(16) 托盘上物品高度不得超过 1.6 米和阻挡操作人员的视线；不允许使用已损坏的托盘；空托盘应整齐码放，存放在指定地点，码放高度不得超过 1.6 米。托盘不允许竖立存放或靠墙斜放。

(17) 禁止站在地牛上；地牛运输物品的重量不得超过其额定载重量；载货地牛在行走时应拉动而不要推动，不可在斜坡上行走；操作地牛时动作要缓慢以确保安全；地牛上物品应码放稳固以防止在运输过程中掉落；地牛不用时必须将牙叉放在托盘下，把手必须扭动 90 度以防止地牛滑动。

(18) 非授权人员严禁操作电动地牛；电动地牛应由专人负责，定期保养，发现问题必须立即停止使用并及时通知专业人员维修；在使用电动地牛前必须按照规定对其进行安全检查；电动地牛只能在规划的路线和范围内行驶、停放，严禁驶入月台；电动地牛上物品高度不得超过 1.6 米和阻挡驾驶员视线；行驶速度不得超过 5 千米/小时；在通过路口、盲区、门口时应鸣笛示警，遇到可能进入电动地牛行驶路线的行人时必须鸣笛，直到行人与驾驶员有目光接触后方可从行人旁边驶过；使用后必须停放在充电区，货叉应完全降下；任何时候电动地牛不得停放在斜坡上或在斜坡上行走；电瓶应及时充电，添加蒸馏水时必须佩戴要求的个人防护用具（面盾、防酸手套、围裙）。

(19) 够取超过头部以上的物品时应使用脚踏梯/物流凳（脚后跟不离地并可够取物品中部时除外）；脚踏梯/物流凳上有人时严禁移动；站在脚踏梯/物流凳上时只能直立身体、操作自己手臂范围内的物品，禁止身体倾斜或够取手臂范围外的物品；同一时间只能有一个人在脚踏梯/物流凳上；使用脚踏梯和其他梯子时应完全打开、伸展梯子，面向梯子向上攀登，不要越级攀登，不要搬运重物和体积大的货物上下梯子，攀登时不得同时占用双手，必须有一只手扶梯子；电工作业禁止使用金属梯；梯子应存放在指定地点，不得放在通道上或阻挡消防设备或紧急出口。

(20) 其他安全规定请参见相关的安全政策和程序或询问安全防损部人员。

(21) 鼓励员工进行安全自查和互查，对在查找隐患和安全改善方面做出贡献的员工进行适当奖励；对违反安全规定的员工将依据相关规定进行处罚。

（二）安检流程

(1) 所有出库人员必须接受安检，拒绝安检将被解除劳动合同或退回派遣公司。

（2）在通过安检门时，应提前把携带的所有物品（工卡、钥匙、手机等）放入安检筐内。

（3）所有未经许可带出库房的物品将被扣留，携带者也将按规定受到处罚。

（4）在通过安检门或接受手持探测器检查时，如无警报发出，将所有口袋翻出、将腰部位置和裤脚位置出示给保安，即可通过。

（5）在通过安检门或接受手持探测器检查时，如有警报发出，应掏出携带的所有物品；如报警是由鞋子、皮带和金属扣子引起，应脱下鞋子、翻开皮带和扣子接受保安检查。

（6）在保安抽查需求下，应脱下外套接受检查。

（7）保安将不定时对鞋子进行抽查，应脱鞋接受抽查。

（8）保安将对笔记本电脑进行检查，未在电脑列表中登记或与列表中信息不符的电脑带入3C业务库区内将被扣留，安全防损部将进行调查，并对携带者进行相应的处理。

（9）所有扣留的物品将移交公司安全防损部门在30天内进行调查，如确认属于携带者个人物品，30天后可由所属区域经理到安全防损部签字领回。如无法在30天内完成调查，领取时间应根据情况适当延长。

（10）违反本流程的人员将接受询问，并在询问表格上签字；请注意不要在空白的表格上签字，否则造成的一切后果由签字人自行负责。

（11）违章的处罚依据请参照公司有关规定和《安全防损违章处罚条例》。

（三）着装规定

（1）禁止穿戴任何带有反动标语口号的服装和饰品进入库房。

（2）内衣不得外露，衣着暴露和不穿内衣者不得进入库房。

（3）不得穿着透明、网状、肮脏、松垮或拖地的服装进入库房。

（4）不得穿裙子、泳衣、长不过膝的短裤、背心、带挂链的衣服、高跟鞋（鞋跟高于3.8厘米）、厚底鞋（鞋底厚度超过3.8厘米）、尖跟鞋及露脚趾、露脚面、露脚后跟的鞋子进入库房。

（5）不得戴帽子进入库房。

（6）在库房作业区工作时，手指甲长度不得超过6毫米，胡子长度不得超过7厘米。

（7）在库房作业区工作时，不得配戴太阳镜、变色镜和反光镜。

（8）有可能接触到锋利物品、高温物品和化学品、危险品的员工应佩戴安全手套和穿长袖衣服。

（9）违反本着装规定者将被要求进行调整或更换，调整、更换时间不计入生产工时。

（四）防损举报奖励制度

（1）为鼓励库房员工参与仓库防损的监督管理，控制和消除防损隐患，特制定本制度。

（2）本制度适用于普罗格物流运营事业部（仓储业务）。

（3）员工有义务举报一切偷盗公司商品和财产的人员和行为，报告防损方面的隐患。公司支持和鼓励有根据的举报和报告。

（4）员工可以通过电话、邮件或面谈的形式，向各库房安全防损专员举报偷窃行为和报告防损隐患。

（5）公司对经查属实的偷盗举报和隐患报告进行奖励，奖励金额为单次 50 元、100 元人民币不等的，就具体影响大小而定。

（6）获得举报奖励应当具备以下条件：

1）举报的事件发生于普罗格仓库管辖区域内。

2）有明确、具体的被举报对象。

3）举报的情况经查证属实。

4）举报者所留姓名属实（实名）。

（7）同一线索被两个以上举报人分别举报的，奖励最先举报人。

（8）两个或两个以上举报人联名举报同一线索的，按举报人整体进行奖励。

（9）经查实有偷盗行为的员工将受到下列处罚：

1）解除劳动合同。

2）送交公安机关。

3）通知户口所在地。

4）在公司内部进行通告。

（10）公司对所有举报人的个人信息予以严格保密，举报信将作为机密文件保管，任何人不得私自摘抄、复印、扣压、销毁或向无关人员出示。泄露举报者个人信息的人员将受到严厉惩处。

（11）对经查属诬陷的举报将按公司有关规定追究举报人的责任。

（12）本规定自 2016 年 3 月 22 日起在上海、北京、武汉、成都四大区仓储运营中心实行，如有变化以最新版本为准。

（13）普罗格物流运营安全防损部对本规定享有最终解释权。

同步测试

一、单选题

1. 小王大学毕业后经过几年的磨炼打拼，终于和朋友创建了一家小型物流公司，由于规模小、人员少，公司实行了从上到下的垂直领导，下属部门只接受一个上级的指令，各级主管负责人对所属单位的一切问题负责。这个公司的组织结构最有可能是（　　）。

A. 直线制　　B. 职能制　　C. 直线职能制　　D. 事业部制

2. 适用于规模庞大、品种繁多、技术复杂的大型企业的组织结构形式是（　　）。

A. 直线制　　B. 职能制　　C. 直线职能制　　D. 事业部制

3.（　　）是职业品德、职业纪律、专业胜任能力及专职业责任等的总称。

A. 职业道德　　B. 职业操守　　C. 职业能力　　D. 职业素养

4. 在工作中，忠诚包括维护企业利益、维护企业荣誉和（　　）。

A. 遵守企业规章　　B. 完成工作任务　　C. 保守企业秘密　　D. 维护领导地位

5.（　　）是指由人或物在仓库内移动，形成的一系列的点连接而成的线。

A. 作业标志线　　B. 仓库动线　　C. 作业警示线　　D. 仓库分拣线

6.（　　）的划分主要就是根据库区场地条件、仓库的业务性质和规模、商品储存要求以及设备的性能和使用特点等因素，对储存空间、作业区域、站台及通道进行合理安排和布置。

A. 仓储功能区域　　B. 仓储存储区域　　C. 仓储拣选区域　　D. 仓储备货区域

7. 下列选项中，不属于U形动线特点的是（　　）。

A. 适合越库作业　　B. 适用于流通加工中心

C. 易于控制货物安全　　D. 月台资源能综合运用

8. 众物智联物流与供应链集团收到供应商入库通知单一份，到货物品为家用电器、日用品等，其中家用电器主要是为近期大促提前备货，计划存储至众物智联物流与供应链集团前置仓（云仓）；日用品存储至立体库区。小王作为众物智联物流与供应链集团物流中心仓库主管，需要合理编制入库作业计划，以确保物品安全、快速进行存储作业。为保证计划入库物品能够顺利入库，小王应在入库前准备出足够的货位和上架所需要的托盘，在计算所需货位及托盘数量时应考虑的因素不包括（　　）。

A. 托盘的规格　　B. 叉车的类型　　C. 物动量分类　　D. 叉车作业要求

9. 有相邻两座单、多层建筑，当其相邻外墙为不燃性墙体且无外露的可燃性屋檐，每面外墙上无防火保护的门、窗、洞口不正对开设且面积之和不大于该外墙面积的（　　）时，其防火间距可按相关规定减少25%。

A. 1%　　B. 3%　　C. 5%　　D. 10%

10. 除另有规定外，高层乙类厂房与甲类厂房的防火间距不应小于（　　）米。

A. 12　　B. 10　　C. 11　　D. 13

二、多选题

1. 常见的物流作业动线类型包括（　　）。

A. U形动线　　B. L形动线　　C. I形动线　　D. X形动线

2. 物流设备对物流作业的影响主要包括（　　）。

A. 作业速度　　B. 作业质量　　C. 作业稳定性　　D. 作业数量

3. 下列选项中，属于防火间距确定的原则的是（　　）。

A. 防止火灾蔓延　　B. 保持火势

C. 保障灭火救援场地需要　　D. 节约土地资源

三、判断题

1. 提高服务质量是提升服务态度的基础，提升服务态度就必须提高服务人员的主动性、创造性和积极性，以及基本素质和职业道德。（　　）

2. 物流行业职业道德中的“忠诚”，就是要从一而终，在一家公司干到底，始终保持对公司和领导的绝对忠诚。（　　）

3. 长时间在冷库工作、出于缺乏有效劳保用品造成的冻伤不属于法定职业病。（　　）

4. 安全色标红色的含义是禁止和紧急停止，不表示防火。（　　）

5. 危险化学品燃爆危害是指化学品能引起燃烧、爆炸的危险程度。（　　）

四、物动量分析

请根据表 2－8 和表 2－9，回答问题：

表 2－8　物动量 ABC 分类标准

ABC 分类	品种累计百分比	价值累计百分比
A	0＜A≤15％	0＜A≤65％
B	15％＜B≤45％	65％＜B≤90％
C	45％＜C≤100％	90％＜C≤100％

表 2－9　物动量 ABC 统计表

货品编码/条码	货品名称	物动量汇总	品项百分比	物动量百分比
6944848456015	大豆王牌酶解蛋白粉	5 244	2.00％	26.19％
6913221010106	顺心奶嘴	3 074	2.00％	15.35％
6932425987656	婴儿纸尿裤	2 183	2.00％	10.90％
6944848456282	兴华苦杏仁	1 549	2.00％	7.74％
6932010061822	爱牧云南优质小粒咖啡	1 048	2.00％	5.23％
6921317958690	婴儿美奶粉	916	2.00％	4.58％
6918010061360	脆香饼干	814	2.00％	4.07％
6944848456589	隆达葡萄籽酒	755	2.00％	3.77％
6934848456092	可乐年糕	644	2.00％	3.22％
6932010061808	神奇松花蛋	583	2.00％	2.91％

续表

货品编码/条码	货品名称	物动量汇总	品项百分比	物动量百分比
6944848456527	诚诚油炸花生仁	489	2.00%	2.44%
6958786200067	婴儿湿巾	412	2.00%	2.06%
6920855052068	利鑫达板栗	315	2.00%	1.57%
6932010081891	雅儿沙拉酱	80	2.00%	0.40%
6942423987624	隆迭葡萄籽酒	72	2.00%	0.36%
6944848456350	梦阳奶粉	70	2.00%	0.35%
6932010061891	轩广章鱼小丸子	69	2.00%	0.34%
6944848456599	云南优质咖啡	68	2.00%	0.34%
6932010061907	大嫂什锦水果罐头	66	2.00%	0.33%
6902774003017	金多多婴儿营养米粉	65	2.00%	0.32%
6942425987629	日明腐乳	63	2.00%	0.31%
6932010961891	兴毕苦杏仁	63	2.00%	0.31%
6932410061891	大嫂水果罐头	63	2.00%	0.31%
6932010061900	鹏润海鲜锅底	62	2.00%	0.31%
6932010061459	幸福方便挂面	61	2.00%	0.30%
6932010061976	万盛牌瓷砖	60	2.00%	0.30%
6918011061360	鑫利达板栗	60	2.00%	0.30%
6918163010887	黄桃水果罐头	59	2.00%	0.29%
6920907800173	休闲黑瓜子	59	2.00%	0.29%
6933434567891	幸福方便面	57	2.00%	0.28%
6932010061952	日月腐乳	56	2.00%	0.28%
6932010061884	早苗栗子西点蛋糕	56	2.00%	0.28%
6932010061863	脆享饼干	53	2.00%	0.26%
6932010061865	万胜瓷砖	52	2.00%	0.26%
6932010061780	大玉牌大豆酶解蛋白粉	51	2.00%	0.25%
6932010061829	华冠黄油微波炉爆米花	51	2.00%	0.25%
6932010061887	神奇松皮蛋	51	2.00%	0.25%
6944848456290	城城花生仁	50	2.00%	0.25%
6932010061853	乐纳可茄汁沙丁鱼罐头	50	2.00%	0.25%
6942425987524	Ft 地玖玫蒸馏果酒	48	2.00%	0.24%
6944848450350	可乐年糕	47	2.00%	0.23%
6939261900108	好娃娃薯片	45	2.00%	0.22%
6932010061877	华冠芝士微波炉爆米花	44	2.00%	0.22%
6932010061891	乾广章鱼小丸子	44	2.00%	0.22%

续表

货品编码/条码	货品名称	物动量汇总	品项百分比	物动量百分比
6932010061969	鹏泽海鲜锅底	42	2.00%	0.21%
6920907800171	婴儿美羊奶粉	38	2.00%	0.19%
6932010061860	金谷精品杂粮营养粥	36	2.00%	0.18%
6932010061826	好娃娃薯片	34	2.00%	0.17%
6942425987624	雅比沙拉酱	30	2.00%	0.15%
6932010061921	Ft 地玖玫蒸馏果酒	20	2.00%	0.10%

1. ABC 分类法的主要思想为（　　）。[多选题]

A. 关键的多数　　B. 关键的少数　　C. 一般的多数　　D. 一般的少数

2. A 类物品的品项数有（　　）。

A. 3 个　　B. 4 个　　C. 5 个　　D. 6 个

3. 物动量 ABC 计算过程中包含下列步骤：

①搜集数据；②处理数据；③制 ABC 分类表；④确定 ABC 分类；⑤绘制 ABC 分析图。以下选项中，ABC 计算过程顺序正确的是（　　）。

A. ①②③④⑤　　B. ①③②④⑤　　C. ①②③⑤④　　D. ①③④②⑤

4. 请标出表 2-10 物品相应的物动量类型。

表 2-10　物动量归类

兴华苦杏仁	
爱牧云南优质小粒咖啡	
婴儿湿巾	

同步实训

实训项目一　堆高机操作

项目介绍

堆高机即叉车，又称铲车、叉式取货机，是一种功能强大、使用非常方便的搬运车辆，被广泛用于仓库作业场所。它可以用来提取、搬运、堆码单元货物，能够完成成件货物的出库、搬运、装卸和入栈四种复合作业。

实训目的

通过实训了解电动叉车设备的功能，掌握正确操作电动堆高机的方法。

实训内容

在实训中心仓库储存区域场地，将载有货物的托盘按规定的路线从一个货架搬运至另一个货架。具体操作方式见图 2-54。

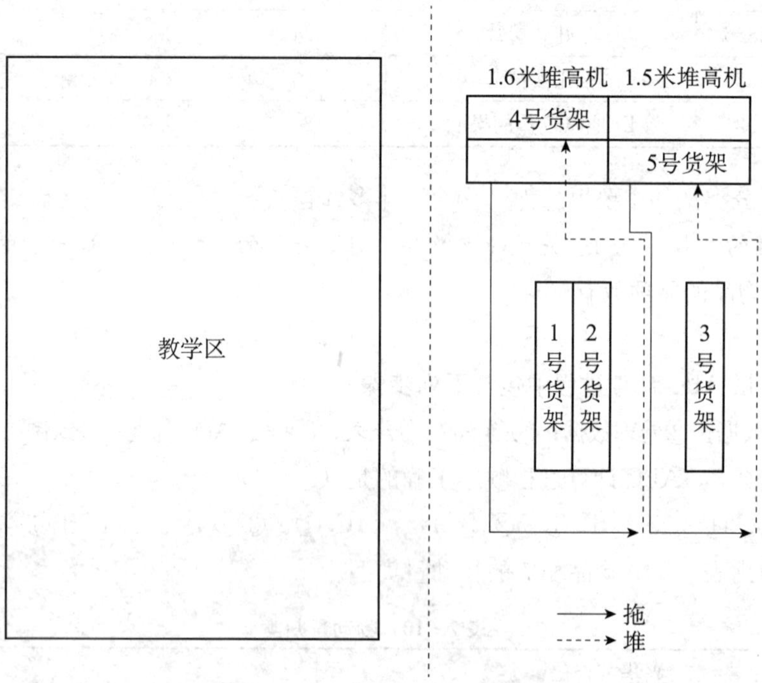

图 2-54　堆高机操作地坪图

实训资源

（1）堆高机：电动或手动液压堆高机（提升高度在 1.5 米以上）。

（2）标准托盘：规格为 1 200mm×1 000mm，10 个。

（3）货架：托盘货架若干组。

实训组织

学生以 5～6 人为一组，组长为搬运主管，其他组员为操作员。

实训指导

步骤一：实训指导老师讲解实训任务及要求。

步骤二：实训指导老师示范操作，重点提示操作要领，讲解堆高机实训的注意事项及扣分标准。

步骤三：学生以组为单位进行操作训练。

步骤四：学生以组为单位进行操作考核。

步骤五：实训指导老师根据学生的实操情况进行检查和点评。

实训考核

堆高机操作考核见表 2-11。

表 2-11　堆高机操作考核表

<table>
<tr><td>考核内容</td><td colspan="3">堆高机操作</td></tr>
<tr><td>考核方式</td><td colspan="3">按组考核□　　　　　　　按人考核□</td></tr>
<tr><td>考核人</td><td></td><td>被考核人</td><td></td></tr>
<tr><td rowspan="7">考核标准</td><td>具体内容</td><td>分值</td><td>实际得分</td></tr>
<tr><td>进叉未碰撞托盘或货物</td><td>20</td><td></td></tr>
<tr><td>车已驶动且已松制动器</td><td>20</td><td></td></tr>
<tr><td>出叉未碰撞托盘、货物或货架</td><td>20</td><td></td></tr>
<tr><td>车、货的任何部位均未超出画线范围</td><td>10</td><td></td></tr>
<tr><td>停车后拉制动器</td><td>20</td><td></td></tr>
<tr><td>托盘摆放位置正确</td><td>10</td><td></td></tr>
<tr><td colspan="2">合计</td><td>100</td><td></td></tr>
</table>

实训项目二　灭火器材使用

项目介绍

根据消防要求，仓库都配备常用的灭火器材，库管员必须掌握这些灭火器材的适用范围和使用方法。

1. 干粉灭火器的适用范围和使用方法

（1）适用范围：适用于扑救各种易燃、可燃液体和易燃、可燃气体，以及电气设备的火灾。

（2）使用方法如下：

1）右手握着压把，左手托着灭火器底部，轻轻取下灭火器，见图 2-55。

2）除掉铅封，见图 2-56。

3）拔掉保险销，见图 2-57。

4）左手握着喷管，右手提着压把，在距离火焰 2 米的地方，右手用力压下压把，左手拿着喷管左右摆动，喷射干粉，覆盖整个燃烧区，见图 2-58。

图 2－55 取下灭火器

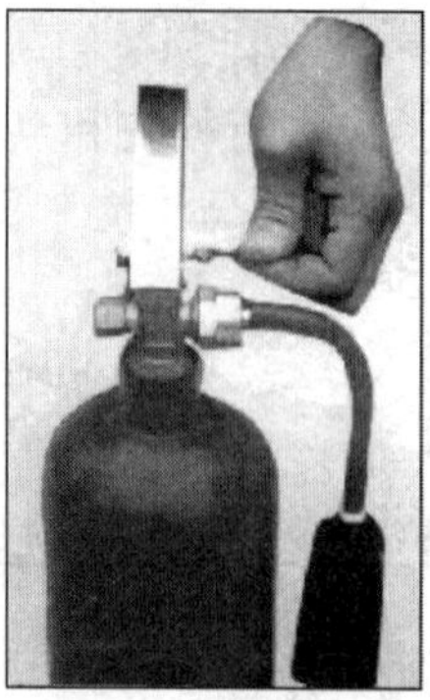
图 2－56 除掉铅封

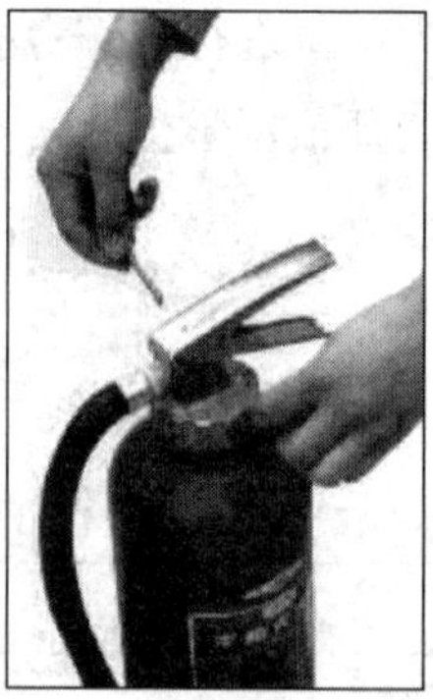
图 2－57 拔掉保险销

图 2－58 喷射干粉

2. 泡沫灭火器的适用范围和使用方法

（1）适用范围：适用于扑救各种油类火灾以及木材、纤维、橡胶等固体可燃物的火灾。

（2）使用方法如下：

1）右手握着压把，左手托着灭火器底部，轻轻取下灭火器，见图 2－59。

2）右手捂住喷嘴，左手执筒底边缘，见图 2－60。把灭火器颠倒过来呈垂直状态，用力上下晃动几下，然后放开喷嘴，见图 2－61。

3）右手抓筒耳，左手抓筒底边缘，把喷嘴朝向燃烧区，站在离火源 8 米的地方喷射，并不断前进，围着火焰喷射，直至把火扑灭，见图 2－62。

图 2－59 取下灭火器

图 2－60 握灭火器的姿势

图 2－61 晃动灭火器

图 2－62 喷射泡沫

4）灭火后，把灭火器卧放在地上，喷嘴朝下。见图 2－63。

图 2－63 放置灭火器

3. 二氧化碳灭火器的适用范围和使用方法

（1）适用范围：适用于各种易燃、可燃液体和气体的火灾，还可扑救仪器仪表、图书档案、工艺品和低压电气设备等的初起火灾。

（2）使用方法如下：

1）除掉铅封，见图 2－64。拔掉保险销，见图 2－65。

2）站在距火源 2 米的地方，左手拿着喇叭筒，右手用力压下压把，对着火源根部喷射，并不断推前，直至把火焰扑灭，见图 2－66。

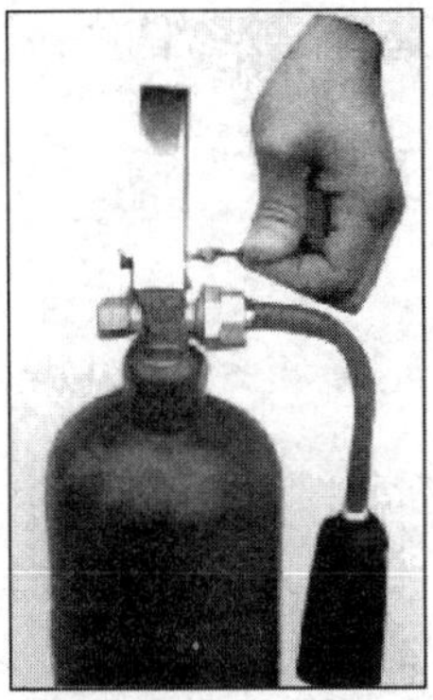

图 2－64 除掉铅封

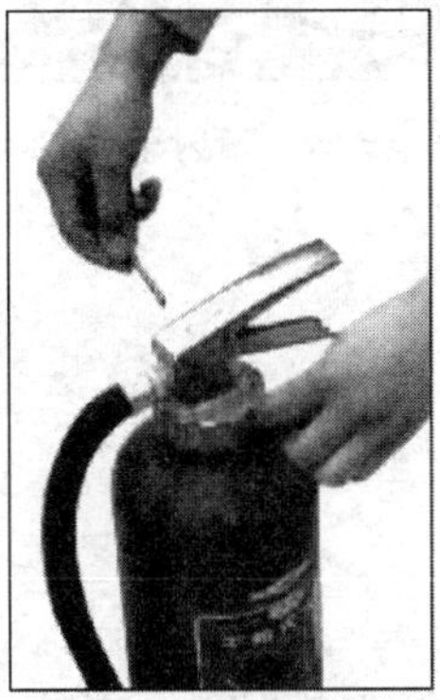

图 2－65 拔掉保险销

图 2－66 喷射二氧化碳

4. 推车式干粉灭火器的适用范围和使用方法

（1）适用范围：适用于扑救易燃液体、可燃气体和电气器设备的初起火灾。

（2）使用方法如下：

1）右手抓住喷粉枪，左手顺势展开喷粉胶管，直至平直，不能弯折或打圈，见图 2－67。

2）除掉铅封，拔出保险销，用手掌使劲按下供气阀门，见图 2－68。

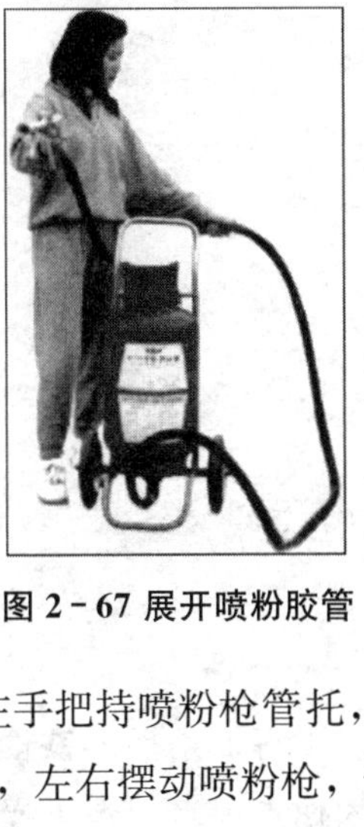

图 2－67 展开喷粉胶管

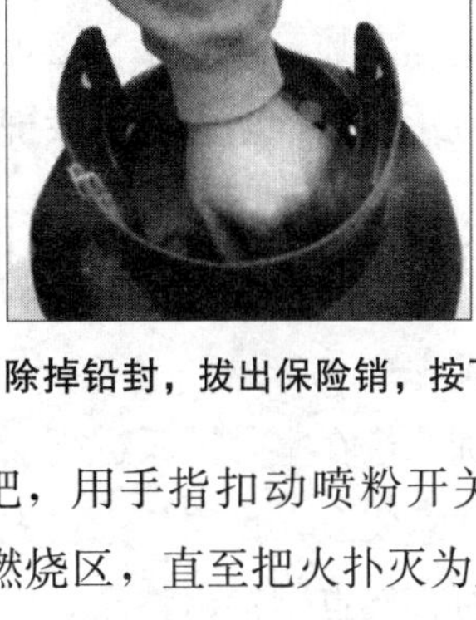

图 2－68 除掉铅封，拔出保险销，按下供气阀门

3）左手把持喷粉枪管托，右手把持枪把，用手指扣动喷粉开关，对准火焰喷射，不断靠前，左右摆动喷粉枪，让干粉笼罩住燃烧区，直至把火扑灭为止，见图 2－69。

图 2-69 喷射干粉

实训目的

培养学生正确选择和使用灭火器材的技能。

实训内容

实训场景为消防训练场地，在铁桶内放置浸了柴油的棉纱，并点燃。

实训资源

(1) 干粉灭火器、泡沫灭火器、二氧化碳灭火器及推车式干粉灭火器各 5 个。

(2) 铁桶 5 个，浸了柴油的棉纱若干。

实训组织

学生以 5～6 人为一组，每组指定 1 名学生为组长。

实训指导

步骤一：实训指导老师讲解实训任务及要求。

步骤二：实训指导老师示范操作，重点提示操作要领。

步骤三：学生以小组为单位进行操作训练。

步骤四：学生以小组为单位进行操作考核。

步骤五：实训指导老师根据学生实操的情况进行考核和点评。

实训操作注意事项：

(1) 实地灭火训练应在室外露天进行。

(2) 点火时要注意安全，可用打火机先点燃一卷纸条，再将纸条扔入铁桶内点燃桶内物，不要用打火机直接点燃桶内物品，以避免火焰上窜灼伤点火者。点火操作最好由实训指导老师实施。

（3）铁桶周围3米以内不要站人（灭火者除外）。

（4）训练完毕，彻底清理现场，不能留下火患。

实训考核

灭火器材使用操作考核标准见表2-12。

表2-12　灭火器材使用操作考核标准

考核内容	灭火器材使用操作		
考核方式	按组考核□	按人考核□	
考核人		被考核人	
考核标准	具体内容	分值	实际得分
	能根据火源情况判断应该使用何种灭火器材（口答）	10	
	正确操作泡沫灭火器	20	
	正确操作干粉灭火器	20	
	正确操作二氧化碳灭火器	20	
	正确操作推车式干粉灭火器	20	
	遵守安全操作规定	10	
合计		100	

项目三
入库作业管理

【知识结构图】

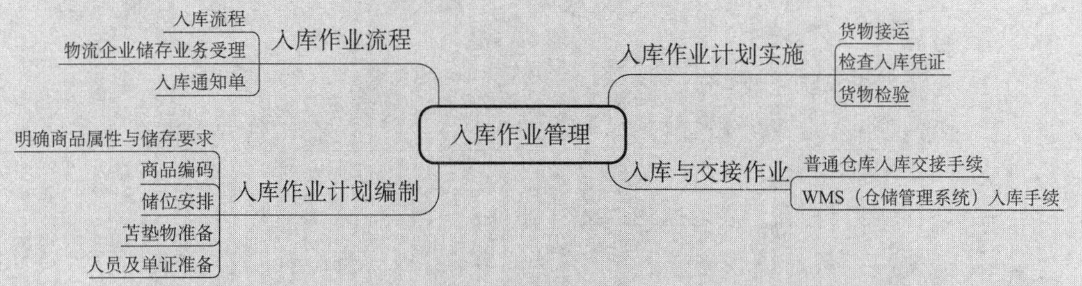

【内容提要】

在仓储企业接到客户的入库请求后，入库作业就拉开了序幕。本项目从仓储企业储存业务受理工作开始直至入库的货物按指定的货位落位为止，根据入库作业的要求和原则，按照入库作业的基本流程，依次描述入库作业各环节的工作过程和方法。

【学习目标】

※ 素质目标

1. 培养学生具备仓储入库作业岗位素养和职业判断能力，且具有继续学习和可持续发展能力。
2. 培养学生树立法规意识、遵循工作程序意识。
3. 培养学生坚持原则、认真细致的职业态度。
4. 培养学生良好的沟通能力、语言表达能力。

※ 知识目标

1. 掌握货物入库作业流程与各环节控制要点。
2. 掌握货物入库验收的基本原则。
3. 掌握储位管理方法、原则。
4. 掌握货物验收入库时各种问题的处理方法。
5. 了解货物入库时仓储设施设备的操作。

※ 技能目标

1. 能对入库货物进行验收。
2. 能熟练操作仓储系统处理入库信息。
3. 能合理安排储位。
4. 能合理设计组托，实施组托上架作业。
5. 能对入库环节中的意外事故进行有效处理。
6. 能操作仓储设施设备。

任务一
入库作业流程

学习情境

2020年4月12日，普罗格公司武汉仓储物流中心收到存货委托人合阳股份有限公司、恒丰有限公司、北京天坛生物有限公司、石药集团中诺药业各发来的入库申请，普罗格公司仓储管理系统生成为入库收货单，详见图3-1、图3-2、图3-3、图3-4。根据前期普罗格公司与这些客户签订的仓储合同，普罗格公司武汉仓应在2020年4月26日前完成货物入库。

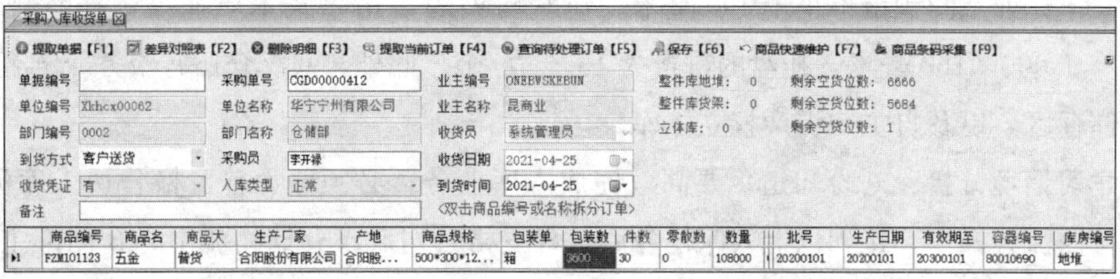

采购入库收货单

提取单据【F1】 差异对照表【F2】 删除明细【F3】 提取当前订单【F4】 查询待处理订单【F5】 保存【F6】 商品快速维护【F7】 商品条码采集【F9】

单据编号：　采购单号：CGD00000412　业主编号：ONEBWSKEBUN　整件库地堆：0　剩余空货位数：6666
单位编号：Xkhcx00062　单位名称：华宁宁州有限公司　业主名称：昆商业　整件库货架：0　剩余空货位数：5684
部门编号：0002　部门名称：仓储部　收货员：系统管理员　立体库：0　剩余空货位数：1
到货方式：客户送货　采购员：李开禄　收货日期：2021-04-25
收货凭证：有　入库类型：正常　到货时间：2021-04-25
备注：　<双击商品编号或名称拆分订单>

	商品编号	商品名	商品大	生产厂家	产地	商品规格	包装单	包装数	件数	零散数	数量	批号	生产日期	有效期至	容器编号	库房编号
▶1	FZM101123	五金	普货	合阳股份有限公司	合阳股…	500*300*12…	箱	3600	30	0	108000	20200101	20200101	20300101	80010690	地堆

图3-1　合阳股份有限公司入库收货单

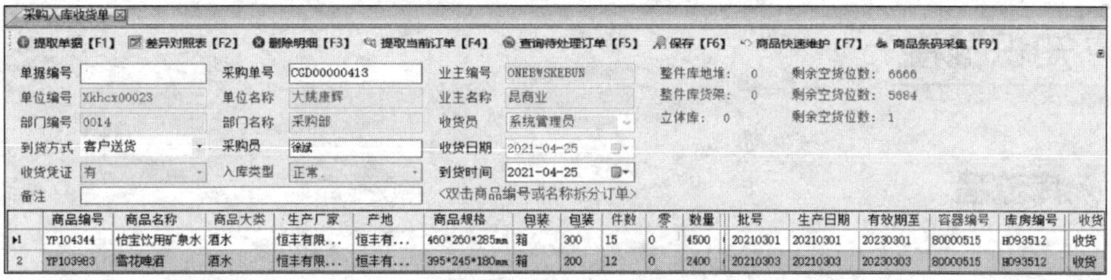

采购入库收货单

提取单据【F1】 差异对照表【F2】 删除明细【F3】 提取当前订单【F4】 查询待处理订单【F5】 保存【F6】 商品快速维护【F7】 商品条码采集【F9】

单据编号：　采购单号：CGD00000413　业主编号：ONEBWSKEBUN　整件库地堆：0　剩余空货位数：6666
单位编号：Xkhcx00023　单位名称：大筑康辉　业主名称：昆商业　整件库货架：0　剩余空货位数：5684
部门编号：0014　部门名称：采购部　收货员：系统管理员　立体库：0　剩余空货位数：1
到货方式：客户送货　采购员：徐斌　收货日期：2021-04-25
收货凭证：有　入库类型：正常　到货时间：2021-04-25
备注：　<双击商品编号或名称拆分订单>

	商品编号	商品名称	商品大类	生产厂家	产地	商品规格	包装	包装	件数	零	数量	批号	生产日期	有效期至	容器编号	库房编号	收货
▶1	YP104344	怡宝饮用矿泉水	酒水	恒丰有限…	恒丰有…	460*260*285mm	箱	300	15	0	4500	20210301	20210301	20230301	80000515	H093512	收货
2	YP103983	雪花啤酒	酒水	恒丰有限…	恒丰有…	395*245*180mm	箱	200	12	0	2400	20210303	20210303	20230303	80000515	H093512	收货

图3-2　恒丰有限公司入库收货单

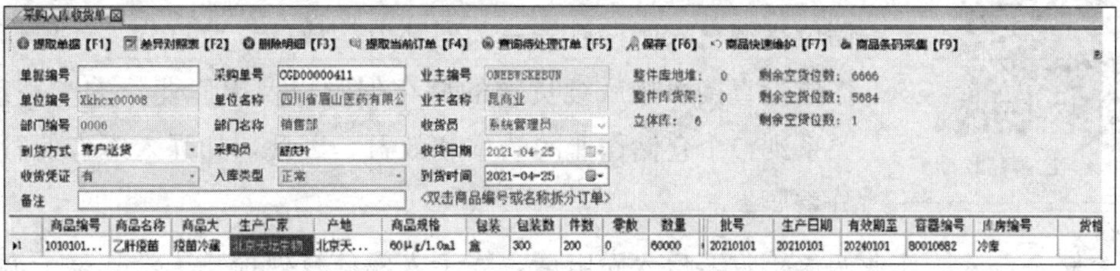

采购入库收货单

提取单据【F1】 差异对照表【F2】 删除明细【F3】 提取当前订单【F4】 查询待处理订单【F5】 保存【F6】 商品快速维护【F7】 商品条码采集【F9】

单据编号：　采购单号：CGD00000411　业主编号：ONEBWSKEBUN　整件库地堆：0　剩余空货位数：6666
单位编号：Xkhcx00008　单位名称：四川省眉山医药有限公　业主名称：昆商业　整件库货架：0　剩余空货位数：5684
部门编号：0006　部门名称：销售部　收货员：系统管理员　立体库：6　剩余空货位数：1
到货方式：客户送货　采购员：郝庆玲　收货日期：2021-04-25
收货凭证：有　入库类型：正常　到货时间：2021-04-25
备注：　<双击商品编号或名称拆分订单>

	商品编号	商品名称	商品大	生产厂家	产地	商品规格	包装	包装数	件数	零散	数量	批号	生产日期	有效期至	容器编号	库房编号	货格
▶1	1010101…	乙肝疫苗	疫苗冷藏	北京天坛生物	北京天…	60μg/1.0ml	盒	300	200	0	60000	20210101	20210101	20240101	80010682	冷库	

图3-3　北京天坛生物有限公司入库收货单

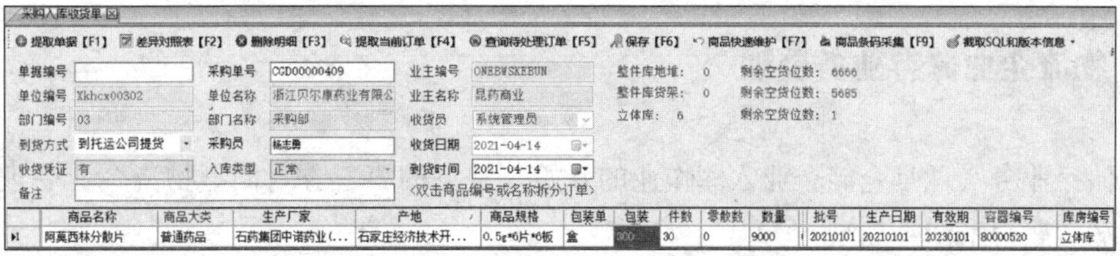

采购入库收货单

提取单据【F1】 差异对照表【F2】 删除明细【F3】 提取当前订单【F4】 查询待处理订单【F5】 保存【F6】 商品快速维护【F7】 商品条码采集【F9】 截取SQL和版本信息

单据编号：　采购单号：CGD00000409　业主编号：ONEBWSKEBUN　整件库地堆：0　剩余空货位数：6666
单位编号：Xkhcx00302　单位名称：浙江贝尔康药业有限公　业主名称：昆药商业　整件库货架：0　剩余空货位数：5685
部门编号：03　部门名称：采购部　收货员：系统管理员　立体库：6　剩余空货位数：1
到货方式：到托运公司提货　采购员：杨志勇　收货日期：2021-04-14
收货凭证：有　入库类型：正常　到货时间：2021-04-14
备注：　<双击商品编号或名称拆分订单>

	商品名称	商品大类	生产厂家	产地	商品规格	包装单	包装	件数	零散数	数量	批号	生产日期	有效期	容器编号	库房编号
▶1	阿莫西林分散片	普通药品	石药集团中诺药业(…	石家庄经济技术开…	0.5g*6片*6板	盒	300	30	0	9000	20210101	20210101	20230101	80000520	立体库

图3-4　石药集团中诺药业入库收货单

仓储服务业务是普罗格公司核心业务之一。作为一家从事仓储、运输及配送综合服务的第三方物流公司，普罗格公司依靠先进的仓储设施及运输设备为客户提供优质、高效的物流服务和信息技术物流服务。普罗格武汉仓储物流中心现有的综合平面仓库主要有2个储区，即平置库储区和货架库储区，仓库各储区存储条件如下：(1) 平置库储区单位面积技术定额为2 000千克/平方米，仓库高度为4.8米，存储区域可堆垛宽度限制为5.0米，存放货物顶距不得小于500毫米。(2) 货架库储区货位规格为第一层尺寸是1 125×900×1 050毫米，第二层尺寸是1 125×900×1 200毫米，单货位承重≤500千克，叉车作业空间预留不小于150毫米。仓库购买的是川字式木质托盘，托盘规格是1 200×1 000×160毫米，托盘的重量为15千克/个。此外，武汉仓还有服务冷链客户的冷库储存区，以及自主知识产权立体库。

学习情境分析：刘盼知道，要高效完成入库业务，必须熟悉普罗格公司入库流程，严格按照流程操作。接到以上入库任务后，普罗格公司武汉仓储物流中心仓储部主管张光明指导刘盼及其他管培生完成入库操作。

知识链接

一、入库流程

入库作业流程教学

货物入库作业又称收货作业，是仓储工作的第一步。它是指从接收入库作业指令开始，由接运装卸、入库验收、分类编码、储位指派、入库存放等一系列环节构成的作业过程。入库作业工作质量直接影响后续货物的储存保管以及出库业务的顺利进行，关系到整个仓储作业的效率和效益，因此，加强入库作业管理十分重要。

仓储企业入库作业始于接收客户入库申请，终于入库信息处理完毕，其整个流程见图3-5。

二、物流企业储存业务受理

储存业务受理是仓储企业入库作业的开始，常见的第三方仓储型物流企业受理的存储业务主要包括两种类型：

第一种是合同协议储存。即根据平等互利、等价有偿的原则，仓储企业与货主之间采取签订仓储保管合同或协议的一种储存方式。在实际运作过程中，合同协议储存大体有三种形式：

(1) 定品名、定数量，储存业务由仓储企业统一安排。

(2) 定库房、定面积、定商品大类，储存业务由保管方承担，即“包仓代管”。

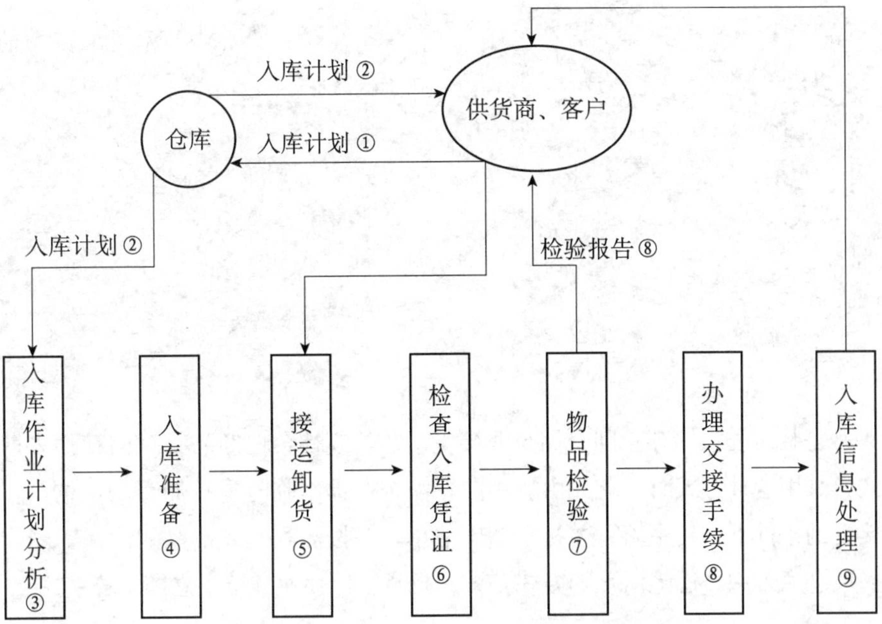

图3-5　综合入库作业流程图

(3) 定库房、定面积、定商品大类，储存业务由存货方承担，即“包仓自管”。

仓储合同格式如下：

仓储合同样本

存货人（甲方）：________

仓管人（乙方）：________

经双方协商，甲方委托乙方代储存为此拟定如下条款共同遵守。

1. 仓库租金计算

确定乙方提供仓库________平方米由甲方使用，仓库租金按月包库制，每月每平方米________元，合计月租金为________元整。

2. 货物进出库手续及验收______________________________。

3. 双方权利义务及违约责任

(1) 储存危险物品或易变质物品，甲方应当说明该物的性质，提供有关资料。甲方违反本约定的，乙方可以拒收仓储物，也可以采取相应措施避免损失发生，因此产生的费用由存货人承担。

(2) 乙方根据甲方的要求，应当同意其检查仓储物或提取样品。

(3) 乙方发现入库仓储物有变质或其他损害的，应及时通知甲方仓单持有人。

(4) 仓单持有人逾期提取的，应当加收仓储费，提前提取的，不减收仓储费。

(5) 储存期间仓储物毁损灭失的，仓管人员应承担违约责任。因仓储物包装不符合约定或超过有效储存期造成仓储物变质、损坏的，仓管人不承担责任。

(6) 其他________________。

4. 本协议自________年________月________日生效，未尽事宜双方共同协商解决。

5. 本协议一式________份（正本________份，副本________份）。甲方正本一份，副本________份。乙方正本一份，副本________份。

甲方（盖章）：________　　乙方（盖章）：________

法定代表人（签字）：________　　法定代表人（签字）：________

地址：________　　地址：________

电话：________　　电话：________

________年________月________日　　________年________月________日

第二种是临时委托储存。即仓储企业接受系统外或社会性商品临时储存而采取的一种储存方式。采用这种方式时，首先由货主向仓储企业提出临时委托储存的申请，在仓库认为可能接受的条件下，货主填写委托存储申请单，并按流程组织商品入库。对于这类储存形式，一般仓库采用"逐笔清"的方式，即一批货物储存业务结束立即结算费用。

三、入库通知单

入库通知单是客户向仓储企业提出入库申请、发出入库需求的书面形式。来源于客户或供应商的入库申请，其主要目的是存货方向仓储企业预报入库信息、申请入库。

入库通知单是存货人给仓库的一个客户委托，即存货人向仓储企业提出入库申请的书面形式。一般入库通知单是货主或货主委托方为入库任务下达单位，根据仓储协议，在一批货物由司机送达仓库前下达给仓库，仅仅起到预报入库信息的作用。

入库通知单形式多样，但一般应包括：入库通知单编号、日期、订单号、供应商、存货人、物品编码、物品名称、货物属性、货物件数、重量、包装规格和材质等信息，是生成仓储企业入库作业计划的基础和依据。入库通知单的式样见表 3-1、表 3-2。

表 3-1　入库通知单式样一

入　库　单

年　月　日　　供应商：　　NO. *********

编码		品名		品牌、型号、规格	单位	数量	单价	金额	附注
采购员		验货员		负责人	仓管员		合计		

第一联　存根联

注：第一联存根，第二联财务，第三联仓库

表 3-2　入库通知单式样二

入库通知单

0729682

____年____月____日

送货单位：____　　____字第____号附单据____张

编号	名称	规格	单位	应收数量	实收数量	单价	金额									附注
							百	十	万	千	百	十	元	角	分	

会计　　仓库主管　　保管　　经手　　采购

第一联（白色）仓库留存　第二联（红色）财务记账　第三联（蓝色）仓库记账

内化与提升

在仓储部张主管的指导下，管培生们开始接触入库业务处理，针对入流业务流程的学习，刘盼的收获是：

（1）温习了仓储企业入库流程的主要步骤，并认真学习了普罗格公司入库 SOP；知晓了本次四票入库业务涉及的商品将分别入平置库、冷库、立库。

（2）了解到合阳股份有限公司、恒丰有限公司、北京天坛生物有限公司、石药集团中诺药业都是普罗格公司的长期合作客户。认真阅读了公司与这四家客户签订的仓储合同，并对仓储合同的要素再次进行了梳理。

（3）物流企业接收入库指令是入库业务操作的开始，在现代物流企业的运营管理中，借助现代化信息技术，纸质入库任务单正在逐步被无纸化作业指令代替，但客户的入库指令仍然涵盖客户信息、入库商品信息、时效信息、运输信息等重要信息。

任务二 入库作业计划编制

学习情境

合阳股份有限公司和恒丰有限公司这两家客户的货物按照仓储合同保管要求入普通

平置库，为确保这两家客户货物及时、准确入库，为客户提供高质量服务，仓库主管首先带领刘盼编制入库作业计划，以确保入库工作有条不紊地进行。入库作业计划编制与实施流程见图 3－6。

图 3－6 入库作业计划编制与实施流程

学习情境分析：入库作业计划编制是对后续入库作业的指导，每一步都关系到入库工作顺利与否。第一步，明确物品属性与储存要求，目的是为入库货物安排适宜储位做准备，为后续实施在库保管打下基础；第二步，为即将入库商品进行编码，目的是便于仓储企业对入库货品管理；第三步，根据货物数量或体积规划入库货物所需存储空间大小；第四步，为相应的商品提供苫垫物；第五步，安排具体人员操作入库事项。

知识链接

一、明确商品属性与储存要求

商品的种类繁多，特征各异，仓储时有必要按照商品的属性，科学归纳分析，明确储存要求，并根据自身的保管条件和技术能力，保管储存商品。合阳股份有限公司和恒丰有限公司商品没有特殊保管要求，只需存入普通仓库。

二、商品编码

对入库商品编码，是指仓储企业将商品按其分类内容，加以有序编排，用简明的文字、符号或数字代替商品的名称、类别及其他有关信息的一种方式。进行科学的商品编码，对于仓储企业迅速正确地进行后续作业，并使商品品质及作业水准得到妥善维持，有着非常重要的意义。主要的商品编码方法有以下几种：

（一）流水号编码法

流水号编码法是最简单的编码法，由 1 开始按数字顺序编码，属于延展式方法。但要配合编码索引，否则无法直接理解编码意义，见表 3－3：

表 3-3　商品流水号编码

编码	商品名称
1	味精
2	食用盐
3	白砂糖
4	蚝油

（二）数字分段编码法

即把数字分段，让每一段数字代表共同特性的一类商品，见表 3-4：

表 3-4　商品数字分段编码

编码	商品名称
1	海天蚝油
2	李锦记蚝油
3	鲁花蚝油
4	厨邦蚝油
5	
6	400g 白砂糖
7	500g 白砂糖
8	800g 白砂糖
9	
…	…

注：1 至 5 预留给蚝油；6 至 9 预留给白砂糖。

（三）分组编码法

此编码依商品的特性分成多个数字组，每一个数字组代表此项商品的一种特性，例如：第一个数字组代表商品的类别，第二个数字组代表商品的形状，第三个数字组代表商品的供应商，第四个数字组代表商品的尺寸，等等。每一个数字组的位数视实际需要而定。此方法现今使用尤为普遍，见表 3-5：

表 3-5　商品分组编码

商品	类别	形状	供应商	尺寸	意义
编号	04				酒水
		007			罐装
			5		华润
				100	19’×10’×10’

（四）实际意义编码法

在编码时，用部分或全部编号代表商品的重量、尺寸、距离、产能或其他特性。此方法有一个特点，即只要有编码就能了解商品的内容，见表 3-6：

表 3-6 商品实际意义编码

编号	商品名称
FO191010A2	FO：表示 Food，食品类
	191010：表示 19'×10'×10'，尺寸大小
	A：表示 A 区，商品所在储区
	2：表示第 2 排货架

（五）后数位编码法

运用编号末尾的数字，对同类商品做进一步细分，也就是从数字的层级关系来判断商品的归属类别，见表 3-7：

表 3-7 商品后数位编码

编码	商品类别
219	酒水
219.1	啤酒
219.1.1	黑啤

（六）暗号编码法

用数字与文字的组合来编码，编码本身暗示商品的内容，这种方法的优点是容易记忆，但又不易让外人了解，见表 3-8：

表 3-8 商品暗号编码

商品名称	尺寸	颜色与型式	供应商
DR	003	B	60

注：DR 表示连衣裙（Dress）；003 表示衣服尺寸为 3 号；B 表示黑色（Black）；60 表示供应商号码。

三、储位安排

根据入库通知单，在物品到达仓储企业前应确定好存储的位置和所需的货位。

（一）平置仓储位准备

根据入库作业计划，对于完成验收手续后需放入平置仓库的货物，主要的工作是进行分类堆码存放。堆码是指根据货物的特性、包装、保管要求以及方便操作作业和充分利用仓容等，将货物按一定的规律码成各种形状的货垛。必要时需合理苫垫。

1. 堆码的基本要求

货物堆垛是一项技术性的工作，在堆垛设计中应满足以下基本要求：

（1）科学合理。应根据货物的性质、形状、大小、容重、数量、包装等不同情况，确定相应的堆码方式；应按照货物的不同品种、规格、型号、等级、生产厂、进货批次等分别堆垛；堆垛时应贯彻“先进先出”的原则。

（2）稳固安全。货跺应坚实牢固，单位面积的储存量应小于地坪（或楼层）最大承载能力；料垛高度应适宜，保证最下层的货物或包装不受损坏；进行必要的加固，增强料垛的整体性和稳定性，防止料垛倒塌。

（3）简易方便。垛型应尽量简化，使其容易堆码，省力省工，便于货物的收发查点，有利于实现装卸搬运机械化；人工作业时，料垛高度不宜过高，尽可能采取立柱式或框架式托盘堆码。

（4）整齐美观。料垛排列和料垛本身横竖成线，实行“五五化”堆码，过目成数，标记料签明显可见，但不要过分追求形式，造成人力物力的浪费。

（5）节约。堆垛时应注意节省空间位置，适当、合理地安排货位使用，提高仓容利用率。

（6）注意货垛的“五距”要求。货垛的“五距”指的是垛距、墙距、柱距、顶距和灯距，见图 3－7。堆垛货垛时，无论采用哪一种垛型，库房内都必须留出相应的通道，方便商品的进出和消防用途。

图 3－7　货垛的“五距”

1）垛距。货垛与货垛之间的必要距离称为垛距，在日常工作中常以支道作为垛距。

垛距能方便存取作业，起通风、散热的作用，方便消防工作。库房垛距一般为 0.3～0.5 米，货场垛距一般不少于 0.5 米。

2）墙距。为了防止库房墙壁和货场围墙的潮气对货物的影响，也为了散热通风、消防工作、建筑安全、收发作业，货垛必须留有墙距。墙距可分为库房墙距和货场墙距，其中，库房墙距又分为内墙距和外墙距。内墙距是指货物离没有窗户的墙体的距离，此处潮气相对少一些，一般距离为 0.1～0.3 米；外墙距是指货物离有窗户的墙体的距离，这里潮气相对多一些，一般距离为 0.1～0.5 米。

3）柱距。为了防止库房柱子的潮气影响货物，也为了保护仓库建筑物的安全，必须留有柱距。柱距一般为 0.1～0.3 米。

烟草公司"五距"示意图

4）顶距。货垛堆放的最大高度与库房、货棚屋顶横梁间的距离，称为顶距。顶距能便于装卸搬运作业，能通风散热，有利于消防工作，有利于收发、查点。顶距一般为 0.5～0.9 米，具体视情况而定。

5）灯距。货垛与照明灯之间的必要距离，称为灯距。为了确保储存商品的安全，防止照明灯发出的热量引起其附近商品燃烧而发生火灾，货垛必须留有足够的安全灯距。灯距按规定应有不少于 0.5 米的安全距离。

2. 堆垛设计

为了达到堆码的基本要求，必须根据保管场所的实际情况、货物本身的特点、装卸搬运条件和技术作业过程的需要等，对货物堆垛进行总体设计。设计的内容包括垛基、垛形、货垛参数等。

（1）垛基。垛基是货垛的基础，其主要作用是：承受整个货垛的重量，将货物的垂直压力传递给地基；将货物与地面隔开，起防水、防潮和通风的作用；垛基空间为搬运作业提供方便条件。因此，对垛基的基本要求是：将整垛货物的重量均匀地传递给地坪；保证良好的防潮和通风；保证垛基上存放的货物不发生变形。

（2）垛形。垛形是指货垛的外部轮廓形状。按坪底的平面形状可以分为矩形、三角形、圆形、环形等。按货垛立面的形状可以分为矩形、三角形、梯形、半圆形等，见图 3-8，另外还可组成矩形-三角形、矩形-梯形、矩形-半圆形等复合形状。

不同立面的货垛都有各自的特点。矩形垛易于堆码，便于盘点计数，库容整齐，但随着堆码高度的增加，货垛稳定性就会下降。梯形、三角形和半圆形垛的稳定性好，便于苫盖，但是不便于盘点计数，也不利于仓库空间的利用。矩形-三角形等复合货垛恰好可以整合它们的优势，尤其是在露天存放的情况下更应加以考虑。

（3）货垛参数。货垛参数是指货垛的长、宽、高，即货垛的外形尺寸。通常情况下，首先需要确定货垛的长度，如长形材料的尺寸长度就是其货垛的长度，包装成件货

矩形　　三角形　　梯形　　半圆形

图 3-8　垛形图

物的垛长应为包装长度或宽度的整数倍。货垛的宽度应根据库存货物的性质、要求的保管条件、搬运方式、数量以及收发制度等确定，一般多以两个或五个单位包装为货垛宽度。货垛高度主要根据库房高度、地坪承载能力、物品本身和包装物的耐压能力、装卸搬运设备的类型和技术性能，以及货物的理化性质等来确定。在条件允许的情况下，应尽量提高货垛的高度，以提高仓库的空间利用率。

3. 货物堆码的基本方法

（1）散堆法。散堆法适用于露天存放的、没有包装的大宗货物，如煤炭、矿石等，也可用于库内少量存放的谷物、碎料等散装货物。

（2）堆垛法。对于有包装（如箱、桶）的货物，包括裸装的计件货物，可采取堆垛的方式储存。堆垛法能够充分利用仓容，做到仓库内整齐，方便作业和保管。货物的堆码方式主要取决于货物本身的性质、形状、体积、包装等。一般情况下多采取平放，使重心最低，最大接触面向下，易于堆码，稳定牢固。

常见的堆码方式包括重叠式、纵横交错式、仰伏相间式、压缝式、通风式、栽柱式等。

1）重叠式。重叠式也称直堆法，是逐件、逐层向上重叠堆码，一件压一件的堆码方式。为了保证货垛稳定性，在一定层数后，可改变方向继续向上，或者长宽各减少一件继续向上堆放，见图 3-9。该方法方便作业、计数，但稳定性较差，适用于袋装、箱装、箩筐装货物，以及平板、片式货物。

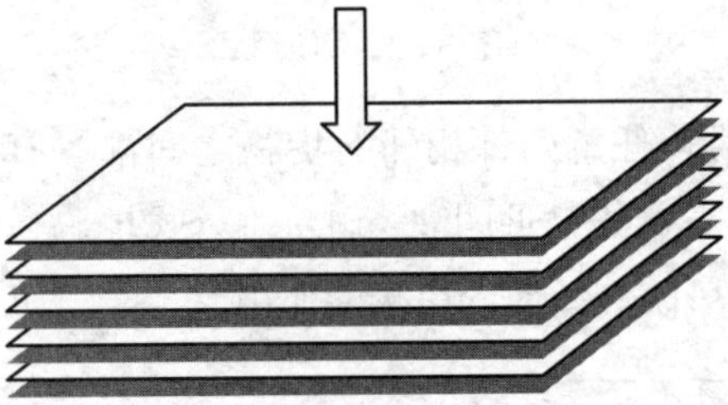

图 3-9　重叠式

2）纵横交错式。纵横交错式是指每层货物都改变方向向上堆放，该方法较为稳定，但操作不便，每层堆码均需转换堆码方向，见图 3-10。该方法适用于管材、捆装、长箱装货物等。

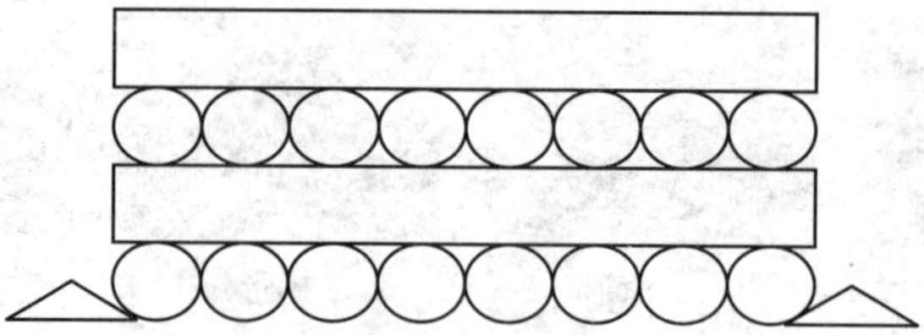

图 3-10 纵横交错式

3）仰伏相间式。对上下两面有大小差别或凹凸的货物，如槽钢、钢轨等，先将货物仰放一层，再在反一面伏放一层，仰伏相向相扣，见图 3-11。该方法堆垛极为稳定，但操作不便。

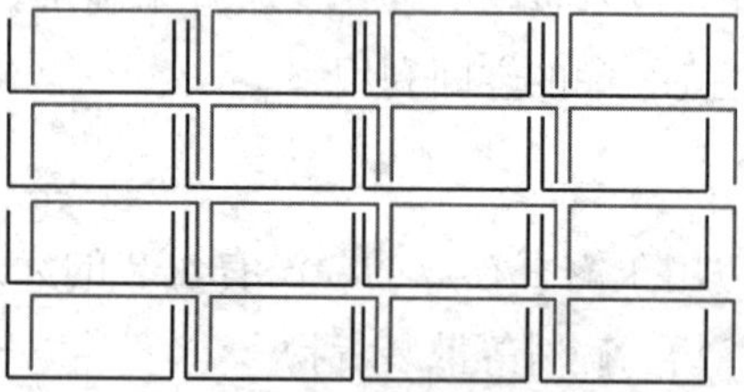

图 3-11 仰伏相间式

4）压缝式。将底层并排摆放，上层放在下层的两件货物之间。如果每层都不改变方向，则形成梯形形状；如果每层都改变方向，则类似于纵横交错式，见图 3-12。该方法货跺稳固，不易倒垛，但每层堆码的数量不一致，不易计数，适用于圆桶形、圆管形货物。

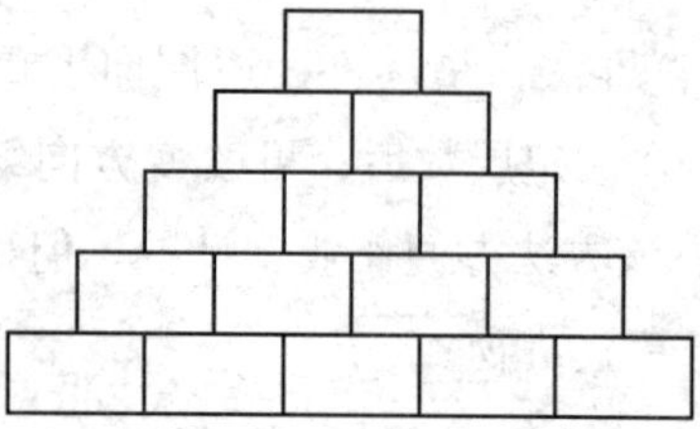

图 3-12 压缝式

5）通风式。在堆码时，任意两件相邻的货物之间都留有空隙，以便通风，层与层之间采用压缝式或者纵横交错式，见图 3-13。通风式堆码适用于所有箱装、桶装以及裸装货物堆码，可起到通风防潮、散湿散热的作用。

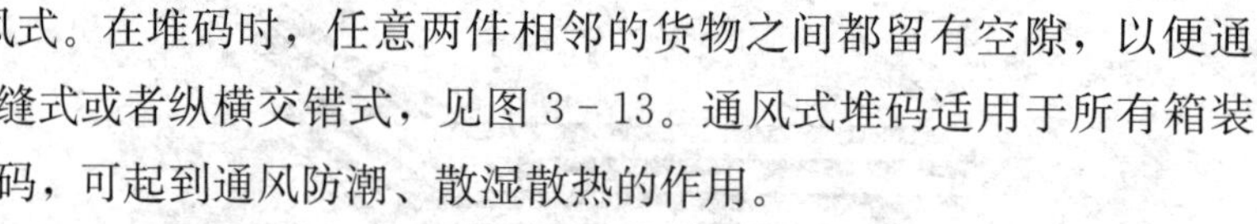

图 3-13 通风式

6）栽柱式。码放货物前先在堆垛两侧栽上木桩或者铁棒，然后将货物平码在桩柱之间，几层后用铁丝将相对两边的柱拴连，再往上摆放货物，见图3－14。此方法适用于棒材、管材等长条状货物堆码。

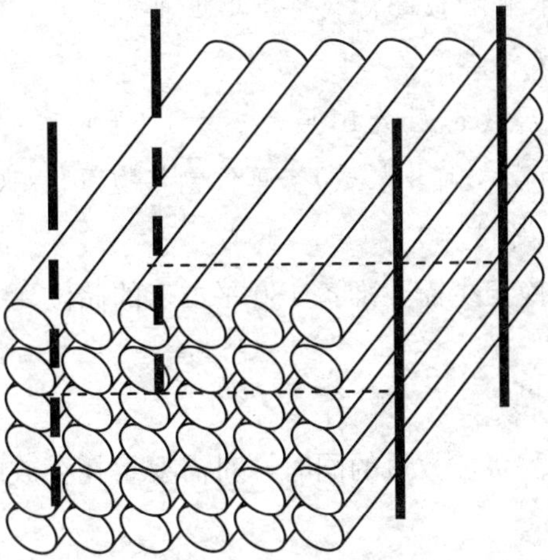

图3－14　栽柱式

4. 存储位置确定

确定货物的存储位置时，应主要考虑平置库平面布局、货物在库时间、货物出入库频次等关键因素，出库频次较高的货物，在库时间一般较短，应存放在离主通道或库门较近的地方。例如：五金工具属于在库时间比较短的货物，因此，在储存时应该选择靠近主通道位置或离仓库出口较近的区域。

5. 货位面积确定

对于就地堆码的货物，还必须在入库前确定货物所需货位面积大小。确定货物所需货位面积大小时考虑的因素包括：仓库的可用高度、仓库地面荷载量、货物包装所允许的堆码层数，以及包装物的长、宽、高。

计算占地面积的公式如下：

单位包装物面积＝长×宽

单位面积重量＝单位货物毛重÷单位面积

层数a＝(库高－顶距)÷箱高

层数b＝地坪单位面积最高荷载量÷单位面积重量

层数c＝货物包装标志限高

可堆层数＝min{层数a,层数b,层数c}

占地面积＝(总件数÷可堆层数)×单位包装物面积

本次合阳股份有限公司入库的五金商品应入平置库就地堆码，其平置库面积具体计算步骤如下：

单位包装物面积＝长×宽＝0.5×0.3＝0.15（平方米）

单位面积重量＝单位货物毛重÷单位面积＝50÷0.15≈333（千克）

层数 a＝(库高－顶距)÷箱高＝(4.8－0.5)÷1.2≈3（层）

层数 b＝地坪单位面积最高荷载量÷单位面积重量＝2 000÷333≈6（层）

层数 c＝货物包装标志限高＝4（层）

可堆层数＝min{层数 a，层数 b，层数 c}＝3（层）

占地面积＝(总件数÷可堆层数)×单位包装物面积＝(3 600÷3)×0.15
＝180（平方米）

因此，本次入库平置库至少需要准备 180 平方米的储位。

（二）货架库货位准备

在明确存储位置和所需货位数量的同时，对需要组托存放的货物还要准备好相应数量的托盘。

1. 货物组托

组托方式的计算

在实施入库操作时，既要明确储位，也要准确地根据预设的组托方式确定入库时货物所需的托盘数量。

货物组托也称托盘化码垛，是将散装或散件货物，用托盘或货箱或捆扎等方法组合成若干个较大的集装单元。货物组托是货物上架前的一项操作作业。

（1）货物组托的原则。

1）安全性。货物码放在托盘上要稳固，避免塌垛现象发生。

2）效率性。充分利用托盘上规定的货物码放空间，提高托盘的载装能力，操作速度快。

3）美观性。货物码放在托盘上要整齐、美观。

4）规范性。货物码放不能超出托盘边缘，不能超出上架操作允许的最大尺寸，不能倒置、标志朝外等。

5）方便性。便于操作、便于清点。

（2）常见的组托方式。

1）重叠式。即各层码放方式相同，上下对应，各层之间不交错堆垛。这种方式的优点是操作速度快、包装物四个角和边重叠垂直、承载力大；缺点是各层之间缺少咬合作用、稳定性差、容易发生塌垛。在货体底面积较大情况下，采用这种方式可有足够的稳定性。重叠式装盘码垛再配以各种紧固方式，不但能保持稳固，而且装卸操作比较省力，见图 3-15。

2）正反交错式。在同一层中，不同列的货物以 90°垂直码放，相邻两层中一层货物

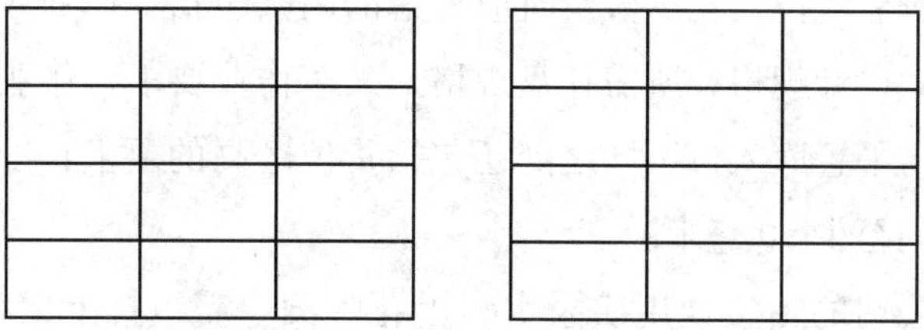

（奇数层）　　　　　　　　（偶数层）

图 3-15　重叠式装盘码垛

的码放形式是另一层旋转 180°的形式。这种方式使得不同层间咬合强度较高，相邻层之间不重缝，码放后稳定性很高，但操作较为麻烦，见图 3-16。

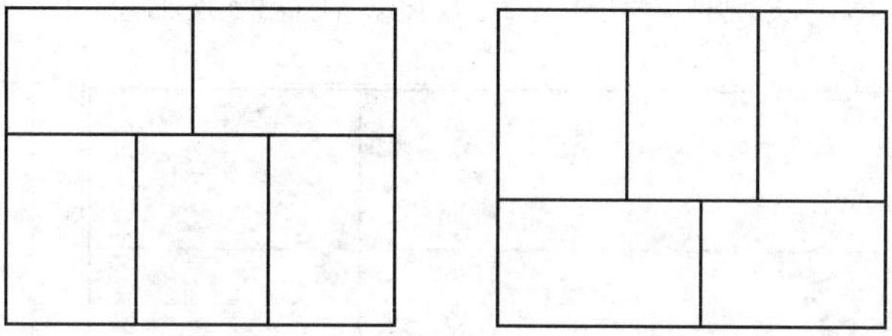

（奇数层）　　　　　　　　（偶数层）

图 3-16　正反交错式装盘码垛

3）旋转交错式。第一层相邻的两个包装体都互为 90°。两层间的码放又相差 180°，这样相邻两层之间咬合交叉，托盘货体稳定性较高，不易塌垛。这种方式的缺点是码放难度大，而且中间会形成空穴，降低托盘载装能力，见图 3-17。

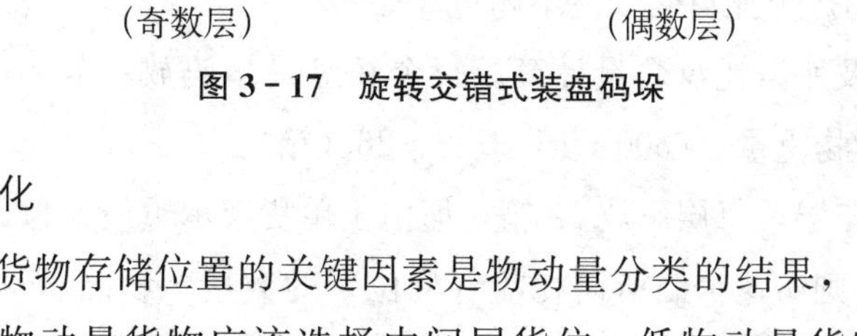

（奇数层）　　　　　　　　（偶数层）

图 3-17　旋转交错式装盘码垛

2. 货架储位优化

决定计划入库货物存储位置的关键因素是物动量分类的结果，高物动量货物应该选择首层货位，中物动量货物应该选择中间层货位，低物动量货物则应该选择上层货位。

3. 货架储位及托盘数量准备

为保证计划入库货物能够顺利入库，仓管人员在入库前应准备足够的货位和上架所需的托盘。在计算所需货位及托盘数量时应考虑的因素包括：计划入库的货物种类及包装规格、货架货位的设计规格、所需托盘规格、叉车作业要求、作业人员的熟练程度与技巧。货架库入位与平置库入位不同之处还包括货位净高的要求，以及叉车作业空间的预留，一般预留空间至少 90 毫米。

本次恒丰有限公司的怡宝饮用矿泉水和雪花啤酒，需组托上架存储，根据 ABC 分类结果，刘盼同学可以确定怡宝饮用矿泉水属于高物动量货物，应该选择低层货位；雪花啤酒在当季属于中物动量货物，应该选择中间层货位。

雪花啤酒货架库货位数量计算步骤如下：

（1）码放规则的确定。经分析仓库相关数据可知，雪花啤酒的最佳码放方式为重叠式，每层可码放 12 箱，实现托盘利用率最大化。托盘码放示意图可见图 3－18：

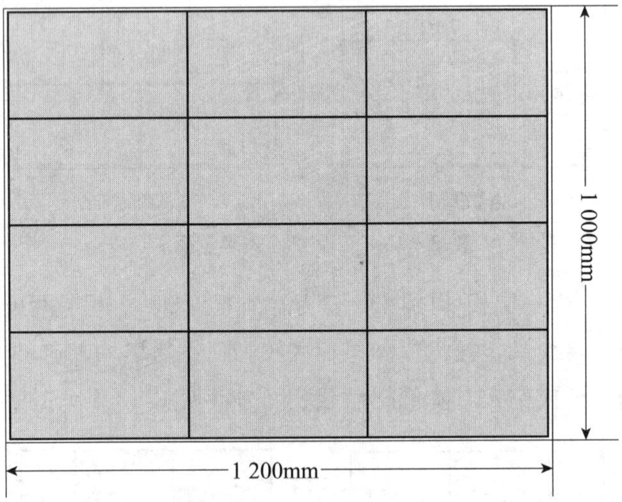

图 3－18 雪花啤酒托盘码放示意图

（2）码放层数的确定。单个托盘上最高码放层数＝(货架每层高度－叉车上架作业空间－托盘高度)÷货物高度＝(1 200－150－160)÷180≈4（层），即货物包装标志限高 4 层。所以，该物品每个托盘码放应不超过 4 层。

（3）货位数量及所需托盘数量计算。每个托盘最多码放箱数＝(单货位最大承重－托盘重量)÷单箱货物重量＝(500－15)÷18≈26（箱）。

每个托盘码放 4 层，每层码放 12 箱，但由于单货架承重最大为 500 千克，因此每个托盘可码放 26 箱，则雪花啤酒所需托盘（货位）的数量＝物品总量÷单位托盘码放数量＝200÷26≈8（个）。即雪花啤酒在入库前需准备 8 个货位和托盘。

刘盼按照同样的计算方法，计算出怡宝饮用矿泉水在入库前需要准备 17 个货位和托盘。

四、苫垫物准备

根据预计到货物品的特性、体积、质量、数量和到货时间等信息，结合货物分区、分类和货位管理的要求，确定货位。同时，要做好防雨、防潮、防尘、防晒准备，即准备好所需的苫垫材料。苫垫材料应根据货位位置和货物特性进行合理的选择。

垫垛材料的选择要考虑使货物避免受地坪潮气的侵蚀，并满足垛底通风的需求，主要材料包括：枕木、方木、石条、水泥墩、防潮纸（布）及各种人工垫板等。

苫盖材料主要使货物免受风吹、雨打、日晒、冰冻的侵蚀，主要包括塑料布、席子、油毡、铁皮、苫布等，见图 3－19。

仓储主管依据历史气象数据，预计此批货物存储期温度为全年最高，因此，需要对平置库储区进行衬垫，衬垫物选择塑料薄膜。

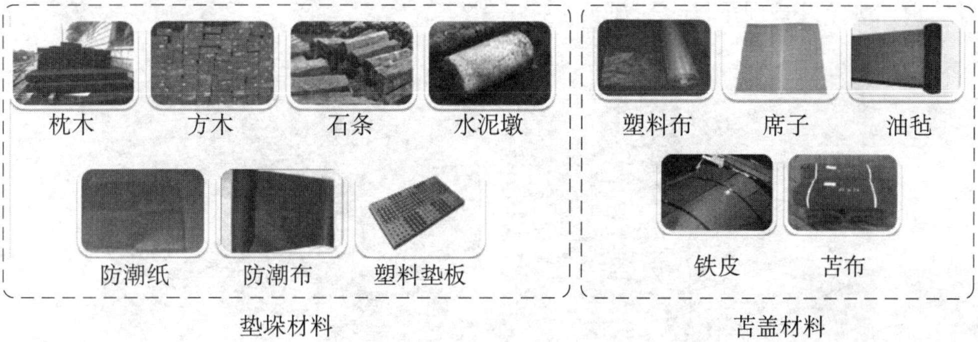

图 3－19　各种垫垛及苫盖材料

苫盖的方法一般有以下四种：

（1）就垛苫盖法。将苫盖物直接覆盖在货垛上的苫盖法。一般适合屋脊形货垛或大件包装货物的苫盖。一般采用大面积的帆布、油布、塑料膜等材料，就垛苫盖法操作便利，但基本不具有通风条件。因此，就垛苫盖法适合于对通风要求不高的货物，要注意地面干燥，见图 3－20。

图 3－20　就垛苫盖法

（2）鱼鳞式苫盖法。将苫盖物自货垛底部逐层向上围盖，从外形看呈鱼鳞状。该方法一般采用面积较小的席、瓦等材料苫盖。鱼鳞式苫盖法具有较好的通风条件，但每件苫盖材料都需要固定，操作比较复杂，见图 3－21。

图 3－21　鱼鳞式苫盖法

（3）隔离苫盖法。将苫盖物覆盖在预先制作的三脚架上，使苫盖物与商品保持一定空隙。该方法主要适用于怕热、怕潮货物。操作时，货垛与苫盖物之间可用席片、竹片隔离。此方法优点是利于排水通风，见图 3－22。

图 3－22　隔离苫盖法

（4）活动料棚苫盖法。利用废次钢材或木材制成棚架，在棚架上面及四周铺围玻璃钢瓦或铁皮等物，并在棚柱底部装上轮子。整个货棚可沿固定轨道移动，其外形与固定货棚相似，但无基础工程。活动料棚的类型较多，按棚架移动的动力不同，分为人工推动式、电力机械驱动式；按棚架间搭接方式不同，分为单轨上承式、单轨重叠式、双轨套装式等。由于活动料棚是近年来发展起来的一种新型苫盖方法，因此，无论在棚架设计上，还是在使用上，都存在一些问题，如防湿、除雾性差等，有待在实践中不断改进和完善，见图 3－23。

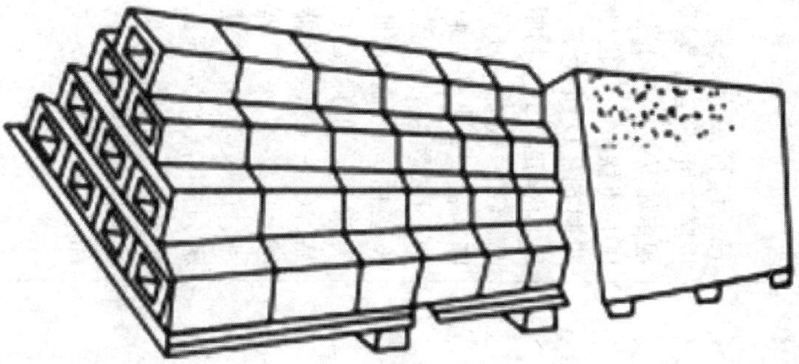

图 3-23　活动料棚苫盖法

五、人员及单证准备

按照货物的入库时间和到货数量，安排好相关作业人员（包括质量检验人员、仓库验收人员、装卸搬运人员等），保证货物到达后，人员及时到位。仓库验收相关作业人员还应按照公司规定备齐货物入库所需用的各种报表、单证、记录簿，如入库记录、理货检查单、料卡、残损单等，可预先填写妥善，以便使用。

内化与提升

在编制入库计划过程中，刘盼的收获是：

（1）了解了入库作业计划编制的内容与实施流程，在货物入库前，需先明确货物属性与存储要求，再对入库的货物进行编码，便于对入库货物进行管理。

（2）学习了普罗格公司的货物编码方法是暗号编码法。以药品为例，见表 3-9。

（3）根据入库指令，在货物到达前确定存储的位置和所需的货位，平置库储位需要根据货物数量、堆码要求等计算面积，货架库货位需要根据货物数量、货架信息、托盘信息以及货物属性等计算确定。

（4）苫垫物的选择需要根据预计到货物品的特性、体积、质量、数量和到货时间等信息，并结合货物分区、分类和货位管理的要求。

（5）乙肝疫苗存入冷库，阿莫西林分散片存入立库储区，均由 WMS 下达入库指令和安排储位。

仓储主管根据本次到货情况，带着刘盼准备验收所需要的计件、检斤、测试、开箱、装箱、丈量、移动照明等器具。同时，根据到货物品的特性、货位、设备条件、人员等情况，科学合理制定卸车搬运工艺，备好相关作业设备，安排好卸货站台或场地，保证装卸搬运作业效率。

表 3-9　商品分类编码明细表（部分）

第一位字母含义	第二位字母含义		第三位字母含义	第四、五、六位数字含义	第七、八、九位数字含义	第十位字母含义
A 注射剂	按药品类别分为 24 类	A～U 化学药品	A～U 类为各类药品的作用分类，分别用字母顺排	表示各类别商品项下的具体品种顺序号，由 001 排列到 999	主要表示各品种的不同规格，不同厂家、不同包装序号	表示许可经营类别。按照许可证经营范围规定如下：A 中药材、B 中药饮片、C 化学药制剂、D 抗生素、E 生化药品、F 生物制品、G 中成药、H 诊断药品、I 化学原料药、J 二类精神药品、K 蛋白同化制剂/肽类激素、N 保健食品、O 一类医疗器械、P 二类医疗器械、Q 三类医疗器械、S 药品/食品同源中药、T 药品/保健食品同源中药、U 食品、X 其他商品
		Y 大容量注射剂	按类别分为：A～U 化学药品、Z 中成药 22 类			
		W 进口药品	按类别分为：A～U 化学药品、Z 中成药 22 类			
		Z 中成药	按功能分为 20 类，分别为：A 解表药、B 泻下药、C 和解及表里以解药、D 清热药、E 祛暑湿药、F 温里药、G 补益药、H 安神药、I 开窍药、J 收敛固涩药、K 理气药、L 理血药、M 化痰止咳平喘药、N 消导化积药、O 祛湿药、P 治风剂、Q 治燥剂、R 祛痰剂、S 杀虫剂、T 皮肤科用药			
B 化学药及生物制品片剂、胶囊剂、丸剂类	按药品类别分为 22 类	A～U 化学药品	A～U 类为各类药品的作用分类，分别用字母顺排			
		W 进口药品	按类别分为 A～U 化学药品 21 类			
C 中成药片	按药品剂型及产地分为 5 类	A 片剂	按功能分为 20 类，分别为：A 解表药、B 泻下药、C 和解及表里以解药、D 清热药、E 祛暑湿药、F 温里药、G 补益药、H 安神药、I 开窍药、J 收敛固涩药、K 理气药、L 理血药、M 化痰止咳平喘药、N 消导化积药、O 祛湿药、P 治风剂、Q 治燥剂、R 祛痰剂、S 杀虫剂、T 皮肤科用药			
		B 胶囊剂				
		C 丸剂				
		E 北京同仁堂中药				
		W 进口中成药				

任务三
入库作业计划实施

学习情境

刘盼在仓库主管的指导下，完成了入库作业计划编制（普罗格公司称为收货计划表），即将开启货物入库操作。普罗格公司收货计划表见表 3－10。

表 3－10　普罗格公司收货计划表

日期：		天气：		今日缺货人数： 今日收货人数： 卸货效率： 件/每　人/小时	收货计划表									
序号	订单号	供应商编码	商品代码	商品名称	规格	件数	长（cm）	宽（cm）	高（cm）	码盘规格	使用托盘数	使用拖车数	时段	卸货组别
1														
2														
3														

学习情境分析：此环节需要完成的任务包括货物接运、核查入库凭证、货物检验等。货物接运是仓储企业工作人员接触货物的开始。

知识链接

一、货物接运

接运卸货是入库业务流程的一道重要作业环节，它是仓库与外部发生的业务联系。其主要任务是及时且准确地向运输部门提取入库货物，要求手续清楚，责任分明，为仓库验收工作创造有利条件。

普罗格公司入库操作

做好货物接运业务管理的主要意义在于，防止把在运输过程中或运输之前已经发生的货物损害和各种差错带入仓库，减少或避免经济损失，为验收或保管保养创造良好的条件。在实际操作中，主要有以下几种接运方式：

（一）车站、码头接货

这是由外地托运单位委托铁路、水运、民航等运输部门或邮局代运或邮递货物到达本地车站、码头、机场、邮局后，仓库依据货物通知单派车接运货物。这种方式大多适用于零担托运、到货批量较小的货物。

车站、码头接货的主要事项是：事先知货，即提货人员应了解所提取商品的品名、型号、特性和一般保管知识以及装卸搬运注意事项等。在提货前应做好接运货物准备工作，如备齐装卸运输工具、腾出存放商品场地等。提货人员在到货前，应主动了解到货时间和交货情况，根据到货多少，组织装卸人员、机具和车辆，按时前往提货。

接货与验货同步，提货时应根据运单以及有关资料详细核对品名、规格及数量，并要注意商品外观，查看包装、封存是否完好，有无玷污、受潮、水渍等异状。若有疑点或不符，应当场要求运输部门检查。对短缺损坏情况，凡属运输部门责任的，应做商务记录；属其他方面责任的，需承运人证明并做相应记录，并由承运人签字。注意记录事项和实际情况相符。

在短途运输中，要做到不混不乱，避免碰坏损失。危险品应按照危险搬运规定办理。

（二）专运线接车

接到专运线的到货通知后，应立即确定卸货货位，力求缩短场内搬运距离，组织好卸车所需要的机械、人员以及有关资料，做好卸车准备。

车皮到达后，引导对位，进行检查。看车皮封闭情况是否良好（即卡车、车窗、铅封、苫布等有无异状）；根据运单和有关资料核对到货品名、规格、标志和件数，检查包装是否损坏或有无散包；检查是否有进水、受潮或其他损坏现象；在检查中如发现异常情况，应请铁路部门派人员复查并做普通或商务记录，记录内容与实际内容相符，以便减少交涉。

卸车时要注意为商品验收和入库保管提供便利条件，分清车号、品名和规格，不混不乱。保证包装完好，不碰坏、不碰伤，更不得自行打开包装。应根据商品的性质合理堆放，避免混淆。

卸车后在商品上标明车号和卸车日期，编制卸车记录。记明卸车货位规格、数量，连同有关证件和资料，尽快向保管员交代清楚，办好内部交接手续。

（三）仓库自行接货

仓库接受货主委托直接到供货单位提货时，应将接货与货主出货验收工作结合起来同时进行。仓储方应根据提货通知，了解所提供货物的性能、规格、数量，准备好提货所需的机械、工具、人员，配备保管员在供方当场检验质量、清点数量，并做好验收记录，接货与验收合并一次完成。

（四）库内接货

存货单位或供货单位将商品直接运送到仓库储存时，应由收货人员直接与送货人员办理交接手续，当面验收并做好记录。若有差错，应填写记录由送货人员签字证明，并据此向有关部门提出索赔。

二、核查入库凭证

货物验收入库需核对凭证，主要包括以下三个方面的内容：

（1）审核验收依据。具体包括业务主管部门或货主提供的入库通知单或订货合同副本，应与随货相应单据吻合。

（2）核对供货单位提供的验收凭证。包括送货单、装箱单、磅码单、原产地证明、合格证等。

（3）核对承运人提供的运输单证。包括提货通知单、货物残损情况的货运记录、普通记录和运输交接单等。运输单证是证明货物运输合同和货物由承运人接管，以及保证将货物交给指定收货人的一种单证。它是托运人与承运人货物交接、承运人与收货人货物交接依据，也是承运人与托运人费用结算依据。普罗格公司到货交接单见图 3－24。

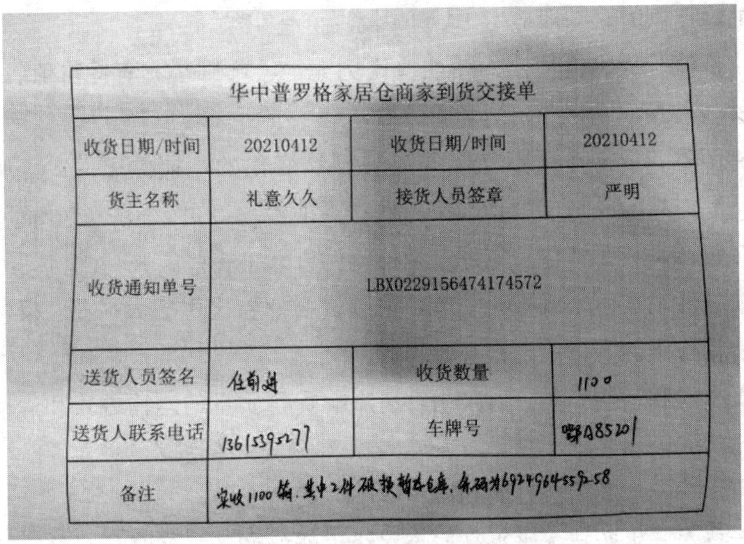

华中普罗格家居仓商家到货交接单			
收货日期/时间	20210412	收货日期/时间	20210412
货主名称	礼意久久	接货人员签章	严明
收货通知单号	LBX0229156474174572		
送货人员签名	任前进	收货数量	1100
送货人联系电话	13615395277	车牌号	鄂A85201
备注	实收1100箱，其中2件破损暂存仓库，条码为6924964559258		

图 3－24　普罗格公司到货交接单

在整理、核实、查对以上凭证时，如果发现证件不齐或不符等情况，要与货主、供货单位、承运单位和有关业务部门及时联系解决。

三、货物检验

验收过程中的货物检验是指验收人员按照验收业务流程，在核对凭证无误前提下，依照规定的程序和手续对入库货物进行数量和质量检验的经济技术活动的总称。

（一）货物检验方式

货物检验主要包括全检和抽检两种基本方式。

全检是指对于批量小、规格尺寸和包装不整齐，以及要求严格验收的货物，或按合同的规定，必须对所有货物全部进行逐一检验的一种方式。这种方式可确保验收质量，但消耗太多人力、物力和时间，使用频率相对较小。

抽样检验是指按照数理统计方法，从一批货物中，随机抽取部分货物进行检验，并根据检验结果判断该批货物质量状况，从而决定该批货物质量是否合格的一种方式。一般情况下，对于批量较大、规格尺寸和包装质量完好、品质稳定的货物验收入库，多采用抽样检验。这种方式可以节约人力，提高货物入库速度，同时可以保证检验的准确性，减少因拆包开箱而对货物产生的质量影响和经济损失。

（二）合理确定入库货物抽检比例

抽检比例应首先以合同规定为准，合同没有规定时，抽样比例一般为5%～15%。在确定具体抽检比例时，一般应考虑以下因素：

（1）货物价值。货物价值高的，抽检比例大，反之则小。有些价值特别大的货物，如名贵中药材（人参、鹿茸等）则全验。

（2）货物性质。货物性质不稳定的或质量易变化的，抽检比例大，反之则小。例如：副食品、海产品容易霉变，香水易挥发，则抽检比例可以大一些；而洗衣粉、肥皂等，内部不宜破坏，只要外包装完好，抽检比例可以小一些。

（3）气候条件。在雨季或梅雨季节，怕潮货物抽检比例应大一些，反之则小；在冬季，怕冻货物抽检比例大，反之则小。

（4）运输方式和运输工具。对采用容易影响货物质量的运输方式和运输工具运送的货物，抽检比例大，反之则小。

（5）厂商信誉。厂商信誉好的抽检比例小，反之则大。

（6）生产技术。生产技术水平高或流水线生产的产品，产品质量较稳定，抽检比例小，反之则大。

（7）储存时间。储存时间长的货物，抽检比例大，反之则小。

(8) 进口货物原则上应逐件检验。

(三) 实施实物检验

实物检验包括对货物内在质量、外观质量、数量、重量和精度进行检验。在核查完入库凭证后，应将货物置于待检区域，仓库管理员及时进行数量、外观质量、重量及精度等检验，并进行内在质量送检。

1. 数量检验

数量检验是保证货物数量准确不可缺少的措施，要求在货物入库时一次进行完毕。数量检验一般在质量检验之前，由仓库保管职能机构组织进行。按货物性质和包装情况，数量检验分为三种形式，即计件、检斤、检尺求积。

(1) 计件。计件是按件数供货或以件数为计量单位的货物，在做数量检验时的清点件数，即对商品逐件清点。对按件、台、只等计量的货物，逐件、台、只清点记录，合计求出总数。计件货物应全部清查件数（带有附件和成套的机电设备须清查主件、部件、零件和工具等）。固定包装的小件货物，如包装完好，打开包装会对保管不利，对于这种情况，国内货物可采用抽检法，按一定比例开箱点件验收，可抽检 5%～15%；其他只检查外包装，不拆包检查；贵重货物应酌情提高检验比例或全部检验。进口商品按合同或惯例办理。

(2) 检斤。检斤是对按重量供货或以重量为计量单位的货物，做数量检验时的称重。货物的重量一般有毛重、皮重、净重之分。其中，毛重是指货物重量包括包装重量在内的实重；净重是指货物本身的重量，即毛重减去皮重。我们通常所说的货物重量多是指货物的净重。

金属材料、某些化工产品多半是检斤验收。按理论换算重量供应的货物，先要通过检尺，如金属材料中的板材、型材等，再按规定的方法换算成重量验收。对于进口货物，原则上应全部检斤，但如果订货合同规定按理论换算重量交货，则按合同规定办理。所有检斤的货物，都应填写磅码单。

(3) 检尺求积。检尺求积是对以体积为计量单位的货物，如木材、竹材、沙石等，先检尺，后求体积所做的数量验收。

2. 外观质量检验

外观质量检验的方法主要采用看、听、摸和嗅等各种感官检验货物质量。外观质量检验的内容，包括判断外观包装完好情况、外观质量缺陷、外观质量受损情况和受潮、霉变和锈蚀情况等。

如对入库货物外包装的检验，凡是产品合同对包装有具体规定的要严格按规定验收，货物包装（如箱板的厚度，纸箱、麻包的质量等）的好坏、干潮直接关系货物的安全储存和运输。外包装异常有以下几种情况：人为的撬起、挖洞、开缝，通常是被盗的痕迹；受潮，是雨淋、渗透或商品本身出现潮解、渗透的表现；污染，是装配不当，从而引起商品间互相玷污、染毒或商品本身腐败所致；受损，则是包装、结构性能不良或在装卸搬运过程中乱摔乱扔、摇晃碰撞造成的。

3. 重量检验

重量检验有如下方法：

（1）检斤验收法。适合非定量包装的、无码单的商品。其计算公式如下：

$$实际磅差率=\frac{实收重量-应收重量}{应收重量}$$

$$索赔重量=应收重量-实收重量$$

（2）抄码复衡抽验法。适合定量包装并附有码单的商品。其计算公式如下：

$$抽验磅验收率=(\sum 抽验重量-\sum 抄码重量)/\sum 抄码重量\times 100\%$$

（3）除皮核实法。核对结果未超过允许差率，即可依其数值计算净重。

（4）理论换算法。适合定尺长度的金属材料、塑料管材等。

（5）整车复衡法。适合散装的块状、粒状或粉状的商品。

另外常用的还有平均扣除皮重法、约定重量法等。

4. 精度检验

精度检验包括仪器仪表精度和金属材料尺寸精度检验两个方面，由仓库技术管理职能机构组织进行。如在金属材料尺寸精度检验中，不同型材的尺寸精度检验各有特点，椭圆材主要检验直径和圆度，管材则主要检验壁厚和内径，板材则检验其厚度和均匀度。

5. 理化检验

理化检验是对货物内在质量和物理化学性质进行的检验。如金属材料的含碳量、拉伸性能、硬度、抗冲击性能，羊毛含水量，布料成分，物品弹性等。对货物内在质量的检验要求有一定的技术知识和检验手段，目前仓库多不具备这些条件，所以理化检验一般由专门的技术检验部门进行。

（四）填写验收单据

货物经检验后，仓库保管员应按照质量合格的实际数量填写货物检验记录表，见表3-11。验收中如果发现数量不符或有质量等方面问题，则应填写货物入库验收情况表，见表3-12。相关验收单据填写后，经仓库负责人、核对人员核对签字后，作为今后与供应方、运输方交涉的依据。

表 3-11　货物检验记录表

编号：________

供货商		采购订单号			入库通知单号		
运单号		合同号			车号		
发货日期		到货日期			验收日期		
序号	货物名称	商品编码	规格型号	计量单位	应收数量	实际数量	差额

单位负责人：　　　　复核：　　　　校验员：

表 3-12　货物入库验收情况表

编号：　　　　存货单位：　　　　合同号：　　　　验收人：

处理方式问题	数量冗余	数量短少	品质不合格	包装不合格	规格品类不符	单证与实物不符
通知供货商						
按实数签收						
查询等候处理						
改单签收						
拒绝收货						
退单退货						
备注（其他需要说明的问题）						

（五）验收入库过程中相关问题处理

货物验收入库过程中的常见问题及处理方式见表 3-13。

表 3-13　货物验收入库过程中常见问题的处理

问题	处理方式
数量不准	数量短缺在磅差允许范围内的，可按原账入账。凡超过规定磅差范围的，应查对核实验收记录和磅码单交主管部门会同货主向供货单位办理交涉。凡实际数量多于原发料单位的，可由主管部门向供货单位退回多发数或补发货款。
质量不符合要求	对于不符合质量要求的，绝不能入库，必须查明原因，分别处理： (1) 承运过程中因受污染、水渍等使物品质量受损，收货员在签收时应索取承运方相关记录，交由货主处理； (2) 拆包验收时发现质量问题，收货员应将有问题物品单独存放，并详细记录变质数量和程度，通知货主，及时做出退货或调换决定； (3) 提运过程中，因物品混放、受雨淋等造成物品变质或报废，则由提运人员承担责任，收货员在签收时，注明变质原因、数量及程度，报仓库相关部门处理。

续表

问题	处理方式
单货不符	(1) 单证不齐、货到单未到，该类到库货物应作为待检货物处理，堆放在待验区，待证件到齐后再进行验收。证件未到之前，不能验收，不能入库，更不能发货； (2) 单证不符，货物等待处理，不得动用； (3) 单到货未到，有关证件已到仓库，但在规定的时间货物未到库，应及时向货主查询原因； (4) 货未到齐，若因运输使同一批商品不能同时到达，则仓库应分单签收。
包装问题	在清点大件时发现包装有水渍、玷污、损坏、变形等情况，应进一步检查内部细数和质量，并由送货人在送货单上注明，通知保管员单独存放，以便处理。
价格不符	应按合同规定价格承付，对多收部分应予拒付。如果是总额计算错误，应通知货主及时更改。
发错货	如发现无进货合同或进货依据，运输单据上却表明本库为收货人的货物，仓库收货后应及时查找该货的产权部门，并主动与发货人联系，询问该货的来龙去脉，并做出待处理货物，不得动用。依其现状做好记录，待查清后做出处理。
对外索赔	对需要对外索赔的货物，保留好商品原包装，做好相应记录，上报仓储主管部门，由主管部门对外索赔。

内化与提升

普罗格公司某仓库收货管理制度

根据前期签订的仓储合同，2020 年 4 月 26 日，普罗格武汉仓储物流中心安排运输车辆到恒丰有限公司指定的企业接货，合阳股份有限公司的货物由该公司送至武汉仓储物流中心。仓储主管带着刘盼进行核查入库凭证和货物验收工作，在入库计划实施过程中，没有发现异常情况，顺利完成了入库作业。刘盼收获满满：

(1) 认真学习了公司收货管理制度。了解了公司仓库参与验收入库的相关部门以及各自职责，了解了公司对收货预约及预检、卸货收货、系统收货、入库上架、收货反馈及复核等各方面的具体规定。

(2) 根据货物接运方式不同，要把握验收要点，分清责任。

(3) 核查入库凭证必须认真仔细核对验收依据，如供货单位提供的验收凭证，承运人提供的运输单证。

(4) 货物验收需检验数量、质量、理化等内容，填写货物检验记录表和货物入库验收情况表等相关单据，在验收过程中若发现问题，要根据不同情况及时处理并填写问题物品处理记录单。

任务四 入库与交接作业

学习情境

货物检验合格后，即应办理入库交接手续，这是货物验收入库的最后环节。只有经过验收合格的货物，办理了入库交接手续，才能更新库存货物信息，为仓库后续作业提供管理和控制依据。

学习情境分析：在实际业务操作过程中，按照仓储企业的信息化程度不同，入库交接手续办理分为普通仓库入库交接手续和WMS（仓储管理系统）入库手续两种情况。

知识链接

一、普通仓库入库交接手续

信息化程度相对较低的普通仓库，办理入库手续主要由人工完成。其主要工作任务是对入库货物进行登账、立卡、建档，由此获得仓库验收员的有关资料证书，交给相应保管机构后，正式进入入库保管阶段。

（一）交接手续

交接手续是指仓库对收到的货物向送货人进行确认，表示已接收货物。办理完交接手续，意味着划清运输、送货部门和仓库的责任。完整的交接手续包括：

（1）接收货物。仓库通过理货、查验货物，将不良的货物退回或者编制残损单证等明确责任，确定收到货物的确切数量、货物表面状态良好。

（2）接收文件。接收送货人送交的货物资料、运输的货运记录、普通记录等，以及随货在运输单证上注明的相应文件，如图纸、准运证等。

（3）签署单证。仓库与送货人或承运人共同在送货人交来的送货单、交接清单上签署，并留存相应单证。

（二）登账

货物入库登账，要建立详细说明库存货物进、出和结存的实物保管明细账，用以记录库存货物的动态，登记货物进库、出库、结存的详细情况。登账应遵循以下规则：

（1）登账必须以正式合法的凭证为依据，如入库单等。

（2）实物保管明细账按货物的品名、型号、规格、单价、货主等分别建立账户。此账采用活页式，按货物的种类和编号顺序排列。账页上要注明货位号，以便查对。实物账必须严格按照货物的入、出库凭证及时登记，填写清楚、准确。记账发生错误时，要按“划红线更正法”更正。账页记完后，应将结存数结转新账页，旧账页应保存备查。实物保管明细账见表3-14。

表3-14　实物保管明细账

时间	货物名称	货物号码	规格	计量单位	收入数量	出库数量	结存数量	单价	金额总计	存储位置

（3）记账应连续、完整，依日期顺序，不能隔行、跳页，账页应依次编号，年末结存后转入新账，旧账页入档妥为保管，装订成册，不得遗失。实物保管明细账要经常核对，保证账、卡、物相符。

（三）立卡

“卡”又称“料卡”“货物卡”或“货物验收明细卡”。货物运送到货位存放后，或货物完成堆码时，应立即建立卡片，按入库单所列内容填写卡片，便于以后发货时按出库凭证随发随销货卡上的数字，以防事后漏记。货卡应一品一卡，即按具体的货物规格型号设置货卡。卡片式样根据货物存放地点不同而不同，存放在库房内的货物一般挂纸卡或塑料卡，见图3-25、图3-26。露天存放的物资，为防止卡片丢失或损坏，通常装在塑料袋中或放在特制的盒子里，然后挂在垛位上，也可用油漆写在铁牌上。

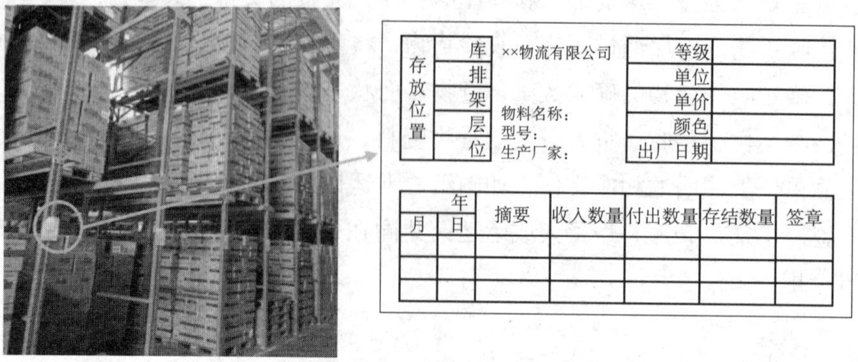

图3-25　库房内立卡

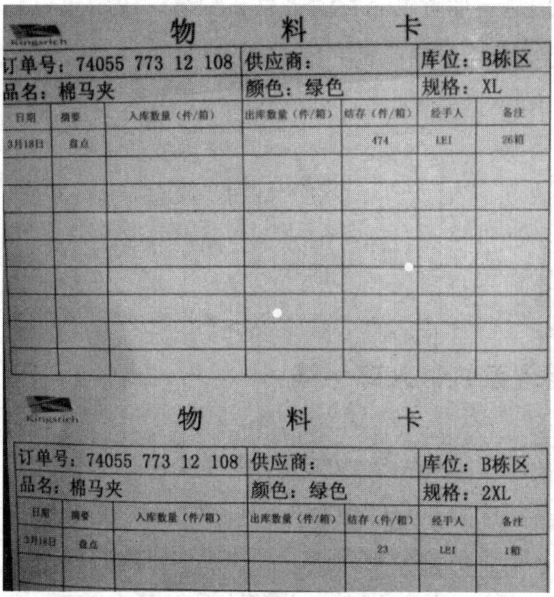

图 3-26　某企业物料卡

货物卡一般包括货物编号、品名、规格型号、包装细数、计量单位、货位号、库存数量、数量增减变动记录等内容，其格式见表 3-15。

表 3-15　货物卡

货物编号：　　　　　　　　　品　　名：
规格型号：　　　　　　　　　包装细数：
计量单位：　　　　　　　　　货位号：
最高存量：　　　　　　　　　最低存量：

年		摘要	增加	减少	结存
月	日				

（四）入库信息处理

对经过验收确认后的货物，应及时进行入库信息处理，办理货物入库手续，填写验收记录表，并将相关入库信息及时录入入库管理信息系统，更新库存货物有关数据，便于仓库后续作业。因此，入库信息的处理必须及时、准确、全面。货物入库信息的处理一般应包括以下内容：

(1) 货物的一般信息。如货物名称、规格、型号、包装单位、包装尺寸、包装容器及单位重量等。

(2) 货物的原始条码、内部编码、进货入库单据号。

(3) 货物的储位指派。

(4) 货物的入库数量、入库时间、生产日期、质量状况、货物单价等。

(5) 供货商信息。如供货商名称、编号、合同号等。

(6) 入库单据的生成与打印。

二、WMS(仓储管理系统)入库手续

对于拥有 WMS(仓储管理系统)的现代化程度较高的仓库而言，其入库手续的办理主要由员工操作计算机完成，具体包括入库订单查询、审核、库位确认、组托上架及货物信息录入等任务。以普罗格公司为例，具体操作步骤如下：

步骤一，查看采购订单，核对资料。收货人员登录 WMS，进入物流管理系统，打开“购进入库”—“入库收货”界面，点击“提取单据”按钮或者按快捷键 F1，系统弹出采购订单提取窗口，见图 3-27。

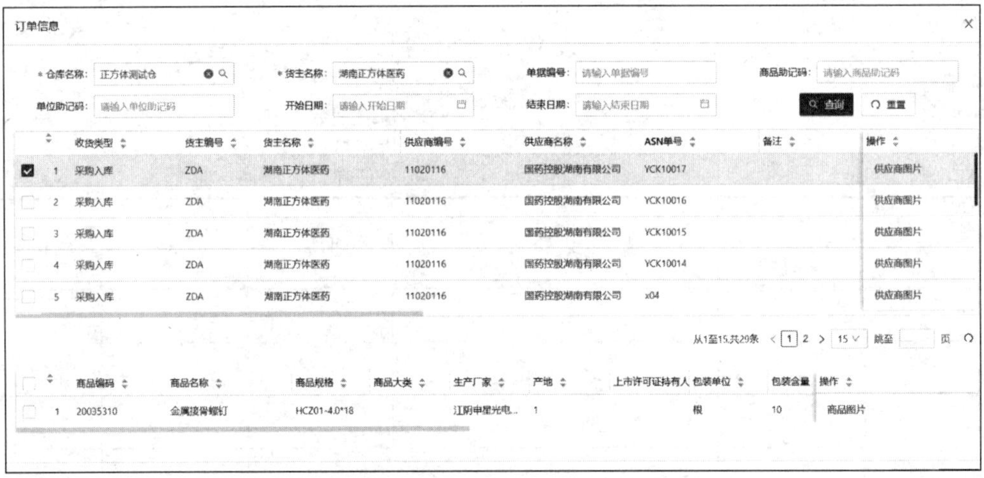

图 3-27 查看采购订单核对资料

步骤二，选择收货明细订单。可以根据商品助记码、单位助记码查找订单，收货人员选中需要收货的单据明细，点击“提取”按钮或按快捷键 F1 提取订单，见图 3-28。

步骤三，填写收货信息。订单提取完成后认真核对，填写对应信息保存，并关联容器条码，点击“保存”按钮或按快捷键 F6，即完成收货任务，见图 3-29。

步骤四，质量验收。打开 PDA 中物流管理系统，输入工号及密码，点击“登录”按钮，进入操作界面，选择“入库验收”窗口，进入“入库验收”界面，见图 3-30、图 3-31。

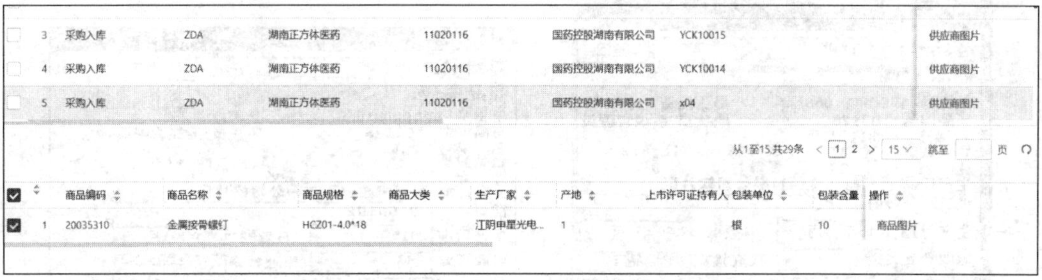

图 3-28　选择收货明细订单

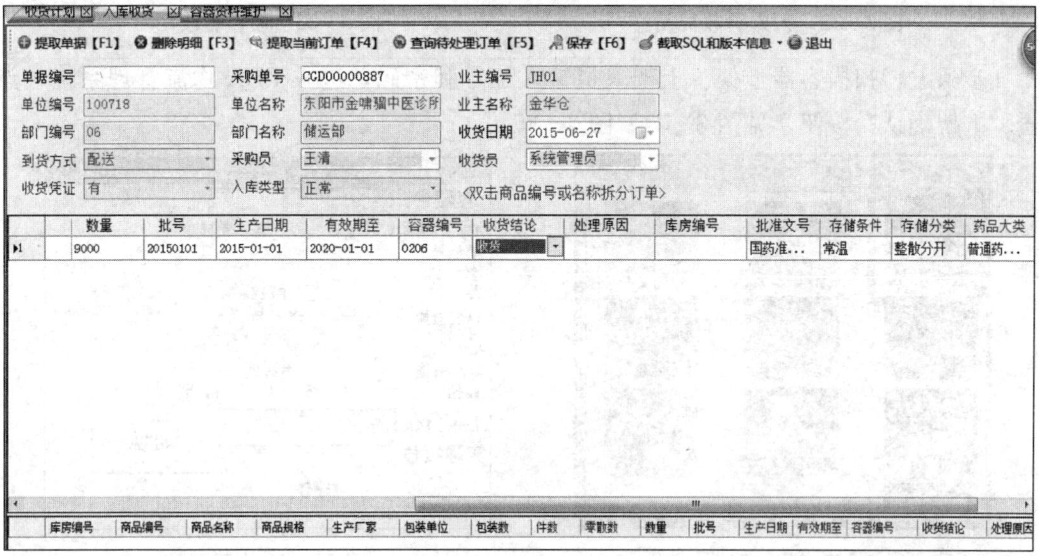

图 3-29　填写收货信息

图 3-30　登录界面

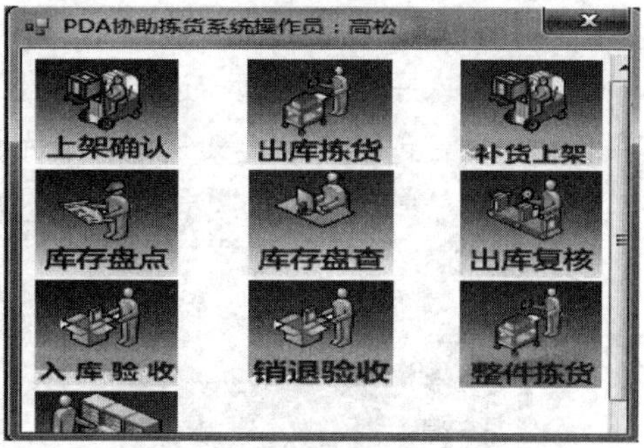

图 3-31　入库验收界面

步骤五，扫描容器号，自动提取收货记录，核对品名、规格、批号、生产日期、有效期、批准文号、生产厂家、库存状态。核对无误则点击“保存”按钮，见图 3-32。

步骤六，质量验收完毕，填写验收评定（合格或待处理），点击“保存”按钮，即完成验收任务，见图 3-33。

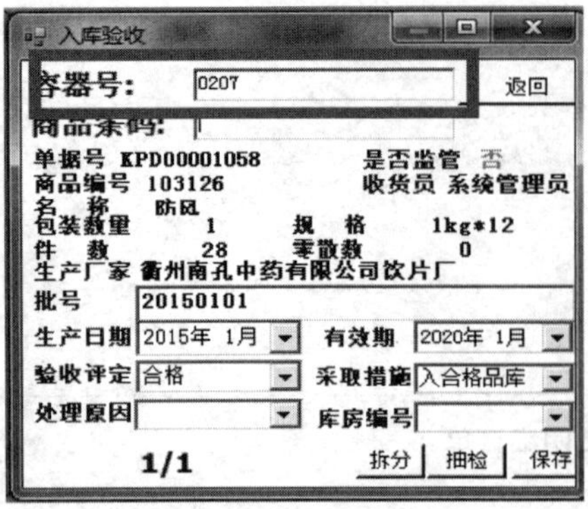

图 3-32 入库验收界面

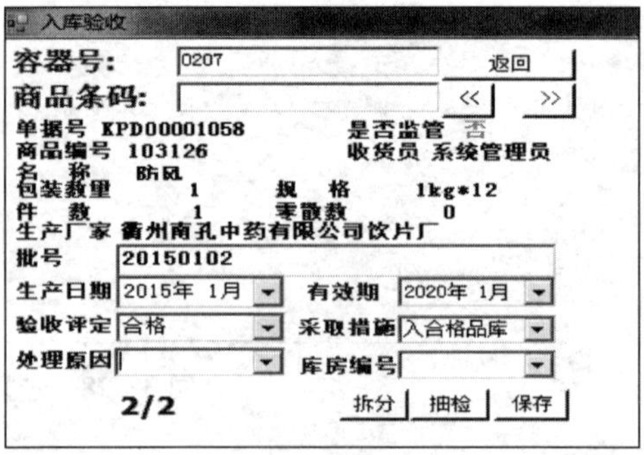

图 3-33 质量验收

步骤七，扫描容器上架。上架人员输入工号和密码，进入 PDA 物流管理系统，点击“上架确认”按钮，见图 3-34、图 3-35。

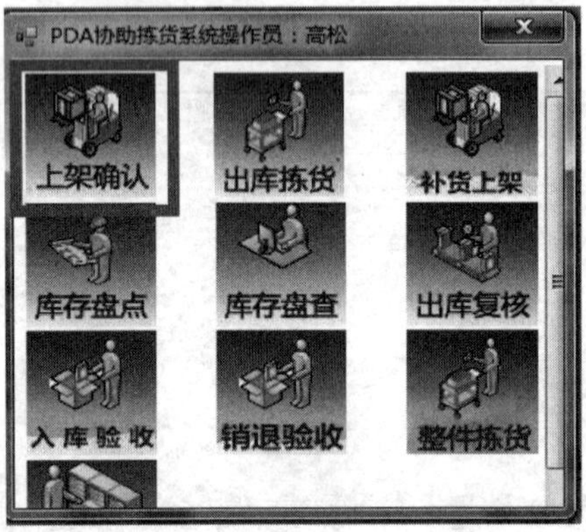

图 3-34 扫描容器上架

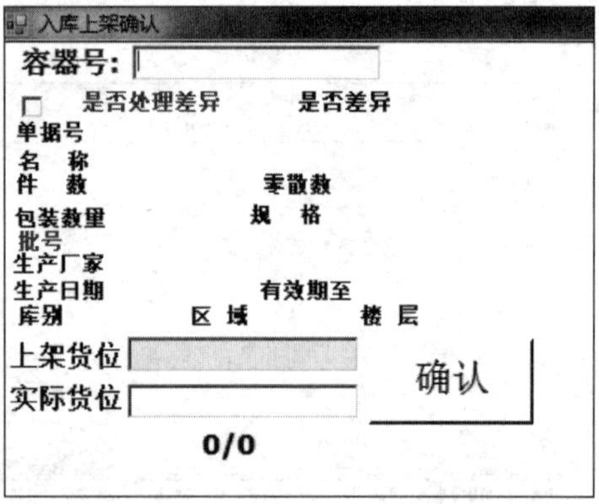

图 3-35 上架确认

步骤八，上架人员使用 RF 扫描容器条码，提取上架任务，并根据提示上架货位进行上架，如提示货位放不下时，可人为选择其他货位上架，并扫描货位条码，见图 3-36。

步骤九，入库记录查询。进入入库上架单查询界面，选择相应日期可以查询每天的入库商品记录，包括商品上架货位、入库数量、开票员等信息，见图 3-37、图 3-38。

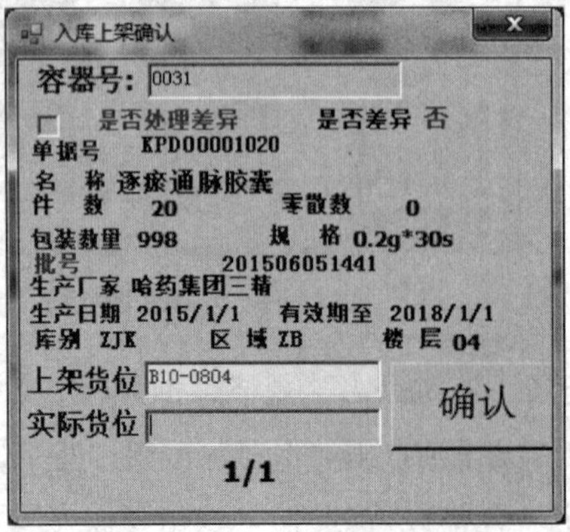

图 3-36 扫描确认

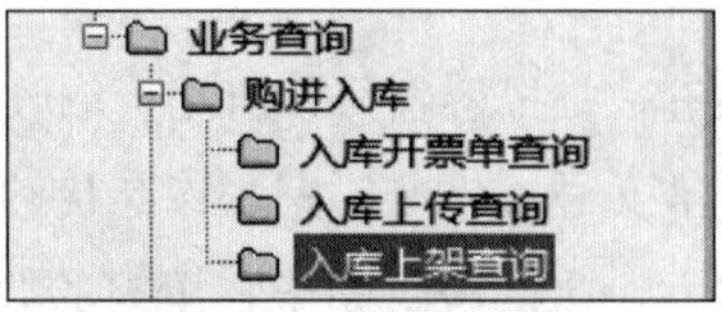

图 3-37 入库记录查询

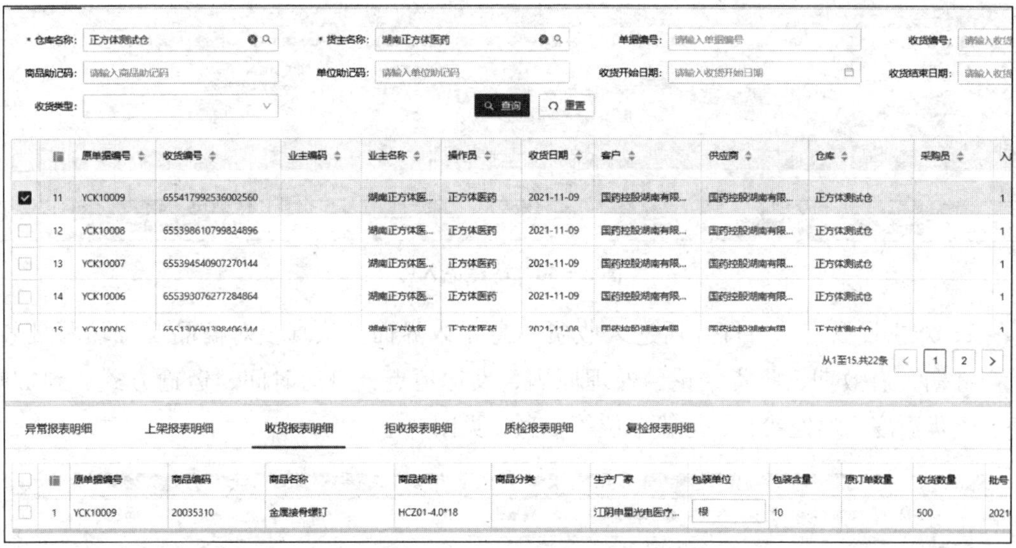

图 3-38　入库记录查询

步骤十，商品库存查询，进入界面后，先选择业主信息，再根据要查询的商品进行信息录入，见图 3-39。

图 3-39　商品库存查询

2020 年 4 月 12 日，普罗格公司入库任务交接办理过程如下：

（1）首先是合阳股份有限公司、恒丰有限公司入平置库货物检验合格后，仓储主管教刘盼如何利用计算机通过 WMS（仓储管理系统）办理入库交接手续，完成货物的入库任务。

（2）冷库货物入库。北京天坛生物有限公司乙肝疫苗按照入库指令，应该入冷库存储。具体的操作是：

1）药品到达之后，收货人员登录 WMS，进入物流管理系统，打开“购进入库”—“入库收货”界面，点击“提取单据”按钮或者按快捷键 F1，系统弹出采购订单提取窗口，见图 3-40。

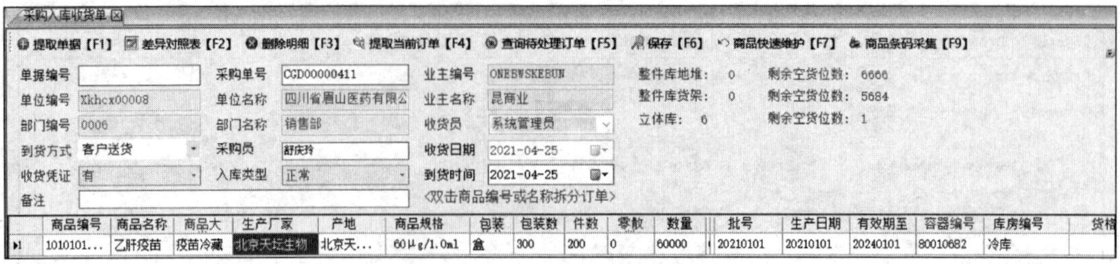

图 3-40 冷藏品入库

2）双击提取订单。打开后进入收货信息录入界面，认真核对商品明细填写批号、生产日期、有效期、收货结论、处理原因、发运地点、启运时间、运输方式、到货时间、到货温度、温控状态、运输单位等信息，见图 3-41。

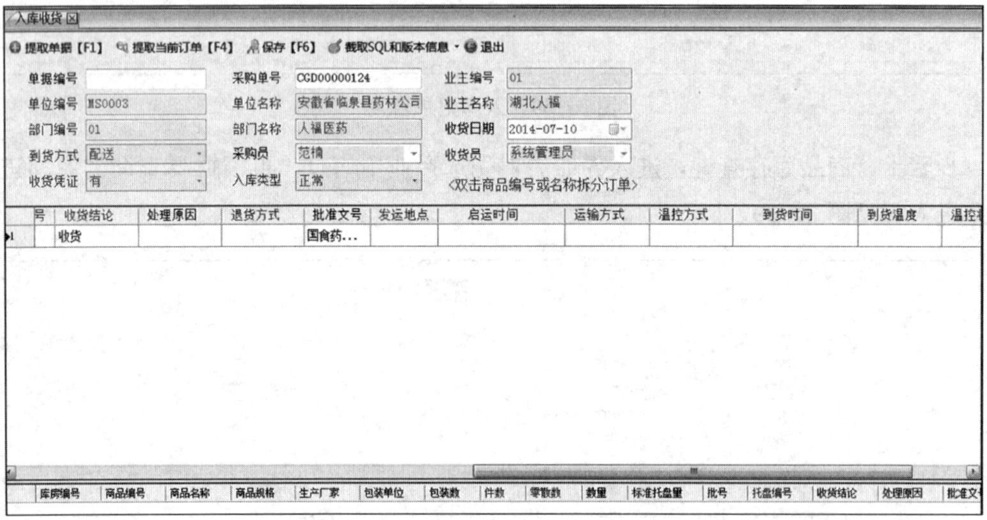

图 3-41 收货信息录入

（3）立库货物入库。石药集团中诺药业的货物按照入库指令，应该存入立库，立库的出入库均由计算机控制。

普罗格公司立库作业

内化与提升

刘盼在仓储主管的指导下，顺利完成了利用仓储管理系统办理入库交接手续，刘盼的收获有：

（1）入库交接手续是货物验收入库的最后环节，普通仓库入库交接手续包括交接手续登账、立卡、入库信息处理。

（2）WMS（仓储管理系统）入库手续办理主要是由员工操作计算机完成，准确率高、效率高。

同步测试

一、单选题

1. 入库作业是仓储基本作业，包括接运交接、卸车、（　　）和系统维护等作业环节。

A. 验收　　B. 入库　　C. 包装　　D. 发放

2.（　　）物品适宜放置于靠近仓库出口的区域。

A. 不常用的　　B. 重量轻的　　C. 体积小的　　D. 出入库频繁的

3. 严格把好入库验收关，对于及时处理货损货差事宜十分重要，若收货过程中发现质量不符，一般采取的措施是拒收、隔离、（　　）和让步接收。

A. 退货　　B. 折价　　C. 折扣　　D. 降价

4. 下列关于商品入库验收中发生问题的处理，错误的是（　　）。

A. 一批木材到库，仓管人员没有收到入库通知单，让该批木材安置在待验区

B. 12 箱鸡蛋在质量检查的时候发现变质的鸡蛋占到一半，将鸡蛋放在待处理区不得动用，通知存货单位，由存货单位交涉解决

C. 100 台笔记本电脑质检的时候发现型号出错，到库的是比入库通知单上标明的型号价格更贵的市场最新型号，仓管员将其验收入库

D. 1 000 双优质皮鞋原先预定是在下午 3 点到库，但没有准时运到，仓管人员打电话联系供货单位，询问原因并催促产品到库

5. 货垛的基础是（　　）。

A. 垛形　　B. 垛基　　C. 货垛参数　　D. 堆码方式

6. 下列各项货物中，入库检验时适宜计件方式的是（　　）。

A. 矿石　　B. 粉煤灰　　C. 电冰箱　　D. 小麦

7. 当仓库和供货单位在同城时，适合的接货方式是（　　）。

A. 专用线接车　　B. 车站、码头接货

C. 仓库自行接货　　D. 库内接货

8.（　　）是仓储作业管理的第一步，也是仓储作业管理关键的环节，直接关系后面的在库、出库作业管理能否顺畅与方便。

A. 物品入库作业　　B. 物品在库作业　　C. 物品出库作业　　D. 库存控制

9. 下列各项货物中，入库检验时适宜检尺求积方式的是（　　）。

A. 汽车　　B. 粉煤灰　　C. 电冰箱　　D. 小麦

10. 一般由专门的技术检验部门进行的检验是（　　）。

A. 数量检验　　B. 质量检验　　C. 理化检验　　D. 都不是

11. 在验收过程中，发现货物品种或数量不准确，应（　　）。

A. 拒收　　B. 接收并登记　　C. 接收不登记　　D. 以上都不是

二、多选题

1. 交接手续是指仓库对收到的物品向送货人进行的确认，表示已经接收物品。完整的交接手续包括（　　）。

A. 接收物品　　B. 接收文件　　C. 签署单证　　D. 维修整理

2. 入库商品质量检验包括（　　）。

A. 外观检验　　B. 尺寸精度检验　　C. 机械物理性能检验

D. 化学成分检验　　E. 数量检验

3. 以下属于影响入库作业主要因素的是（　　）。

A. 供应商的送货方式　　B. 物品的种类、特性与数量

C. 仓库设备及存储方式　　D. 仓库的温度及湿度

E. 库存水平

4. 稳定性好，便于苫盖，但是不便于盘点计数的垛形有（　　）。

A. 矩形垛　　B. 三角形垛　　C. 梯形垛　　D. 半圆形垛

5. 经仓库部门对入库计划分析评估之后，即可开始进行物品入库前的准备工作，其主要内容包括（　　）。

A. 货位的准备　　B. 苫垫材料的准备　　C. 验收及装卸搬运器械的准备

D. 人员准备　　E. 单证准备

三、简答题

1. 描述入库作业流程。

2. 简述入库检验的内容。

3. 平置库货位准备应考虑哪些因素？

4. 货架库货位准备应考虑哪些因素？

5. 收货检验的注意事项有哪些？

同步实训

实训项目一　仓储合同实训

项目介绍

仓储合同，又称为仓储保管合同，是保管人储存存货人交付的仓储物、存货人支付

仓储费的合同，要进行仓储活动、仓储业务之前，必须签订相应的仓储合同。

实训目的

通过本项目的实训操作，帮助学生掌握仓储合同的要素以及其他构成，让学生具备拟定仓储合同的能力。

实训内容

根据任务一入库作业流程里提供的仓储合同二维码，认真分析该医药第三方物流服务合作协议，并回答以下问题：

（1）乙方为甲方提供的服务包括哪些？

（2）如果甲方商品验收不合格，该如何处理？

（3）在库盘点方式、盘点内容、对盘点盈亏的处理分别是什么？

（4）乙方为甲方提供服务的过程中，由乙方原因导致甲方商品发生损、毁、过期或其他责任事故，该如何处理？

实训资源

普通教室，笔，纸。

实训组织

学生独立完成。

实训指导

步骤一：实训指导老师讲解仓储合同内容，提出实训任务及要求。

步骤二：学生根据实训内容，完成任务。

步骤三：提交实训成果。

实训考核

实训满分 100 分，每题 25 分。

实训项目二　商品编码实训

项目介绍

编码是指将商品按其分类内容，加以有秩序的编排，用简明的文字、符号或数字代替商品的名称、类别及其他有关信息的一种方式。进行科学的商品编码，对于迅速正确地进行后续作业，并使商品品质及作业水准能得到妥善维持，有着非常重要的意义。

实训目的

通过本项目的实训操作，培养、提高学生商品编码的方法和技巧。

实训内容

某仓储中心订购了一批商品，请分别用前面所讲到的流水号编码法、数字分段编码法、分组编码法、实际意义编码法、后位数编码法和暗号编码法对该批商品进行编码。具体品种见表 3-16。

表 3-16 仓储中心采购商品一览表

序号	商品名称	规格	包装
1	统一绿茶	500ml/瓶	15 瓶/箱
2	统一冰红茶	500ml/瓶	15 瓶/箱
3	康师傅茉莉蜜茶	500ml/瓶	15 瓶/箱
4	康师傅茉莉清茶	500ml/瓶	15 瓶/箱
5	农夫山泉茶 π 柠檬红茶	500ml/瓶	15 瓶/箱
6	可口可乐汽水（无糖）	500ml/瓶	15 瓶/箱
7	可口可乐汽水（有糖）	500ml/瓶	15 瓶/箱
8	金龙鱼玉米油	5L/桶	4 桶/箱
9	道道全玉米油	5L/桶	4 桶/箱
10	福临门玉米油	5L/桶	4 桶/箱
11	长寿花玉米油	5L/桶	4 桶/箱
12	鲁花玉米油	5L/桶	4 桶/箱

实训资源

电脑，笔，纸。

实训组织

学生独立完成，并提交成果。

实训指导

步骤一：实训指导老师讲解 6 种编码法的操作要领，提出实训任务及要求。

步骤二：学生根据实训内容，完成任务，并列出编码表。

步骤三：提交实训成果。

实训考核

详见表 3－17。

表 3－17　商品编号操作实训考核标准一览表

序号	考评标准	分值	实际得分
1	流水号编码法操作正确	15	
2	数字分段编码法操作正确	15	
3	分组编码法操作正确	15	
4	实际意义编码法操作正确	15	
5	后位数编码法操作正确	15	
6	暗号编码法操作正确	15	
7	编码表简洁明了	10	
合计		100	

实训项目三　入库货物接运与验收实训

项目介绍

货物的接运是入库业务流程的第一道作业环节，也是仓库直接与外部发生的经济联系。它的主要任务是及时而准确地向交通运输部门提取入库货物，要求手续清楚，责任分明，为验收工作创造有利条件。对入库货物进行严格验收，能防止劣质商品流入流通领域，划清仓库与生产部门、运输部门以及销售部门的责任界限，也为货物在仓库中的保管、保养提供第一手资料。

实训目的

通过本项目的实训操作，让学生掌握货物接运的主要方式、货物验收的基本要求和程序，提高货物接运与验收的实际操作技能。

实训内容

供应商武汉利源有限公司有一批货物即将送到武汉仓盛仓储有限公司储存，该批货物的详细信息见表 3－18。作为武汉仓盛仓储有限公司仓储部收货人员，请你完成该批商品的接运与验收工作。

表 3-18 货物明细表

品名	规格	单位	数量	包装
蓝月亮亮白洗衣液	500g	箱	20	12 袋/箱
蓝月亮亮白洗衣液	1kg	箱	30	4 瓶/箱
乐事薯片黄瓜味	75g	箱	30	6 袋/箱
长城陈酿干红葡萄酒	750ml	箱	25	6 瓶/箱

实训资源

实训专用纸箱若干；入库通知单（见表 3-19）、送货单（见表 3-20）、入库验收单（见表 3-21）、入库货物异常报告（见表 3-22）等单证。

注意：道具可设置一些验收常见问题，如外包装破损、商品受潮、商品液体渗漏、商品混放、数量有误等。

表 3-19 入库通知单

武汉仓盛仓储有限公司：

根据贵、我公司签署的仓储保管合同，我公司现有一批货物需送至贵公司储存，请安排接收。具体情况见下表：

品名	规格	单位	数量	包装
蓝月亮亮白洗衣液	500g	箱	20	12 袋/箱
蓝月亮亮白洗衣液	1kg	箱	30	4 瓶/箱
乐事薯片黄瓜味	75g	箱	30	6 袋/箱
长城陈酿干红葡萄酒	750ml	箱	25	6 瓶/箱

请在 2020 年 7 月 20 日前完成入库。联系人：王涛，电话：027-84695135。

武汉利源有限公司

2020 年 7 月 18 日

表 3-20 送货单

NO.

收货单位：　　　　日期：

品名	规格	单位	数量	包装

核准：　　　　发货人：　　　　收货人：

表 3-21　入库验收单

<table>
<tr><td>货物名称</td><td colspan="2"></td><td colspan="2">规格型号</td><td colspan="2"></td></tr>
<tr><td>供方</td><td colspan="2"></td><td colspan="2">进货日期</td><td colspan="2"></td></tr>
<tr><td>进货数量</td><td colspan="2"></td><td colspan="2">验证数量</td><td colspan="2"></td></tr>
<tr><td>验证方式</td><td colspan="6"></td></tr>
<tr><td>验证项目</td><td colspan="2">标准要求</td><td colspan="2">验证结果</td><td colspan="2">是否合格</td></tr>
<tr><td></td><td colspan="2"></td><td colspan="2"></td><td colspan="2"></td></tr>
<tr><td></td><td colspan="2"></td><td colspan="2"></td><td colspan="2"></td></tr>
<tr><td></td><td colspan="2"></td><td colspan="2"></td><td colspan="2"></td></tr>
<tr><td></td><td colspan="2"></td><td colspan="2"></td><td colspan="2"></td></tr>
<tr><td>检验结论</td><td colspan="6">□合格　□不合格</td></tr>
<tr><td>复检记录</td><td colspan="6">1.
2.</td></tr>
<tr><td>检验主管</td><td></td><td>检验员</td><td></td><td>日期</td><td colspan="2"></td></tr>
<tr><td rowspan="2">不合格品
处置方法</td><td colspan="6">□拒收　□接收　□全检</td></tr>
<tr><td>批准</td><td colspan="2"></td><td>日期</td><td colspan="2"></td></tr>
<tr><td>备注</td><td colspan="6"></td></tr>
</table>

表 3-22　入库货物异常报告

编号：　　　　　　　　　　　　　　　　　　　　　　　　日期：

货物编号	品名	规格	数量	异常情况

实训组织

学生进行分组，设定角色。4 人为一小组，其中 2 人充当送货人员，2 人充当仓库收货人员。

实训指导

步骤一：进行分组，设定角色。

步骤二：送货人员向仓库收货人员出示送货单。

步骤三：仓库收货人员核对送货单、仓储保管合同副本、入库通知单、产品合格证等凭证。

步骤四：仓库收货人员进行数量验收、质量验收和包装验收。

步骤五：验收结果处理。

货物验收完毕后，仓库收货人员填写入库验收单，并由送货人员在验收单上签字。如上述程序中没有发现问题，收货人员在送货回单上盖章表示货物收讫，如发现有异常情况，必须在送货回单上详细注明，并请送货人员签字。如问题比较严重，要填写入库货物异常报告。

实训考核

详见表3-23。

表3-23 入库货物接运与验收实训考核标准一览表

序号	考核标准	分值	实际得分
1	接收与验收操作程序正确	20	
2	凭证审认真、全面、没有遗漏	20	
3	验收仔细、全面	20	
4	验收结果处理得当	20	
5	单证填写规范、正确	20	
合计		100	

实训项目四 就地堆码

项目介绍

根据入库计划，在物品到达前将所需的货位面积予以确定。

实训目的

通过本项目的实训操作，培养、提高学生入库货位准备的能力。

实训内容

入库通知

今收到供应商发来的入库通知单，计划到货日期为明天上午10点，内容如下：

仓库单位面积技术定额为2吨/平方米，现有5米×4米仓库货位，堆存五金零件一批，已知该五金零件为木箱包装，箱尺寸：50厘米×20厘米×20厘米，每箱重30千克。

采用平台垛进行堆垛，计算该货位能堆放多少箱。

实训资源

笔，纸。

实训组织

学生独立完成。

实训指导

步骤一：实训指导老师讲解的就地堆码的计算过程及要领，提出实训任务及要求。

步骤二：学生根据实训内容，完成任务。

步骤三：提交实训成果。

实训考核

实训内容满分为100分。

实训项目五　物品组托作业

项目介绍

组托就是为了提高托盘利用率和仓库空间利用率，并方便库内装卸搬运，以托盘为载体把单件商品成组化（单元化）的过程。

实训目的

通过本项目的实训操作，学生应具备托盘规格的准确识别能力，具备最大限度提高托盘利用率的能力，具备设计托盘码放方式的能力，具备合理的“7S”现场管理能力。

实训内容

请根据以下信息，完成货物组托任务：

（1）入库任务单（见表3-24）。

（2）货物属性（见表3-25）。

（3）货架及托盘信息如下：

重型货架（托盘货架）两排，每排4列2层，双货位，单货位承重≤450千克。单货位参考尺寸：第一层，长1 125×宽900×高990（毫米）；第二层，长1 125×宽900×高1 360（毫米），梁距不小于100毫米。

托盘为木质托盘，参考尺寸：长 1 200×宽 1 000×高 160（毫米）；托盘重量 15 千克/个。

表 3-24 入库任务单

入库任务单编号：R2020050101　　　　计划入库时间：到货当日

序号	商品名称	包装规格（毫米）（长×宽×高）	单价（元/箱）	重量（千克）	入库（箱）	限高（层）
1	统一绿茶	450×260×285	100	18	30	2
2	高露洁草本牙膏	310×240×180	100	10	29	2
3	娃哈哈桂圆莲子八宝粥	340×260×235	100	15	29	2
4	达利园法式小面包	385×300×180	100	8	27	3

供应商：武汉广源商贸有限公司

表 3-25 货物属性

序号	货品名称	货品类型
1	统一绿茶	A
2	高露洁草本牙膏	C
3	娃哈哈桂圆莲子八宝粥	B
4	达利园法式小面包	B

实训资源

电脑，笔，纸，场地，托盘，物品。

实训组织

学生两人为一组，完成组托图绘制及现场组托操作。

实训指导

步骤一：实训指导老师布置实训任务，讲解实训任务单，明确实训项目内容、流程、完成时间等。

步骤二：学生根据实训任务完成入库任务单中 4 种货物奇数层和偶数层的组托图绘制。

步骤三：根据绘制出来得到组托图进行货物实际组托操作。要求码放合理、整齐牢固、利用率高、余量留中。

实训考核

详见表 3-26。

表 3－26　组托实训考核评分表

序号	考评标准	分值	实际得分
1	组托图绘制正确	40	
2	各层码放科学、余量设置合理、托盘利用率最高	20	
3	层间压缝合理、整齐、牢固、美观	20	
4	作业时间（单位为分）	15	
5	场地管理（“7S”管理）	5	
总分		100	

项目四
在库作业管理

【知识结构图】

【内容提要】

货物验收入库后就进入货物的在库作业管理阶段。货物的在库作业管理具体包括对货物采用适当方式进行保管保养，以及实施盘点作业，并在日常作业中贯彻“7S”管理、库存控制管理。对在库货物科学而合理的管理，不仅能保证货物的安全与质量，以及库存准确，还能保证出入库作业的畅通，提高仓储绩效。

【学习目标】

※ 素质目标

1. 培养学生善专研、勤思考、吃苦耐劳的精神。
2. 培养学生坚持原则、严格遵守操作规范的意识。
3. 培养学生脚踏实地、关注细节的职业态度。
4. 培养学生系统思考问题能力以及现代供应链理念。

※ 知识目标

1. 了解库存货物的保管保养原则。
2. 熟知仓库企业“7S”管理具体要求。
3. 掌握盘点流程和具体方法。
4. 熟悉现代先进仓库控制工具。

※ 技能目标

1. 能选用适当的方法对库存商品实施有效的保养。
2. 能有效地执行“7S”管理要求。
3. 能开展盘点工作。
4. 能严格执行仓库安全管理措施。

任务一 货物的在库保管保养

学习情境

普罗格公司精心耕耘“大健康”领域，拥有众多重量级医药企业客户，其部分医药企业客户见图 4-1。作为特殊的商品，药品及医疗器械的运输、储存、包装都有严苛的要求。为了服务医药行业企业，对社会大众负责，明确责任，普罗格不仅会与相关药企签订详尽的合同，更会对药品实施严格保管保养措施。

图 4-1 普罗格公司部分药企客户

普罗格公司与药企签订的合同条款中针对商品保管就有如下规定：

(1) 关于仓库的租赁服务。乙方（普罗格）向甲方提供租赁仓库位于××经济技术开发区双龙大道，乙方保证乙方仓库及任何替代仓库为符合 GSP 要求的仓库。仓库内相关设施设备严格按照 GSP 要求执行并给甲方提供药品进出库相关设备。

(2) 关于入库搬运分类摆放服务中规定。乙方自收到甲方商品当日起 48 小时内未提出异议，视为乙方确认所送商品品种、批次、数量正确，外观完好，商品无破损污染。

此外，公司关于运输、包装、货损货差等保障药品安全的措施都十分完备。

学习情境分析：作为一家从事仓储、运输及配送综合服务能力极强的第三方物流公司，普罗格公司服务客户的商品涉及美妆、家居、日用百货、家用电器、图书、母婴商品、药品、3C 等多领域。刘盼心想：物流企业要保证各类商品的安全和质量真不容易。

知识链接

商品进入仓库直至出库前处于在库保管期间，由仓储企业承担在库作业和质量管理，仓库必须按照保管合同要求，对商品采取有效的措施，保障商品的质量，实际上就是要开展商品的保管保养工作。

一、商品保管保养概述

（一）商品保管保养的任务

商品经过验收入库，在出库之前处于保管阶段。对在库商品实施保管保养是仓库的主要职能之一。商品保管保养包含两个方面的内容：一是根据各种商品不同的性能特点，结合具体条件，将商品存放在合理的场所和位置，为在库商品提供适宜的保管环境；二是对商品进行必要的保养和维护，为在库商品创造良好的保管条件。二者是相互联系、相互依赖、不可分割的有机体，其主要目的都是保持仓库商品的原有使用价值，最大限度减少商品损耗。

总体而言，商品保管保养的任务，主要是根据商品的性能和特点，提供适宜的保管环境和保管条件，保证库存商品数量正确，质量完好，并充分利用现有仓储设施，为经济合理地组织物资供应打下良好的基础。

1. 制定储存规划

商品储存规划是指在现有各类仓储设施条件下，根据储存任务，对不同种类的商品的储存做出全面规划，如保管场所的选择、保管场所的布置、保管方式与保管许可、物资的堆码苫垫等。

2. 提供适宜的保管环境

不同种类的商品要用不同的保管环境与保管条件，保管保养的任务之一就是采取相应的、行之有效的措施和方法，如仓库温湿度控制、金属防锈、防虫、防霉等，为商品提供适宜的保管环境和条件，并防止各种有害因素的影响。

3. 提供仓库物资的信息

仓库管理的任务或功能之一是提供物资信息，各类物资库存量情况和质量情况是通过物资的保管获得的。物资保管人员在负责实物保管的同时，还负责各类信息管理，包括料账、料卡及各种单据、报表、技术证件等的填写、整理、传递、保存、分析与运用。

（二）商品保管保养的原则

商品保管保养的原则包括质量第一原则、科学合理原则、效率原则以及预防为主原则等。

1. 质量第一原则

商品保管保养的根本目的是保持商品原有使用价值。因此，必须把保证库存商品数量正确、质量完好放在首位，一切方法、措施都要以这一根本目的为前提。

2. 科学合理原则

保管工作绝不仅是“收收发发，爬上爬下”的工作，它需要科学。对商品储存要进行合理的规划，对商品养护要采取先进的技术与养护方法，还要做到因库制宜、因物而异，以达到科学合理。

3. 效率原则

效率原则要求在保证库存商品的使用价值不变的前提下，有效利用现有仓储设施，提高仓库利用率和设备利用率，减少保管费用，降低供应成本。

4. 预防为主原则

为了避免或减少商品在保管中质量下降和数量损耗，应积极采取预防措施，按制度办事、按标准办事，不留隐患，防止质量事故的发生。

二、库存商品变化及因素

（一）商品特性分类

详见表 4－1。

表 4－1　商品特性分类

序号	商品特性	商品代表
1	易吸潮物品	茶叶、香烟、糖、香菇
2	易吸味物品	茶叶、香烟、大米
3	易吸尘物品	纤维、食品
4	受热易变形物品	石蜡、松花、橡胶
5	易锈蚀物品	钢材、金属罐头
6	易碎物品	瓷器、陶器、玻璃、显示器
7	易扬尘物品	矿粉、炭黑、水泥、面粉
8	自行发热物品	油脂、棉花、煤炭

（二）库存商品变化表现形式

库存商品每一瞬间都发生着变化，这一变化在由量变进入质变前，并不为人们所察觉。物质变化的形式主要有物理变化、化学变化和生态变化。物理变化是指只改变商品本身的外部形态而不生成新的物质，并可以反复进行的变化。商品发生物理变化后会造成数量的损失和质量的下降。化学变化是指不仅改变商品的外部形态，而且改变商品的物质性质，即生成新的物质的变化。生态变化是指商品在生物、微生物的作用下所发生的形态上的变化，生态变化不影响商品的数量，但对质量构成严重威胁。以上几种形式的变化都使得商品质量下降，下面介绍几种常见的商品在保管过程中发生变化的形式：

1. 挥发

挥发是指液态物质在空气中汽化而变成气体散发到空气中的现象。易于挥发的液体大都是易燃液体，挥发速度最快的是乙醚，其次是丙、酮、苯、汽油、乙醇、丁醇等。同一种液体的挥发主要与温度的高低、液面的大小、液面上压力的大小、液体或空气流动的快慢等有关。温度越高、液面越大、液面上的压力越小、液体或空气流动的速度越快，液体挥发的速度也就越快；反之，挥发的速度就越慢。

2. 溶化

溶化是指某些固体物质吸收空气中的水分达到一定程度时，溶化成液体的现象。固体物质的溶化是由于其本身具有吸湿性和水溶性。固体的吸湿性是指其吸着水分的性质；固体的水溶性是指固体吸收水分后，逐渐溶解在所吸收的水分中而成为液体的性质。吸湿性与水溶性是固体物质融化的充分必要条件。只有吸湿性而无水溶性的固体物质不会溶化。例如：火碱既具有很强的吸湿性，又具有很强的水溶性，所以当火碱（固体）吸收水分后，会逐渐溶解在所吸收的水分中而成为液体；水泥、电石、硅胶等也都有较强的吸湿性，但它们不具有水溶性，所以它们虽然也吸收水分，但是并不会溶化。固体溶化后，会随着蒸发逐渐失去水分，最后仍还原为固体物质，其性质不变。固体溶化的速度主要与空气的湿度、温度、固体的表面积等有关。湿度越大、温度越高、固体的表面积越大，固体溶化的速度就越快；反之，溶化的速度就越慢。

3. 熔化

熔化是指某些固体物质受热变软以致变成液体的现象。固体的熔化主要受到温度的影响。固体物质从周围空气中吸收并积蓄热量，当达到一定程度时，即当达到固体的熔点温度时，就开始熔化、变软或成为液体。因此，固体熔化的速度主要与周围空气的温度和本身的熔点有关。气温越高，固体的熔点越低，越容易熔化。在库存商品中，容易熔化的固体物质主要有各种润滑脂、石蜡、沥青以及沥青制品等。在高温下，这些固体就会熔化或软化，造成流失，不仅严重影响其数量与质量，还会浸入包装，玷污其他物品。

4. 干燥

干燥实质是由于周围空气温湿度的变化，使固体物质中的水分散失，含水量减少，本身重量减轻的现象。具有吸湿性而无水溶性的某些物体（如木材、竹材、皮革、纤维材料等），当其本身比较干燥，而周围环境的湿度比较大时，就会吸收空气中的水分，使本身的含水量增加；当其本身含水量较高，而周围环境的湿度较小时，就会向空气中散发水分，使本身达到干燥。物体吸收水分和散失水分时，则表现为干燥。当物体中所含水分与空气湿度达到平衡时，物体中的水分就不再散失。物体干燥的速度和程度，主要取决于物体本身的含水量和空气湿度。物体本身含水量越高、周围空气湿度越小，干燥的速度就越快，干燥的程度就越高；反之，干燥的速度就越慢，干燥的程度就越低。一般情况下，物体干燥对保管是有利的，但对某些物资来说，过分干燥也有不利的影响。

5. 变形

某些固体材料受外力的作用或本身产生的内应力，会使其形状发生变化，降低其使用价值，如木材、竹材及其制品。由于木材的各个部位或表重干燥的不均匀性，会产生内应力，导致其弯曲、翘曲、开裂等。金属材料及其制品，当受到外力的作用时，也会改变原来的形状，发生弯曲、翘曲、扭转等。

6. 氧化

某些物质与空气中的氧接触，所发生的与氧结合的化学变化，叫作氧化。

7. 老化

老化是指高分子材料在加工、储藏和使用的过程中，由于内外因素的综合影响而失去原有的优良性能，以致最后丧失使用价值的变化过程。例如：农用塑料薄膜变色、强度下降甚至脆化等。

8. 风化

风化是指含有结晶水的化合物在一定条件下失去结晶水而改变原来的形状的现象。

（三）库存商品变化影响因素

在仓库存储期间，商品表面上处于静止状态，但商品内部在不断发生变化，而这些变化一般都会影响商品质量。商品发生变化是多种因素综合作用的结果。商品本身的特性，主要是理化特性，是商品变化的内因，这是无法改变的，而这个内因只有在具备一定外因条件下才起作用，这是能够加以控制的。只有了解和掌握库存商品发生变化的因素，才能针对各类商品的特性，进行科学的保管，以达到防止、延缓或减少库存商品变化，减少或避免商品损失和损耗的目的。

仓库物资的维护保养工作就是从外界因素的影响出发，在掌握商品质量变化的客观规律的基础上，通过改变或控制外界环境达到目的。

1. 影响商品变化的内在因素

商品自身的特性是商品发生变化的内因，主要包括商品的化学成分、物理形态、理化性质、机械以及工艺性质等。

不同商品具有不同的化学成分，不同的化学成分及其含量的不同，既能够影响商品的基本性质，又能够影响商品抵抗外界侵蚀的能力。例如：普通碳素钢在潮湿的环境中容易生锈；高分子材料容易发霉等。

物理形态分为固态、液态、气态。不同的形态具有不同的特性，要求相应的保管条件。商品的三种状态在一定的条件下可以相互转化，对于库存商品来说，这是应当避免的。

理化性质是由商品的化学成分和组织结构决定的。物理性质主要是指商品的吸湿性、挥发性、水溶性、导热性、耐热性等；化学性质主要是指商品的化学稳定性、燃烧性、爆炸性、腐蚀性、毒害性等。商品的理化性质是指使其发生变化的最主要的内在因素。不同的商品具有不同的理化性质，必须根据商品的不同理化性质采取相应的保管措施和技术。

商品的机械以及工艺性质，是指商品的弹性、可塑性、韧性、脆性、强度、硬度等。商品的工艺性质是指商品的加工程度（如毛坯、半毛坯、成品等）和加工精度（如光洁度、垂直度、水平度等）。一般而言，强度高、韧性好、加工精密的产品不易发生变化；反之，则较容易发生变化。

2. 影响商品变化的自然因素

各种自然因素是影响商品变化的外因，包括温度、湿度、大气、日光、生物和微生物等。

（1）温度对库存商品的影响。一定的温度是商品发生物理、化学、生态变化的必要条件，温度过高、过低或剧烈变化，会对某些商品产生不利影响。易燃品、自燃品和爆炸品，如汽油、黄磷、烈性炸药等，温度过高容易引起燃烧、爆炸。

（2）湿度对库存商品的影响。大气的干湿程度取决于大气中的水分含量的多少。湿度对库存商品的影响最大。如电石、水泥、石棉粉、炸药、焊接材料等，在潮湿的环境中易于变质失效；木材以及木制品，受潮后容易发霉、腐朽、强度降低。

（3）大气对库存商品的影响。大气由干洁空气、水汽和固体杂质三种成分组成。干洁空气是指由氮气、氧气、二氧化碳以及其他气体所组成的混合气体。虽然其中氮气所占的比重最大，但由于氮气属于惰性气体，因此对于库存商品不产生影响。氧气会对商品产生不良影响，如加速金属锈蚀、加速仓库虫害以及霉菌的繁殖、促使带有还原剂的化工产品氧化变质、使某些油脂氧化、促使高分子材料老化、促成燃烧爆炸等。二氧化碳遇水能产生碳酸，对商品有一定的腐蚀性。

大气中的固体杂质，主要是灰尘、烟尘和其他粉尘，是一些微小的固体颗粒，带有电荷。当固体杂质与带有异性电荷的物质接触时，会产生静电吸附，影响商品表面的光泽和清洁度。精密仪器仪表落上灰尘，会影响可动部件的机械性能，使用时增加机械磨耗，降低灵敏度，缩短使用寿命。绝缘材料落上灰尘，会增加吸湿性，降低绝缘性能。化工原料落入灰尘，会影响其纯度和性能。金属材料以及制品落上灰尘，会增加其吸湿性，加速锈蚀，特别是烟尘危害更大。尘土杂物存在库房内，会加速微生物的繁殖，危害商品。

（4）日光对库存商品的影响。日光是太阳辐射的电磁波，根据其波长一般可分为三个光区，即紫外线、可见光和红外线。其中，紫外线波长最短，能量最大，具有杀菌消毒作用；红外线能量较弱，但它被照射物吸收后可转变为热能，会对怕高温的材料产生不利的影响。

适度的日光对于库存商品有时是有利的，如可以利用其热力蒸发库内和商品内多余的水分。但是当紫外线长久直射橡胶及其制品，则会发生老化龟裂现象，破坏其分子结构，使其丧失使用价值。日光是高分子材料老化的最主要的因素，它能够促使许多高分子化合物的分子链裂解；着色纤维制品、纸张以及纸制品，经日照会发脆褪色；润滑油脂、油漆等在日光照射下易于分解；竹材及其制品在日光曝晒下容易变形开裂；某些化学药品和感光胶片感光纸等，见光后会失效，丧失使用价值。

（5）生物和微生物对库存商品的影响。这里所说的生物主要是指仓库害虫，如白蚁、老鼠等，其中以虫蛀鼠咬危害最大。各种有机商品，如纤维及其制品、皮草及其制品等，都容易受到虫鼠的破坏。虫鼠不仅损害商品本身，包装物、料架供电线路、电器产品的绝缘材料等也均有遭受虫鼠袭击的可能。

影响库存商品的微生物主要是霉菌和木腐菌。霉菌会使很多有机物（如纤维制品、橡胶塑料制品、皮革制品等）发霉，直接影响商品质量；木腐菌会使木材和木制品腐朽，降低其强度，影响使用。

3. 影响商品变化的储存时间和社会因素

储存时间对任何商品都具有一定的影响，只是程度不同而已。一般而言，储存时间越长，其影响就会越大，商品受到上述自然因素的影响也就越多。有些商品长时间储存，会变质损坏，以致完全失去使用价值。

社会因素是一个包括国家宏观经济政策、国民经济情况、生产力布局、交通运输条件、经济管理体制、企业管理水平、仓库设施条件与管理水平等的广义概念。社会因素对商品库存量和库存的时间都会构成影响，从而影响商品的变化。例如：国民经济紧缩时期，企业库存增加，商品在库时间相对延长，就会增加商品变化的可能性；企业或仓库管理水平低下，可能造成某些商品经常超储；由于计划不周，引起库存商品品种、规格、结构有误，同样会延长库存时间。

三、库存商品保管保养措施

（一）实施货物分区分类管理

1. 按货物种类和属性分区分类储存

这是当前仓库普遍采用的方法，按货物的理化属性和生物属性，把怕热、怕潮、怕冻、怕光、怕风等不同性质的货物分别归类，集中起来安排适当的储存场所分区存放。例如：药品与非药品、内用药与外用药、处方药与非处方药应分开存放；易串味的药品、中药材、中药饮品以及危险品等应与其他药品分开存放；麻醉药品、一类精神药品、医疗用毒性药品、放射性药品应当专库或专柜存放；隔离储存危险品；专用仓库储存使用糖、肥皂、卷烟等。图 4－2 是某药品仓库平面示意图，图中仓库一楼库区就是按药品特性分区分类储存布局的。

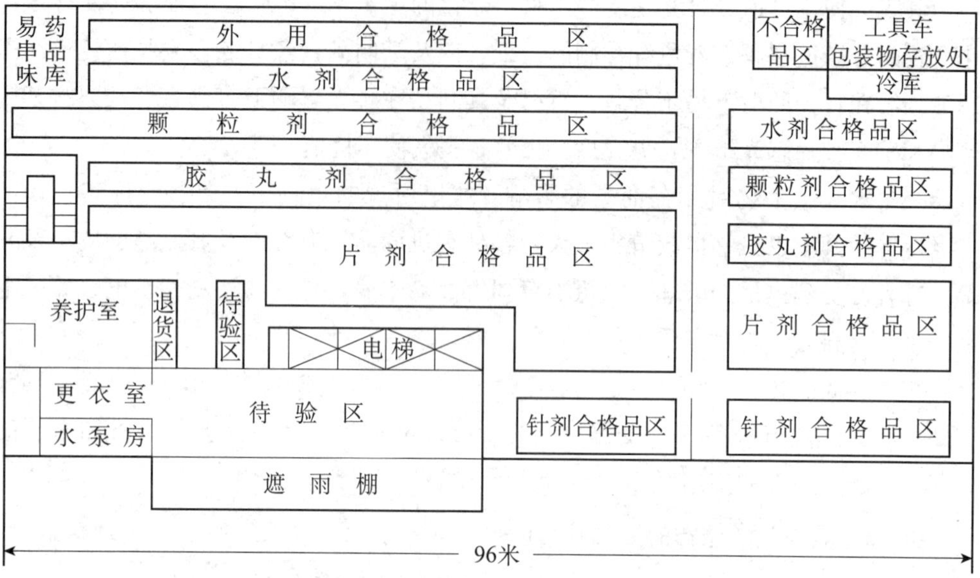

图 4－2　某药品仓库平面示意图

2. 按货物发运地区分区分类储存

这种方法主要适用于货物存放时间短的中转仓库或口岸仓库。先按不同运输方式划分，如铁路、公路、水路等，再按货物运送的不同路线划分，然后按货物发往的不同地点划分。需要注意的是，相互影响的货物以及运价悬殊的货物要分别堆放。

3. 按货物的危险性分区分类储存

这种方法主要适用于化学危险品仓库，储存时可根据危险品易燃、易爆、有毒的性质以及不同的灭火方法来分区分类储存。

4. 按方便作业和安全作业分区分类储存

这种方法主要是指出入库频繁的货物，要安排在靠近库门的储位；笨重的、体积较大的货物，不宜放在仓库深处的储位；易碎货物应避免与笨重货物存放在一起，以免在搬动时影响易碎货物的安全。

5. 按不同货主的储存货物分区分类储存

这种方法通常是综合性仓库采用的方法，目的是与货主对口衔接，防止不同货主的货物混淆，便于联系、核对。在具体存放时，还应按货物性能划分为若干货区，以保证货物储存安全。

在对货物进行分区分类管理时，要正确处理货区集中与分散的管理，在分类时，力求粗细适度。货区是集中好还是分散好，实际上各有利弊，具体采用哪一种形式，应从仓储业务和货物运输的需要等方面进行考虑。若储存货物的分类过细，给每种货物都留出货位，则往往会因货位堆不满而浪费仓容，或因某种货物数量的增加导致原留货位存不下，进而出现“见空就塞”的弊病，结果等于没有分类；若储存货物的分类过粗，则容易使一个货区内混存多种货物，进而造成管理上的混乱。因此，仓储管理部门对储存货物的分类处理，既不能过细，也不可过粗，要粗细适度。

（二）实施温、湿度控制与调节

影响库内货物质量发生变化的环境因素很多，其中最主要的是空气温度和湿度。为了货物在保管中的质量安全，空气温、湿度条件应与之要求相适应，干燥是多数货物安全储存的重要条件之一。大多数霉变微生物属于中温性、中湿性，最适合生长的条件是温度为25℃～37℃、相对湿度在75%以上。库房的温度主要影响酶的活性。在25℃～28℃时，霉菌体内酶的活性最强，代谢便随之加速，生长繁殖旺盛，如棉毛丝制品、木材、皮革和食品等物品在上述温、湿度环境中就会霉变、腐朽。温、湿度对害虫的生长也有极大的影响，70%～90%的相对湿度是多数害虫生存与繁殖的最适宜湿度。具有吸湿性的物品在湿度较大的环境中会结块。绝大多数金属制品、仪表在相对湿度达到或超过80%时，锈蚀速度会加快。但是某些物品的储存环境却要求保持一定的湿度，如木器、竹器及藤制品等在相对湿度低于50%的环境中会因失水而变形、开裂，但相对湿度大于80%时又容易霉变。在实际养护中，要想掌握物品的安全温、湿度，就要综合考虑货物及其包装等各方面的因素。对不适合货物储存的温、湿度，要及时进行控制和调节。控制和调节仓库温、湿度的常用方法有密封、通风、除湿等。普罗格公司明确规定，医疗器械、保健食品、彩妆、胶囊、巧克力、葡萄酒以及其他外包装存储条件明确注明温层为5℃～25℃的商品，应进行温、湿度监控，图4－3为仓库温、湿度监控。表4－2为部分商品温、湿度保管条件。

图4－3　普罗格公司仓库温、湿度监控

表 4-2 部分商品温、湿度保管条件

种类	温度	相对湿度
金属及其制品	5℃～30℃	≤75%
塑料制品	5℃～30℃	50%～70%
仪表、电器	10℃～30℃	70%
轴承、钢珠	5℃～35℃	60%
汽油、煤油	≤30℃	≤75%
工具	10℃～25℃	50%～60%
树脂、油漆	0℃～30℃	≤75%

（三）仓库虫害防治

仓库虫害以危害粮食、油料、饲料为最严重，比较严重的还有畜产品，水产品，中药材，烟叶，竹木制品，皮革制品，毛、丝、麻、棉织品及其制品，纸张及其制品，甚至还能危害化纤织品以及塑料制品。储运部门每年要为防虫治虫花费巨大的人力、物力。根据统计，常见的仓库害虫有 60 多种，其中衣蛾类、谷蛾类食性复杂，危害范围很广泛。还有一些虫害虽然食性比较单一，但繁殖能力很强，造成的危害也很大。具体而言，仓库虫害的防治工作有以下两个方面：

1. 杜绝仓库虫害来源

（1）保持环境卫生。虫害的防治工作主要应杜绝虫源，并杜绝害虫生长繁殖的环境。因此，保持库内外环境卫生是一项重要工作，要特别注意害虫喜藏匿和过冬之处，定期做好消毒工作。

（2）对入库货物进行虫害检查和处理。对储存易生虫货物的库房，在害虫繁殖期到来之前可使用磷化铝、溴甲烷、硫酰氟等进行一次熏蒸，或在库内墙角、走道、垛底、苫垫货物等喷洒杀虫药剂。卫生清洁和消毒工作制度化且定期进行，可以有效地防止虫害的发生。

2. 采取药物和物理机械防治

（1）化学杀虫法。化学杀虫法是指利用化学药剂防止虫害的发生。在实施时，应考虑害虫、药剂和环境三者间的关系。例如：针对害虫的生活习性，选择其抵抗力最弱的虫期施药。药剂应低毒、高效且对环境无污染，在环境温度较高时施药，可获得满意的杀虫效果。按作用于害虫的方式，化学杀虫主要有熏蒸杀虫、触杀杀虫和胃毒杀虫三种。

（2）物理杀虫法。物理杀虫法是指利用各种物理因素（如热、光、射线等），破坏害虫生理活动和机体结构，使其不能生存或繁殖。物理杀虫法主要有高、低温杀虫法，射线杀虫与射线不育法，微波与远红外线杀虫法，以及充氮降氧（气调）杀虫法等。图 4-4 为普罗格仓库防鼠设施。

图 4-4 普罗格仓库防鼠设施

(四) 货物霉腐防治

1. 霉腐的原因

货物霉腐是指货物在某些微生物的作用下，出现发霉、腐烂和腐败发臭等质量变化的现象，是仓储货物的主要质量变化形式。霉腐的产生有三个必要条件，缺一不可：一是货物受到霉腐微生物污染；二是货物中含有可供霉腐微生物利用的营养成分（如有机物构成的货物）；三是货物处在适合霉腐微生物生长繁殖的环境条件下。多数霉菌是中湿性的，最佳生长温度为 20℃～30℃，属好氧性微生物，宜在酸性环境中生长。光对霉菌的影响也很大，霉菌在日光下暴露数小时，大多会死亡。常见的易霉腐的货物有：含纤维素较多的货物，如棉麻织品、纸张及其制品、部分橡胶、塑料和化纤制品等；含蛋白质较多的非食品货物，如丝毛织品、毛皮及皮革制品等；含蛋白质较多的食品货物，如肉、鱼蛋及乳制品等；含多种有机物的货物，如水果、蔬菜、干果干菜、卷烟、茶叶、罐头以及含糖较多的食品等。

货物霉变的实质是霉菌在货物上吸取营养物质与排泄，不但会导致货物发脆或强度下降，还会产生霉斑、霉味及毒素。货物霉变会使货物的使用价值受到不同程度的影响，因此，防霉变是货物养护工作的重要内容之一。

2. 防止霉腐的方法

导致货物霉变的原因主要包括水分和空气的温、湿度过高，以及日光照射时间不长等。货物的霉变对货物质量的影响较大，因此，对于容易霉变的货物要加强霉变防治工作，以保证所储货物的质量。主要的防止霉腐的方法有以下几种：

(1) 常规防霉腐。常规防霉腐就是采取常用的方法，消除适合霉菌滋生发育的条件，将库内温、湿度控制在一定的标准以内，以达到防霉腐的目的。通常采用的措施有：

1）每批货物入库时，都应严格验收。首先要认真检查货物是否已经出现霉变现象，其次要检查货物含水量是否过高，包装有无破损或受潮现象。对已经开始生霉和含水量较高或包装受潮的货物，应暂时另行存放，并及时采取拆件及通风晾晒等措施进行处理。

2）选择合理的储存场所。容易生霉的货物应选择干燥密封条件较好的库房进行存放。在码垛时应采取隔潮措施，以避免地潮对货物的直接影响。梅雨季节应码通风垛，使货物表面不断接触流动的空气，抑制霉菌的生长。

3）坚持在库检查。对储存中的易霉货物，应建立并严格地执行在库检查制度。要随时观察并及时发现货物霉变的迹象，以免造成货物的严重损失。在检查站中，应根据库房结构与建筑条件，着重检查潮湿、高温的部位，其他部位可以抽查对比。

4）加强仓库的温、湿度管理。做好仓库温、湿度管理，是对生霉的外因进行限制的手段。当微生物得不到生长发育的必要条件时，货物就不会霉变了。在梅雨季节，普通库房的防霉腐工作主要是控制库内的相对湿度。如果把库内相对湿度控制在75%以下，多数货物可以安全储存。

(2) 化学药剂防霉腐。防霉腐最主要的方法是使用防霉剂。其基本原理是使微生物菌体蛋白凝固、沉淀、变性，或者破坏酶系统使酶失去活性，从而影响细胞呼吸和代谢或改变细胞膜的通透性，进而使细胞破裂、解体。防霉剂的使用方法主要有：

1）添加法。即将一定比例的防腐剂溶液直接加入材料或制品，如食品、化妆品等。

2）浸渍法。即将制品在一定温度和一定浓度的防霉剂溶液中浸渍一定时间后晾干。

3）涂抹法。即将一定浓度的防霉剂溶液用刷子等工具涂抹在制品表面。

4）喷雾法。即将一定浓度的防霉剂溶液用喷雾器均匀地喷洒在材料或制品表面。

5）熏蒸法。即将挥发性防霉剂（如硝基苯甲醛、环氧乙烷的粉末或片剂）置于密封包装内，通过防腐剂的挥发防止货物霉变。

(3) 气调防霉腐。气调防霉腐是生态防霉腐的形式之一。霉腐微生物与生物性货物的呼吸代谢都离不开空气、水分、温度这三个因素。只要有效地控制其中一个因素，就能达到防止货物发生霉腐的目的。气调防霉腐是指在密封条件下，通过改变空气组成成分，如增加二氧化碳或氮气的含量，以降低氧气的浓度造成低氧环境，来抑制霉腐微生物的生命活动与生物性货物的呼吸强度，从而达到防霉腐的效果。气调防霉腐的方法如下：

1）密封。通过密封降氧是利用生物性货物自身的呼吸作用，或货物上霉腐微生物的呼吸作用，逐渐消耗密封垛内的氧气，增加二氧化碳的浓度，从而达到自然降氧的目的。自然降氧的方法简便，只需密封塑料帐罩而无需其他降氧设备，主要用于水果、蔬菜的防霉腐保鲜。

2）降氧。通过调节空气中氧气的浓度，人为地造成一个低氧环境，霉腐微生物的生长繁殖及生物性货物的呼吸也会受到抑制。目前采用的人工降氧方法分为机械降氧和化学降氧。其中，机械降氧又可分为真空充氮法、充二氧化碳法和分子筛降氧法；而化学降氧主要是使用除氧封存剂。

货物在低氧储存中要加强管理，应定时测量密封垛中的气体成分，并测温、测湿、测水分，同时要观察货物变化的情况，发现问题应采取相应的措施及时处理。

（4）低温冷藏防霉腐。控制和调节仓库内及货物本身的温度，使其低于霉腐微生物生长繁殖的临界点，可抑制酶的活性。这个方法一方面抑制生物性货物的呼吸、氧化过程，使其自身分解受阻；另一方面抑制霉腐微生物的代谢与生长繁殖，达到防霉腐的目的。低温冷藏防霉腐所需的温度与时间应以具体货物而定，一般温度越低，持续时间越长，霉腐微生物的死亡率越高。冷藏适合含水分大、不耐冰冻的易腐货物，短时间地在0℃左右冷却储藏蔬菜、水果、鲜蛋、乳品、鲜肉等，可防腐保鲜。低温冷藏既可以用自然冰或人造冰，也可以在专用仓库中安装制冷设备，建立冷库。

（5）其他方法。除以上方法外，还可以利用紫外线、微波、红外线、辐射等方法防霉腐。

四、部分货物保管的注意事项

（一）危险货物保管的注意事项

危险货物是指在流通中，由于货物本身具有燃烧、爆炸、腐蚀、毒害及放射线等性能，或者因摩擦、振动、撞击、暴晒以及温、湿度等外界因素的影响，能够发生燃烧、爆炸或使人畜中毒、表皮灼伤，造成财产损失，甚至危及生命的货物，主要包括化工原料、化学制剂及部分医药、农业杀虫剂、杀菌剂等。各类危险货物都具有各自的特性，因而对于各类危险货物的保管也具有特定的要求和措施。常用危险货物标志见图4-5。

对于危险货物的保管，应根据其各自不同的理化性质，做好以下几个方面的工作：

1. 严格入库验收

要仔细核对规格、数量是否与入库证件相符，检查包装是否符合安全要求，检查防护措施，杜绝安全隐患。

2. 采取有效存储措施

各类危险化学品应分区分类存放，危险化学品的储存方式有三种：

图 4-5 常用危险货物标志

（1）隔离储存。指在同一房间或同一区域内，不同的物料之间分开一定的距离，非禁忌物料间用通道保持空间的储存方式。

（2）隔开储存。指在同一建筑或同一区域内，用隔板或墙，将其与禁忌物料分离开的储存方式。

（3）分离储存。指在不同的建筑物或远离所有建筑的外部区域内的储存方式。

3. 保管与养护

存储危险货物的库房条件必须符合相关要求。要加强仓库的温、湿度管理和调节。库内要放置干湿球温度计，定期观测记录，随时调节，防止货物发生变化。同时，要逐步摸清和掌握在不同温、湿度情况下库内货物变化的情况和规律，采取整库密封、货垛密封与自然通风相结合的方法，对库房的温、湿度进行控制。在储存期内，定期检查，如果发现货物品质变化、包装破损、渗漏、稳定剂短缺等，应及时报告处理。

4. 合理搬运

在装卸、搬运的过程中，必须严格遵守安全操作规程，要专车运输、专人押运。不允许与其他货物混装，更不允许与性质相抵触的货物混运。操作时轻拿轻放，防止摔碰、撞击、摩擦，不可用易发生火花的工具作业。

5. 消防措施

严格遵守安全消防管理制度，根据不同的危险化学品配备适宜的消防器材和用具。

（二）家电类货物保管的注意事项

（1）按品种规格、体积、重量等特征确定堆码方式及区位，要堆放整齐、平稳。

（2）分类清楚，储物空间分区及编号要标识醒目、朝外，便于盘存和领取。

（3）地面负荷不得过大、超限，通道不得乱堆放物品。

（4）保持适当的温度、湿度、通风、照明等条件。

（三）食品类货物保管的注意事项

（1）食品入库前必须做好检查和验收工作，发霉、变质、腐败、不洁的食品和原料，不准入库。

（2）食品入库后，原料应分类存放，主粮食物不得靠墙或直接放在地面上，以防止潮湿、发霉、变质，做到勤购、勤卖，避免存放时间过长，降低食品质量。

（3）食品在仓库存放期间，要经常到仓检查。如果发现变质、腐败等情况，应及时报告领导，以便及时处理。不合格食品不得出库。

（4）仓库内要保持清洁、卫生、空气流通，以防潮、防火、防虫蛀。仓库内严禁吸烟。

（5）仓库内货物存放要整齐划一，做到无鼠、无蝇、无虫、无灰尘。

（6）加强入库人员管理。非仓库管理人员未经许可不得进入仓库。

（四）冷冻食品类货物保管的注意事项

（1）物料或成品要严格根据储藏的温度要求分别存入相应的高温冷藏库（0℃以上）和低温冷冻库（0℃以下）内，区别存放，分开管理。

（2）物料或成品入库后，必须按照相应区域分开堆放、分类管理。

（3）特殊物料或待处理成品进入冻库后要做好特别标识，隔离存放与管理。

（4）物料及成品堆放离墙不小于45厘米，距地面高度不小于20厘米，高度不宜超过风机出风口，防止阻碍冷气流动。

（5）冷库要保持整洁、卫生，做到无积水、无结冰、无霉斑，坚持每日小扫，高温冷藏库每周消毒一次、低温冷冻库每月消毒一次。

（6）冻库仓管员每小时巡查仓库一遍，并认真填写“冻库安全检查表”。

（7）库内严禁吸烟及随地吐痰，严禁闲杂人员进入库内，任何进入冷库的人员必须听从仓管员的统一指挥。

（8）当发现“温、湿度波动情况检查记录表”上记录的冷库温度超出规定范围时，或冷库温度在除霜时超出规定范围且 1.5 小时未能恢复正常时，仓管员必须及时通知工程组尽快调温或检修。

（五）纺织品类货物保管的注意事项

（1）入库前，必须进行质量检验，把好质量关，严格控制已发生雾变或超过安全水分含量的货物以及其他有变异的货物进入库内；或者经过相应处理后，再进行入库。

（2）清除适于霉菌滋长发育的条件，改变微生物的生态环境，将库内温、湿度控制在一定标准以下，适时做好防霉腐工作，以达到安全养护的目的。

（3）纺织品类货物，特别是化纤纺织品类货物，一般应存放在密封较好的仓库中，使货物养护安全化。堆码宜用行列式或围垛式，堆成丁字形或井字形通风垛，垛高不宜过高，以 12 个垛高为宜。

（六）药品类货物保管的注意事项

药品的保管

（1）指导保管人员对药品进行合理储存。

（2）检查在库药品的储存条件，配合保管人员进行仓间温、湿度等的管理。

（3）对库存药品进行定期质量检查，并做好检查记录。

（4）按中药材和中药饮片的特性，采取干燥、降氧、熏蒸等方法进行养护。

（5）对由于异常原因可能出现质量问题的药品和在库时间较长的中药材，应抽样送检。

（6）及时将检查中发现的问题通知质量管理机构以便复查处理。

（7）定期汇总、分析和上报养护检查、近效期或长时间储存的药品的质量信息。

（8）负责养护用仪器设备，温、湿度检测和监控仪器，仓库在用计量仪器及器具等的管理工作。

（9）建立药品养护档案。

内化与提升

在公司安排下，刘盼认真学习了普罗格公司的 11 项商品存储管理基本原则。她深刻体会到，要保障在库商品质量，就必须结合商品特性，采取有效的保管保养措施，按照合同要求和公司操作制度规范作业十分重要。

普罗格公司商品存储管理基本原则

1. 账实相符

上架时，商品上架至某一库位，商品数据也需上架至对应的系统库位，必须保证物理库位上的SKU信息和数量与系统库位上的SKU信息和数量完全一致。

2. 整洁原则

仓库现场保持通道畅通、货架干燥清洁、商品无尘；商品摆放整齐有序，摆放层数、箱数、次序、风格统一；上架、拣选、下架等作业产生的垃圾及时清理。

3. 良品原则

保证商品在库的安全性、包装的完整性、库位及数量的准确性。如果发现残损商品，应及时拣出并且做好相关的转残工作，保证可拣选货位所有商品都是可销售商品。

4. 分类分区存放原则

在库商品需分类分区存放；商品完成入库后，须按照贵品、恒温商品、危险商品、拆零、整箱等进行分类分区存放。

5. 操作便捷原则

拣货区商品在货架上的摆放要方便继续上架，也要方便拣货下架；所有商品标识、条码尽量朝上或面向通道，方便作业人员识别和扫描条码；合理拆箱，在拣选区货架上商品需拆至最小销售单元便于拣货。

6. 下重上轻原则

将重货、大货、刀具等商品放在低层货架，将轻货、小货等商品放在中高层货架，以降低搬运强度，避免商品损坏。

7. 易混商品分开存放原则

外观相似、同类商品、同品不同保质期批次的商品要间隔2个以上货位，避免混淆。

8. 防交叉污染原则

化妆品、化学品、宠物食品、普通食品、保健品等商品不能存储在同一托盘或者库位。

9. 安全原则

商品上架时需严格按照货架承重要求进行存储，严禁超重存储；商品存储时大不压小、重不压轻；商品存储时不能倒置，超板超高。

10. 合适原则

合适的商品存储在合适的货架、合适的库位；商品单SKU数量或体积大于0.5托盘容量或体积，应托盘码放；对于SKU深度比较浅的商品可考虑以一位多品的方式存储。

11. 五距原则

（1）顶距。商品与楼顶或者横梁的距离不能低于 50 厘米。

（2）灯距。商品与防爆灯头或其他灯具的距离不能低于 50 厘米。

（3）墙距。商品与建筑外墙的距离不能低于 50 厘米，与建筑内墙的距离不能低于 30 厘米。

（4）柱距。商品与仓库建筑立柱的距离不能低于 30 厘米。

（5）地距。商品与地面的距离不能低于 10 厘米。

任务二
盘点作业

学习情境

盘点是在库作业的重要内容。在普罗格公司，仓库每月例行盘点时间为 25 日至 30 日。刘盼在仓储经理指导下，学习了普罗格公司严格的盘点制度，了解了参与公司盘点的部门及其各自的分工。一旦确定盘点人选和时间节点后，应首先在公司 WMS 中得到待盘点商品的库存信息（包括待盘点商品名称、商品条码、商品类型、货主 ID 及名称、包装类型、库存状态、商品所处库区及货位、库存数量等），见图 4－6，然后生成盘点人员的盘点单，见图 4－7，即可按照公司的盘点 SOP，实施盘点任务。

外部商品ID	商品名称	商品条码	商品类型	货主ID	货主名称	包装类型	库存状态	库区	货位	总占用	库存
543782706506	5号成犬粮 鲜汁醇肉 10kg	6948276705158	销售商品	41627	家居-味它宠物食品专	拆零	良品	共用拣选暂	GY-JX-ZCW	1	1
543782706506	5号成犬粮 鲜汁醇肉 10kg	6948276705158	销售商品	41627	家居-味它宠物食品专	拆零	良品	一号库拣选	1H-06-01-11	0	18
543773525776	边境牧羊犬 成犬粮10kg	6948276705219	销售商品	41627	家居-味它宠物食品专	拆零	效期残	B1G残品库区	B1G-01-11-11	0	1
543773525776	边境牧羊犬 成犬粮10kg	6948276705219	销售商品	41627	家居-味它宠物食品专	拆零	良品	一号库拣选	1H-06-07-11	0	5
543782766557	优趣深海鳕鱼猫粮 1.5kg	6948276703284	销售商品	41627	家居-味它宠物食品专	拆零	良品	1号库高架备	1G-04-17-C	0	300
543782766557	优趣深海鳕鱼猫粮 1.5kg	6948276703284	销售商品	41627	家居-味它宠物食品专	拆零	良品	1号库高架备	1G-06-21-D	0	300
543782766557	优趣深海鳕鱼猫粮 1.5kg	6948276703284	销售商品	41627	家居-味它宠物食品专	拆零	良品	1号库高架备	1G-07-22-C	0	300
543782766557	优趣深海鳕鱼猫粮 1.5kg	6948276703284	销售商品	41627	家居-味它宠物食品专	拆零	良品	共用拣选暂	GY-JX-ZCW	17	17
543782766557	优趣深海鳕鱼猫粮 1.5kg	6948276703284	销售商品	41627	家居-味它宠物食品专	拆零	良品	1号库高架备	1G-06-10-C	0	300
543782766557	优趣深海鳕鱼猫粮 1.5kg	6948276703284	销售商品	41627	家居-味它宠物食品专	拆零	良品	一号库拣选	1H-06-11-11	28	469
543782766557	优趣深海鳕鱼猫粮 1.5kg	6948276703284	销售商品	41627	家居-味它宠物食品专	拆零	良品	1号库高架备	1G-07-42-C	0	300
543782766557	优趣深海鳕鱼猫粮 1.5kg	6948276703284	销售商品	41627	家居-味它宠物食品专	拆零	良品	1号库高架备	1G-06-23-C	0	300
543782766557	优趣深海鳕鱼猫粮 1.5kg	6948276703284	销售商品	41627	家居-味它宠物食品专	拆零	良品	1号库高架备	1G-03-29-E	0	300
543782766557	优趣深海鳕鱼猫粮 1.5kg	6948276703284	销售商品	41627	家居-味它宠物食品专	拆零	良品	1号库高架备	1G-06-42-D	0	300
543782766557	优趣深海鳕鱼猫粮 1.5kg	6948276703284	销售商品	41627	家居-味它宠物食品专	拆零	良品	1号库高架备	1G-07-19-C	0	300
543782766557	优趣深海鳕鱼猫粮 1.5kg	6948276703284	销售商品	41627	家居-味它宠物食品专	拆零	良品	1号库高架备	1G-02-53-C	0	300
543782766557	优趣深海鳕鱼猫粮 1.5kg	6948276703284	销售商品	41627	家居-味它宠物食品专	拆零	良品	1号库高架备	1G-03-38-C	0	300
543782766557	优趣深海鳕鱼猫粮 1.5kg	6948276703284	销售商品	41627	家居-味它宠物食品专	拆零	良品	1号库高架备	1G-02-39-D	0	300
543773981014	金毛成犬粮10kg	6948276705172	销售商品	41627	家居-味它宠物食品专	拆零	良品	一号库拣选	1H-06-03-12	0	19
543782954025	萨摩耶成犬粮10kg	6948276705196	销售商品	41627	家居-味它宠物食品专	拆零	良品	一号库拣选	1H-06-17-11	0	5
543782954025	萨摩耶成犬粮10kg	6948276705196	销售商品	41627	家居-味它宠物食品专	拆零	效期残	B1G残品库区	B1G-01-11-11	0	2
543750404215	优趣深海鳕鱼猫粮 10kg	6948276700030	销售商品	41627	家居-味它宠物食品专	拆零	良品	1号库高架备	1G-07-18-B	0	40

图 4－6　WMS 待盘点库存资料

华中普罗格家居仓盘点单					
盘点人：田蓝		盘点日期：2021.04.09			
商品条码	商品名称	库位	系统库存	实际盘点	差异
6971974120244	A60	1G-01-14-C	8	8	
6924964559128	兰博基尼滑板车1.0-蓝色S21745	1G-02-32-C	36	36	
6924964559142	兰博基尼滑板车1.0-橙色S21746	1G-02-34-B	38	38	
6924964559968	蒸汽足浴盆-青色S21800	1G-05-39-B	47	47	
6951521804285	伯纳天纯营养倍护中/大型犬成犬粮15kg	1G-05-43-C	21	21	
6970935332160	GPB1305(S)盒装开黑游戏移动电源(8747)30	1G-06-24-B	24	24	
6951521805756	伯纳天纯原始狩猎草原红肉犬粮12kg	1G-06-29-C	10	10	
6951521803295	伯纳天纯原始狩猎鸭肉&梨犬粮12kg	1G-07-06-C	50	50	
6922646104918	GN-806D 无线盒	1G-09-10-B	2	2	
6951521801390	伯纳天纯经典中/大型犬成犬粮15kg	1G-09-24-B	31	31	
6970031949057	GB1银色轨道插座(明装+5个银色适配器/405	1G-10-04-D	15	15	
6970031949040	GB1银色轨道插座(明装+4个银色适配器/405	1G-10-12-D	48	48	
6927603702770	MX-A11830-A白色圆形吸顶灯(6只/箱/全白	1G-10-44-B	34	34	
6950393406795	GD5Z223	1G-11-16-B	40	40	
6927603704514	MY-B2K4060C-AD双电机机械款浴霸(暖阳阳/	1G-13-25-B	11	11	
AA0000014	拜杰二刀电动面条机	1H-01-01-11	2	2	
AA0000015	拜杰三刀电动面条机	1H-01-01-11	1	1	

图 4-7　普罗格公司仓库盘点单式样

学习情境分析：盘点任务的完成，有赖于有效的盘点策略的制定，具体包括：选用适宜的盘点方法、确定待盘商品资料、落实盘点时间和参加人员、记录盘点结果并处理。

知识链接

由于仓库中的库存物始终处于进、存、出的动态中，在作业过程中产生的误差经过一段时间的积累会使库存资料反映的数据与实际数量不相符，有些货物则会因存放时间太长或保管不当发生质量变化。为了对库存货物的数量进行有效控制，并查清其在库中的质量状况，必须定期或不定期地对各储存场所进行清点、查核，这一过程称为盘点作业。

一、盘点作业的内容

（一）查数量

通过点数计数查明在库货物的实际数量，核对库存账面资料与实际库存数量是否一致。

（二）查质量

检查在库货物质量有无变化，是否超过有效期和保质期，有无长期积压等现象，必要时还要对其进行技术检验。

（三）查保管条件

检查保管条件是否与各种货物的保管要求相符。如堆码是否合理稳固，库内温度是否符合要求，各类计量器具是否准确等。

（四）查安全

检查各种安全措施和消防设备、器材是否符合安全要求，建筑物和设备是否处于安全状态。

二、盘点作业的基本方法

盘点作业一般分为账面盘点及实地盘点。目前，国内大多数配送中心都已使用计算机来处理库存账务，当账面数与实存数发生差异时，有时很难断定是账面数有误还是实盘数有误。因此，可以采取账面盘点和实地盘点并行的方法，以查清误差出现的实际原因。

（一）账面盘点

账面盘点又称永续盘点，就是把每天入库及出库货品的数量及单价，记录在计算机或账簿上，而后不断地累计加总算出账面上的库存量及库存金额，可以随时从计算机或账册上查悉货物的出入库信息及库存结余量。

（二）实地盘点

实地盘点又称现货盘点，就是实际清点仓库内的库存数，并根据货品单价计算出实际库存金额的方法。按盘点时间和频率的不同，实地盘点又可分为期末盘点和循环盘点。

1. 期末盘点

期末盘点是指在会计计算期末统一清点所有货物的方法。由于期末盘点是将所有货物一次清点完，因此工作量大、要求严格，通常采用分区、分组的方式进行，其目的是明确责任，防止重复盘点和漏盘。分区即将整个储存区域划分成若干责任区，不同的责任区由专门的小组负责清点、复核和监督。因此，一个小组通常至少需要三个人，第一个人负责清点数量并填写盘存表，第二个人负责复查数量并登记复查结果，第三个人负责核对前两次盘点数量是否一致，对不一致的结果进行检查。等所有盘点结束后，再与计算机或账簿上反映的账面数进行核对。

2. 循环盘点

循环盘点是指每天或每周清点一小部分货物，一个循环周期内将每种货物至少清点一次的方法。循环盘点通常适用于价值高或重要货物的盘点，检查的次数多，监督也更严密；而对价值低或不太重要的货物，盘点的次数可以少一些。循环盘点一次只对少量货物盘点，因而通常只需保管人员自行对照库存资料进行点数检查，若发现问题即按盘点程序进行复核，并查明原因，然后调整，也可采用专门的循环盘点单登记盘点情况。

三、盘点作业的程序

一般而言，盘点作业的基本步骤见图4-8。

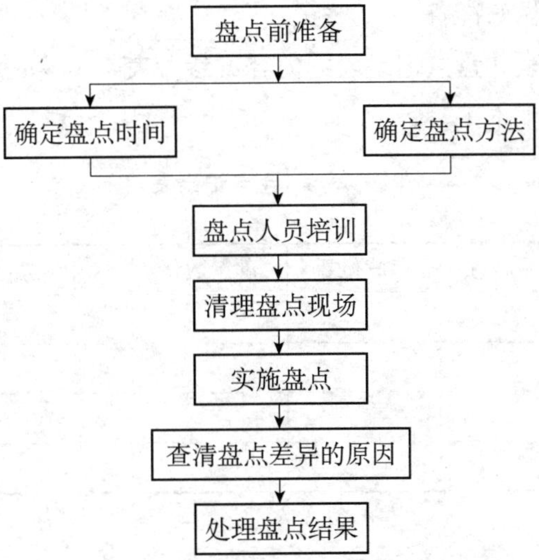

图4-8　盘点作业的基本步骤

1. 盘点前准备

一般而言，盘点作业的准备工作如下：

(1) 明确盘点的人员、具体方法和作业程序等事项。表4-3为普罗格公司的盘点人员安排表。

表4-3　盘点人员安排表

盘点时间：	注：盘点时间不允许请假
总指挥	
执行指挥	
盘存监督	
盘存实施	
分单组	
系统对账	
现场监督	

续表

<table>
<tr><th colspan="2">盘存区域</th><th>区域编号</th><th>巷道号</th><th>盘存人</th><th>复核人</th><th>区域负责人</th></tr>
<tr><td rowspan="6">拆零区</td><td rowspan="6">AI区（A01—A06）</td><td>1</td><td>A01</td><td></td><td rowspan="2"></td><td rowspan="6"></td></tr>
<tr><td>2</td><td>A02</td><td></td></tr>
<tr><td>3</td><td>A03</td><td></td><td rowspan="2"></td></tr>
<tr><td>4</td><td>A04</td><td></td></tr>
<tr><td>5</td><td>A05</td><td></td><td rowspan="2"></td></tr>
<tr><td>6</td><td>A06</td><td></td></tr>
</table>

（2）配合相关部门做好准备。

（3）打印盘点记录表，盘点记录表的内容可参考表 4－4 和表 4－5。

（4）准备盘点用的基本工具。

表 4－4 盘点记录表

编号：

序号	物品编号	物品名称	存放位置	盘点数量	复核数量	确认数量	备注

初盘人：　　　　　　　　　　复盘人：

表 4－5 普罗格公司某客户仓库盘点记录表

××仓库×月×日初盘表

初盘人：

序号	库存地点	仓位	物料编号	商品条件	物料名称	单位	生产日期	保质期	实盘数量	备注

2. 确定盘点时间

货物盘点频繁，存货和账目相符的可能性较大，但是因为每次实施盘点必须投入人力、物力、财力，这些成本耗资不菲，所以要选择适当的盘点频率。事实上，导致盘点误差的关键因素在于出入库的过程，可能是出入库作业单据输入错误，或是检查点数错误，或是出入库搬运造成损失等，一旦出入库作业次数增多，误差也会随之增加。因此，可以根据货物的特点、价值、流动速度、重要程度来分别确定盘点时间，盘点时间的间隔可以是每天、每周、每月乃至每年。对一般生产企业而言，因其货品流动速度不快，半年至一年实施一次盘点即可。但在物流中心货品流动速度较快的情况下，一方面，要防止过久盘点对公司造成的损失，另一方面，碍于可用资源的限制，最好能视配送中心各货品的性质确定不同的盘点时间。

3. 确定盘点方法

不同的现场对盘点的要求不同，盘点的方法也会有差异，为了尽可能快速而准确地完成盘点作业，必须根据实际需要确定盘点方法。

4. 盘点人员培训

为使盘点工作顺利进行，盘点时必须增派人员协助进行，并对增援人员有组织地施以短期训练，使每位参与盘点的人员充分发挥其作用。人员的培训分为两部分：第一，针对所有人员进行盘点方法的训练；第二，针对复盘与监盘人员进行认识货品的训练。

5. 清理盘点现场

盘点现场也就是仓库或配送中心的保管现场。盘点作业开始之前必须对其进行整理，以提高盘点作业的效率和盘点结果的准确性。清理作业主要包括以下几个方面的内容：

（1）在盘点前，对厂商客户交来的货物必须明确其所有数，如已验收完成则属本库在库物品，应及时整理归库；如尚未完成验收程序，则应同厂商划分清楚，避免混淆。

（2）储存场所在关闭前应通知各需求部门预领所需的货物。

（3）储存场所整理、整顿完成，以便计数盘点。

（4）预先鉴定呆料、废品、不良品，以便盘点。

（5）账卡、单据、资料均应整理后加以结清。

（6）储存场所的管理人员在盘点前应自行预盘。

6. 实施盘点

盘点时既可以人工抄表计数，也可以用电子盘点计数器。盘点工作不仅工作量大，而且非常烦琐，因此，除了加强盘点前的培训工作外，盘点作业时的指导与监督也非常重要。

7. 查清盘点差异的原因

在盘点结束后，若发现所得数据与账簿资料不符，则应追查差异的原因。查找原因的方向有：

（1）是否因记账员素质不高，致使货品数目有误。

（2）是否因料账管理制度的缺点，致使货品数目有误。

（3）是否因盘点制度的缺点，导致货账不符。

（4）盘点所得的数据与账簿资料的差异是否在允许误差内。

（5）盘点人员是否尽责，产生盈亏时应由谁负责。

（6）是否产生漏盘、重盘、错盘等情况。

（7）盘点的差异是否可事先预防，是否可以降低料账差异的程度。

确认原因后，可填写盘点差异明细分析表，见表 4－6。

表 4－6 普罗格某仓库盘点差异明细分析表

仓位	产品代码	产品名称	系统数量	盘点数量	差异	差异产生原因分析

8. 处理盘点结果

追查差异原因，应针对主要原因进行适当的调整与处理，至于呆废品、不良品减价的部分则需与盘亏一并处理。

货物除了盘点时产生数量的盈亏外，有些还会在价格上产生增减，这些变更在经主管审核后必须利用货品盘点盈亏及价目增减更正表修改。盘点盈亏报告表见表 4－7，普罗格仓库盘点差异分析总结报告表见表 4－8。

表 4－7 盘点盈亏报告表

品名	料品编号	规格	单位	账面数量	盘点数量	盘盈		盘亏		差异原因说明	拟处理对策及建议
						数量	金额	数量	金额		

表4-8　普罗格仓库盘点差异分析总结报告表

序号	盘点差异原因分析（管理存在的问题）	整理方案	整改时间	整改结果完成情况

四、普罗格公司仓库盘点管理制度规范文件

普罗格公司仓库盘点流程及规范

1. 目的

建立和规范库存盘点流程，确保各种盘点能够及时准确完成，并保证库存准确性。

2. 适用范围

华中、华东、华南、西南、华北各仓。

3. 定义

(1) 循环盘点。以季度为周期，每一个季度完成对所有商家的库存货位进行数量清点的方式。

(2) 商家到仓盘点。商家安排人员到仓内对其商品库存货位进行数量清点的方式。

(3) 库存调整盘点。对货位商品进行清点，并调整系统数据与实物数量一致的盘点方式。

4. 职责

● 质量部

(1) 负责对已盘点货位进行抽查，并对抽查结果如实反馈。

(2) 负责对初次盘点人员进行盘点培训。

(3) 负责对盘点差异进行核实确认和反馈，并协助仓内分析差异原因、制定改善措施。

(4) 负责盘点指标的建立。

(5) 负责汇总各仓盘点报告，并将盘点报告提交至总监审核。

● 仓库

(1) 制定并提交盘点计划，并确认盘点人员。

(2) 按照盘点计划完成盘点，并按时更新盘点计划。

(3) 按照要求汇总盘点报告，并提交报告至质量部进行核实。

(4) 分析盘点差异，并制定改善措施，实施改善。

● 运营总监

审核确认盘点结果。

● 客服

(1) 同商家确认各盘点时间、方式及要求，并通知到仓库。

(2) 将总监确认后的各仓盘点报告准时提交至各商家及相关人员。

● 人力资源部

将各仓盘点指标达成结果录入各仓的绩效考核。

5. 要求及注意事项

(1) 客服在每月 25 日前同商家确认各盘点要求、方式及时间，并邮件到相关仓和质量部。

(2) 循环盘点。循环盘点周期为一周，各仓需要按照“循环盘点计划”在规定时间内提交盘点计划。

(3) 商家到仓盘点。各仓需要按照“××仓××商家到仓盘点计划”在规定时间内提交盘点计划。

(4) 仓库盘点需要在每月底最后一天进行，并且在次月 2 日提交盘点报告。

(5) 各仓按照计划完成每日盘点，并在第二天发送盘点日报至仓储经理、质量部。

(6) 每周一发送盘点周报，邮件至大区经理、仓储经理、质量部。

(7) 质量部对各仓已经完成盘点的货位抽盘 10%，发现差异后，再抽盘 10%，依然有差异的，仓内全盘。

(8) 质量部对差异进行核实确认后同现场人员一起分析差异原因并制定改善措施。

(9) 循环盘点一个循环完成后，并按照“循环盘点计划及报告”提交总盘点报告至仓储经理和质量部，由质量部统一汇总由运营总监确认后提交至行业项目经理。

(10) 盘点的一盘、二盘、三盘均需要在 24 小时内由不同人员完成，盘点单据需要存档。

内化与提升

通过系统学习，刘盼知道了普罗格公司采用的盘点方式包括循环盘点、商家到仓盘点以及库存调整盘点。为确保盘点结果的准确性，不仅要实施交叉盘点，参与盘点的部门也比较多，包括质量部、仓库、客服、运营总监。刘盼还知晓了公司盘点的具体时间安排、盘点注意事项以及主要单据。

任务三
库区“7S”管理

学习情境

“5S”管理　　“7S”管理

学习情境分析：两个视频资料的教学，让刘盼和其他管培生了解了“5S”管理和“7S”管理的发展历程，知道了“7S”管理可以强化现场管理，提升服务质量。

知识链接

一、“7S”管理的主要内容

“7S”是在“5S”基础上发展而来的。“5S”管理起源于日本，是指在生产现场对人员、机器、材料、方法、信息等生产要素进行有效管理。这是日本企业独特的管理办法，因为整理（Seiri）、整顿（Seiton）、清扫（Seiso）、清洁（Seiketsu）、素养（Shitsuke）是日语外来词，在罗马文拼写中，第一个字母都为“S”，所以日本人称之为“5S”。近年来，随着人们对这一活动认识的不断深入，不少企业又添加了“安全（Safety）”“节约（Save）”“学习（Study）”等内容，分别称为“6S”“7S”“8S”。普罗格公司就采用“7S”管理，见图4－9。

“7S”管理保证了公司优雅的生产和办公环境，良好的工作秩序和严明的工作纪律，也是提高工作效率，生产高质量、精密化产品，节约物料成本和时间成本的基本要求。

（1）整理（Seiri）。整理是指将工作场所内的物品分类，并把不要的物品坚决清理掉。其目的是腾出更大的空间，增加作业面积，创造一个干净的工作场所，保证物流畅通、防止误用等。

（2）整顿（Seiton）。整顿是指使工作场所整洁，减少取放物品的时间，提高工作效率，保持井井有条的工作秩序。

图 4-9　普罗格“7S”管理下标准化作业现场

（3）清扫（Seiso）。清扫是指清除现场的脏污、清除作业区域的物料垃圾。

（4）清洁（Seiketsu）。清洁是指使整理、整顿和清扫工作成为一种惯例和制度，这是标准化的基础，也是一个企业形成企业文化的开始。

（5）素养（Shitsuke）。通过素养的养成让员工成为一个遵守规章制度、并具有良好工作习惯的人。

（6）安全（Safety）。保障员工的人身安全，保证生产的连续、安全、正常的进行，同时减少因安全事故带来的经济损失。

（7）节约（Save）。就是对时间、空间、能源等方面合理利用，以发挥它们的最大效能，从而创造一个高效率的、物尽其用的工作场所。

二、“7S”管理的作用与功效

（一）“7S”管理的作用

“7S”管理的成功案例很好地展示了其作用：

（1）改善和提高企业形象。

（2）提高生产效率。

（3）改善零件在库周转率。

（4）减少故障，保障品质。

（5）保证企业安全生产。

（6）降低生产成本。

（7）改善员工精神面貌，使组织具有活力。

（8）缩短作业周期，确保交货期。

（二）“7S”管理的功效

1. 亏损为零

“7S”是最佳的推销员。使用“7S”管理的企业在行业内被称赞为最干净、整洁的；

无缺陷、无不良、配合度好的声誉在客户之间口口相传，会使企业忠实的顾客越来越多；知名度很高，很多人会慕名来参观；人们争着来这家企业工作；人们都以购买这家企业的产品为荣；整理、整顿、清扫、清洁和素养维持良好，并且成为习惯，以整洁为基础的工厂有很大的发展空间。

2. 不良为零

“7S”是品质零缺陷的护航者。产品按标准要求生产；正确地使用和保养检测仪器，是确保品质的前提；环境整洁有序，一眼就可以发现异常；干净整洁的生产现场，可以提高员工品质意识；机械设备正常使用保养，可以减少次品产生；员工知道要预防问题的发生而非仅是处理问题。

3. 浪费为零

“7S”是节约能手。“7S”能减少库存量，避免过剩生产，避免零件、半成品、成品在库过多；避免库房、货架、天棚过剩；避免卡板、台车、叉车等搬运工具过剩；避免购置不必要的机器、设备；避免“寻找”“等待”“避让”等动作引起的浪费；消除“拿起”“放下”“清点”“搬运”等无附加价值动作；避免出现多余的文具、桌、椅等办公设备。

4. 故障为零

“7S”是交货期的保证。工厂无尘化；无碎屑、碎块和漏油，经常擦拭和保养，机械稼动率高；模具、工装夹具管理良好，调试、寻找时间减少；设备产能、人员效率稳定，综合效率可把握性高；每日进行使用点检，防患于未然。

5. 切换产品时间为零

“7S”是高效率的前提。模具、夹具、工具经过整顿，不需要过多的寻找时间；整洁规范的工厂机器正常运转，作业效率大幅上升；彻底的“7S”让新员工一看就懂，可以快速上岗。

6. 事故为零

“7S”是安全的软件设备。整理、整顿后，通道和休息场所等不会被占用；物品放置、搬运方法和积载高度考虑了安全因素；工作场所宽敞、明亮，使物流一目了然；人车分流，道路通畅；“危险”“注意”等警示明确；员工正确使用保护器具，不会违规作业；所有的设备都进行清洁、检修，能预先发现存在的问题，从而消除安全隐患；消防设施齐备，灭火器放置位置、逃生路线明确，一旦发生火灾或地震，员工生命安全有保障。

普罗格仓“7S”目视化标准 1.0

7. 投诉为零

“7S”是标准化的推动者。员工能正确执行各项规章制度；无论被安排至任何岗位，都能立即上岗作业；员工明白工作该怎样做，怎样才算做好；工作方便又舒适；每天都有所改善，有所进步。

8. 缺勤率为零

“7S”可以创造快乐的工作。一目了然的工作场所，没有浪费、勉强、不均衡等弊端；明亮、干净的工作场所让人心情愉悦，不会厌倦和烦恼；工作成为一种乐趣，员工不会无故缺勤旷工；“7S”能给人“只要努力，什么都能做到”的信念，让大家都亲自动手进行改善；在有活力的一流企业工作，员工都由衷感到自豪和骄傲。

内化与提升

在“7S”管理制度学习中，刘盼体会到了普罗格公司“7S”管理的要求十分严格，不仅制定了详细的目视化标准，便于员工执行和实施，同时公司要求员工每日打卡“7S”点检表（见表4-9），贯彻“7S”制度。

表4-9 普罗格公司“7S”（日）点检表

区域	要求	3/15	3/16
收货区和交接区	地面应保持清洁，无积水、油污、灰尘及各种杂物		
	地面区域按规定进行划分、标识明确		
	用警戒线划出废品堆放区、垃圾篓摆放区		
	标识牌放置牢固		
	标识牌保持干净、挂放整齐		
	地牛、笼车等整齐有序摆放在指定地点		
	作业工具保持清洁		
存储区	货架有货品存放标识，标识清晰		
	货架上物品摆放整齐，物品无乱放、混放现象（无与标识物品不符合现象）		
	货架及货架周围保持清洁，无污物等		
	通道保持畅通，无障碍物占用通道		
	通道线脱落及时补上		
包装区	有物料包装外箱摆放时，摆放整齐、物料、辅料无积尘		
	备货区物料标识明确		
办公区	办公室、办公区有标识		
	办公椅、办公桌保持干净，无污迹、灰尘		
	人离开办公桌后，办公椅推至桌下，且紧挨办公桌平行放置		
	文件、资料整齐放置、不凌乱		
	办公设备保持干净，无灰尘、无污迹		
	配线束起、不凌乱		
	办公设备无人或不用时关闭电源		
	墙上悬挂物品整洁，无脱落现象		

任务四
库存控制管理

学习情境

作为知名电商平台，唯品会的主营业务为在线销售品牌折扣商品，涵盖名品服饰鞋包、美妆、母婴、居家等各大品类。为了提升物流效率、降低物流成本，位于湖北省鄂州市的唯品会华中仓仓储业务由普罗格管理。普罗格利用自主研发的设施设备与唯品会进行了战略合作，在鄂州仓仓储业务中运用了“JIT 零库存”生产模式实现了零库存目标。

普罗格客户唯品会 JIT 仓

JIT，就是“Just In Time”，即零库存。供应商货物分散存放在这个唯品会仓附近的第三方仓库，若消费者通过唯品会网站下单，供应商就会根据订单把货物送到唯品会 JIT 仓库，在很短的时间内完成入库、分拣、打包出库流程，从而实现“零库存”。

针对唯品会华中运营中心 JIT 仓储业务操作环节多、流程长、效率低的问题，唯品会与普罗格达成战略合作，对华中运营中心 JIT 仓进行了重新规划及软硬件设备集成：设计安装了一套 JIT 悬挂链自动化设备，由普罗格运营管理。整套悬挂链设备建成后面积约 1 万平方米，为我国目前单体建设面积最大、技术含量最高的悬挂链项目，整套设备共包含近千根集合轨，理论存储峰值 1.4 万件货，设备投入使用后，每小时最多可处理 1.8 万件商品，日峰值处理能力约为 35 万件商品。整个系统赋能唯品会华中运营中心仓储流程，包括收货验收、上架、下架、导入、包装、出库等业务，快而准，可节约操作人员 50%左右，每年可以为唯品会节省成本数千万元，同时实现了“零库存”目标。该项目的顺利完成也为国内鞋服电商物流开辟了一条新的解决方案，有效推动了物流行业的科技化发展。

唯品会“零库存”案例

学习情境分析：“零库存”是一种特殊的库存概念。由于库存不仅占用资金，还存在老化、损失、变质等一系列问题，因此企业希望降低库存成本、提高库存周转效率，一直在不断探索“零库存”的运作策略、运作方案。

知识链接

一、库存管理概述

（一）库存

库存是指为了使生产正常而不间断地进行或为了及时满足客户的订货需求，必须在各个生产阶段或流通环节之间设置必要的物品储备。但为了满足客户的订货需求，商家经常将库存维持在较高水平，使得商品因积压和损坏而产生的库存风险就较高。因此，在库存管理中既要保持合理的库存数量，防止缺货，又要避免库存过量，发生不必要的库存费用。库存分类见表 4－10。

表 4－10　库存分类

库存类型	定义	特征
经常库存	经常库存也叫周转库存，是指为了满足日常需求而建立的库存。这种库存是不断变化的，当物品入库时到达高库存量，随着生产消耗或销售，库存量逐渐减少，直到下批物品入库前降到最小	经常库存通常有三个来源：购买、生产和运输。这三个方面通常都存在规模经济，因而会导致暂不使用或未售出的存货的累积
安全库存	安全库存是指为了防止由于不确定因素（如突发性大量订货或供应商延期交货）影响订货需求而准备的缓冲库存	具有不确定性。这种不确定性带来的结果通常是一样的：企业要备有安全存货
生产加工或运输过程中的库存	这类库存是指处于加工状态以及为了生产的需要暂时处于存储状态，或为了运输而暂时处于运输状态（即在途的商品）	具有不确定性。这种不确定性是运输途中的不确定因素带来的，因此需要考虑
季节性库存	季节性库存是指为了满足特定季节出现的特定需要而建立的库存，或指对季节性出产的原材料在出产的季节大量收购所建立的库存	属于投机性库存。通常为了应对非季节性时出现的供不应求而保持的库存
促销库存	促销库存是指为了解决企业促销活动引起的预期销售增加而建立的库存	暂时性库存。主要是配合促销活动准备的库存，促销结束库存就消失
投机性库存	投机性库存是指为了避免因物资价格上涨造成损失或为了从物资价格上涨中获取利润而建立的库存	该库存被形象地称为“预先购买”，主要适用于需要经常性地大量使用的、价格易于波动的物料
积压库存	积压库存是指因物资品质变坏不再有效用的库存，或因没有市场销路而卖不出去的产品库存	因国家政策或某些社会现象的出现，导致人们抵制或者不购买某一商品，使该商品出现滞销

（二）库存成本构成

库存成本的构成见表 4－11。

表 4－11　库存成本的构成

序号	库存成本	含义	计算
1	存储成本	指存储过程中发生的费用，即管理费、折旧费、维修费、货损货差费、资金占用利息费等	存储成本＝订货批量/2×单件储存费用
2	订购成本	指订购过程中发生的费用，即差旅费、手续费、通信费、招待费等	订购成本＝计划期总需求量/订货批量×每批次订购费用
3	缺货成本	指因存货不足而造成的损失，包括由于材料供应中断造成的停工损失、丧失销售机会的损失等	企业若允许缺货，则缺货成本便与存货数量负相关；若不允许缺货，则缺货成本为零
4	进货成本	指进货途中为进货所花费的全部支出，即运杂费，包括运费、包装费、装卸费、租赁费等	进货途中为进货所花费的全部支出之和
5	购买成本	指购买物品的原价	购买成本＝购买单价×数量

（三）库存管理

库存管理，是对制造业或服务业生产、经营全过程的各种物品、产成品以及其他资源进行管理和控制，使其储备保持在经济合理的水平上。它包括库存业务管理、库存物质品种数量管理、库存成本管理和库存量的控制管理。库存管理的目标主要有两个：一是保障供应，二是控制成本。库存管理的任务就是通过科学的决策，使库存既满足生产或流通的需要，又使总库存成本最低。库存管理的重点是库存控制管理。

要想将库存控制在合理的水平，就必须借助于一定的库存控制方法。库存控制方法主要解决与订货有关的三个问题：一是订货点的确定。订货点是指当库存量下降至某一数量时，应即刻请购补充的时点或界限。二是订货批量的确定。订货批量是指当库存量到达请购点时，决定请购补充的数量，按此数量请购，能符合最高存量与最低存量的基准。若订货批量过多，则货品的在库成本增加；若订货批量过少，则货品可能有供应中断之虞，且订购次数必然增加，提高了订购成本。三是采用什么订货法，即如何操作订货。库存控制方法中既有较为传统的 ABC 分类法、定量订货法、定期订货法，也有基于现代供应链思想的 JIT、VMI、JMI 策略。

二、库存控制方法和工具

（一）ABC分类法

ABC分类法又称ABC分析法。ABC分类法的指导思想是“80/20法则”。简单地说，“80/20法则”就是20%的因素带来了80%的结果，如20%的客户提供了80%的订单，20%的产品产出了80%的利润，20%的员工创造了80%的财富。当然，这里的20%和80%并不是绝对的，也可能是25%和75%等。总之，“80/20法则”作为统计规律，是指少量的因素带来了大量的结果。它告诉人们，不同的因素在同一活动中起着不同的作用，在资源有限的情况下，注意力显然应该放在起关键性作用的因素上。

1951年，美国通用电气公司经过对隶属于公司的某厂的库存物品调查分析后发现：“80/20法则”适用于储存管理。通用电气公司以某类库存物品品种数占物品品种总数的百分比和该类物品金额占库存物品总金额的百分比为标准，将库存物品分为A、B、C三类，进行分级管理。其中，将价值比为65%～80%、数量比为15%～20%的物品划为A类；将价值比为15%～20%、数量比为30%～40%的物品划为B类；将价值比为5%～15%、数量比为40%～55%的物品划为C类，并分别采取不同的管理办法和采购、储存策略，尤其对A类物品实行重点管理的原则。

在使用ABC分类法实施库存控制时，首先要确定ABC分类法中起关键性作用的因素，在库存控制中具体包括货物的价值、重要性以及保管要求上的差异、周转速度（物动量），然后按照一定的步骤确定物品的ABC种类（计算步骤见项目二），最后对三类对象进行有区别的管理，见表4-12。

表4-12　ABC各类物品存储策略

物品类别	库存控制策略
A	不设安全库存或少设安全库存，严格管理，连续检查盘点
B	设一定比例的安全库存，一般控制，定期检查盘点
C	设置较多的安全库存，批量进货，隔较长时间检查一次库存

（二）定量订货法

1. 概念

定量订货法是指当库存量下降到预定的最低库存量（订货点）时，按规定数量［一般以经济订货批量（EOQ）为标准］进行订货补充的一种库存控制方法。定量订货法主要有两个控制参数：订货点、订货批量。其中，订货点是发出订货时仓库里该品种保有的实际库存量，它是制库存水平的关键。

订货点的影响因素有三个：订货提前期、平均需求量、安全库存。

在需求量和订货提前期都确定的情况下，不需要设置安全库存，可直接求出订货点：

订货点=(全年需求量/365)× 订货提前期（天）

在需求量和订货提前期都不确定的情况下，必须设置安全库存，此时的订货点计算公式是：

订货点 = 订货提前期的平均需求量+ 安全库存量

=平均交货期×(全年需求量/365)+安全库存量

定量订货法的订货批量确定有以下两个步骤：

（1）建立库存总成本的数学模型：

年总成本=年采购成本+年订购成本+年储存成本

即：

$$TC = DC + \frac{D}{Q}S + \frac{Q}{2}H$$

式中，TC 代表年总成本；D 代表年需求量；C 代表单位物品购置成本；Q 代表订货批量；S 代表生产准备成本或订购成本；H 代表单位物品的年平均储存成本。

（2）确定经济订货批量（EOQ），以使总成本最小。经过计算得到：

$$EOQ = \sqrt{\frac{2DS}{H}}, TC = \sqrt{2DSH}$$

2. 定量订货法适用范围

定量订货法通常在以下几种情况下采用：

（1）单价比较便宜，不便于少量订货的产品。

（2）需求预测比较困难的产品。

（3）比较紧俏、订货较难、管理较为复杂的产品。

（4）通用性强、需求量比较稳定的产品等。

（三）定期订货法

1. 概念

定期订货法的原理是预先确定一个订货周期和最高库存量，周期性检查库存，根据最高库存量、实际库存、在途库存和待出库货品数量，计算每次订货量，发出订货指令、组织订货。订货量的大小应使订货后的名义库存量达到额定的最高库存。定期订货法的主要有三个控制参数：订货周期、最高库存量、订货量。其中，订货周期的计算公式是：

$$T = \sqrt{\frac{2S}{HR}}$$

式中，T代表经济订货周期；S代表单位订货费用；H代表单位商品上存储成本；R代表单位时间内库存货品需求量（销售量）。

最高库存量和订货量的计算公式是：

最高库存量＝订货提前期需求量＋订货间隔期需求量

订货量＝最高库存量－现有库存量－订货未到量＋顾客延迟购买量

2. 定期订货法适用范围

定期订货法通常在以下几种情况下采用：

（1）价格高，需要实施严格控制管理的产品。

（2）需求基础调整采购数量的产品。

（3）需求量变化幅度大，而且变动具有周期性、可以正确判断的产品。

（4）需要定期制造的产品等。

（四）JIT 策略

1. JIT 思想

JIT 为“Just In Time”的缩写，直译为“正好准时”，如将其与库存管理和生产管理联系起来，则为“准时到货”之意。JIT 被称为“丰田生产方式”，JIT 从诞生以来，经过几十年的发展，已由最初作为库存管理的工具，演变到今天的一个复杂的、涉及控制企业生产经营全过程的管理体系，它的基本思想是“只在需要的时候，按需要的量，生产所需的产品”。JIT 的核心是追求一种无库存生产系统，或使库存达到最小，它的出发点是减少或消除从原材料投入到产成品的产出全过程中的库存及各种浪费，建立平滑而有效的生产过程。

JIT 为减少库存提出了一种新思路，即在需要的时候按需生产所需的产品，也就是说，产品生产出来的时间就是顾客所需要的时间。同样，材料、零部件达到某一工序的时刻，正是该工序准备开始生产的时候，没有不需要的材料被采购入库，也没有不需要的制品及产成品被加工出来。

JIT 实行生产同步化，使工序间在制品库存接近于零，工序间不设置仓库，前一工序加工结束后，在制品立即转移到下一工序，装配线与机械加工几乎同时进行，产品被一件件连续地生产出来。在制品库存的减少可使设备发生故障、次品及人员过剩等问题充分暴露，并针对问题提出解决方法，从而带来生产率的提高。

在原材料库存控制方面，若仅考虑价格与成本之间的关系，依照传统的库存控制策略就可能为赢得一定的价格折扣而大量的购入物品。若依照 JIT 策略，则在采购时不仅考虑价格与费用之间的关系，还考虑许多非价格的因素，如与供应商建立良好的关系，利润分享且相互信赖，以减少由于价格的波动对企业带来的不利影响，选择能按质按时提供货物的供应商，保证 JIT 生产的有效运行。这样，JIT 就有效地控制了原材料库存，从根本上降低了库存。

2. JIT 的特点

JIT 的中心思想是消除一切无效劳动和浪费，具体体现为如下两个特征：

（1）追求零库存。企业争取利润最大化的主要手段之一便是降低成本。库存是一种隐性的成本，削减甚至消除库存，是降低成本的有效途径。随着主流的生产模式出现多品种、小批量的情况，根据市场和顾客的要求进行生产，是消除库存的最佳方法。

（2）强调持续强化与深化。JIT 强调在现有基础上持续强化与深化，不断进行质量改进工作，逐步实现不良品为零、库存为零、浪费为零的目标。尽管绝对的零库存、零废品是不可能达到的，但是 JIT 就是要在这种持续改进中逐步趋近这一目标。

3. JIT 生产的实施方法

具体而言，JIT 有三种实施方法来达到其目标：

（1）适时适量生产。对于企业来说，各种产品的产量必须能够灵活地适应市场需求量的变化。适时适量生产的方法包括生产同步化和生产均衡化。

为了实现适时适量生产，首先需要致力于生产同步化，即工序间不设置仓库，前一工序的加工结束后，立即将半成品转到下一工序。生产同步化可通过看板管理来实现。

生产均衡化是指总装配线在向前工序领取零部件时应均衡地使用各种零部件，生产各种产品。在制造阶段，生产均衡化通过专用设备通用化和制定标准作业来实现。

（2）弹性作业人员。降低劳动成本是降低成本的一个重要方面。达到这一目的的方法是“少人化”，即尽量用较少的人力完成较多的生产。当生产线上的生产量减少的时候，要把作业人员的人数进行相应的削减。实现“少人化”的具体方法是对设备进行特别的布置，以便能够当需求减少、作业减少时，人数更少的操作人员可以完成任务。因此，为了适应这种变更，作业人员必须是具有多种技能的“多面手”，才能弹性地适应不同的工作岗位。

（3）质量保证。在 JIT 生产方式中，不是通过检验来保证质量，而是通过将质量管理贯穿每一工序之中来实现提高质量与降低成本的一致性，具体方法是“自动化”，即融入生产组织中的两种机制：第一，使设备或生产线能够自动检测不良产品，一旦发现异常或不良产品，可以自动停止设备运行的机制；第二，生产一线的设备操作工人发现产品或设备问题时，有权自行停止生产的管理机制。依靠这样的机制，不良产品一出现马上就会被发现，防止了废品的重复出现或累积出现，从而避免了可能由此造成的大量浪费。

（五）VMI 策略

VMI（Vendor Managed Inventory）即供应商管理库存。目前 VMI 是分销链中较为常用的一种库存管理模式。它是一种以供应商和用户双方都获得最低成本为目的，在一个共同的协议下由供应商管理库存，并不断监督协议执行情况和修正协议内容，使库存管理得到持续改进的合作性策略。这种库存管理策略打破了传统的各自为政的库存管理模式，体现了供应链的集成化管理思想，适应了市场变化的要求，是一种新的、有代表性的库存管理思想。

VMI 策略是从 QR（Quick Response，快速响应）和 ECR（Efficient Customer Response，有效客户响应）基础上发展而来的，其核心思想是供应商通过共享用户企业的当前库存和实际耗用数据，按照实际的消耗模型、消耗趋势和补货策略进行有实际根据的补货。由此，交易双方都变革了传统的独立预测模式，尽最大可能减少了由于独立预测的不确定性导致的商流、物流和信息流的浪费，降低了供应链的总成本。VMI 的特点是：

1. 信息共享

即供应商和零售商实现库存信息共享。零售商帮助供应商更有效地做出计划，供应商从零售商处获得销售数据并使用该数据来协调其生产、库存活动以及零售商的实际销售活动。

2. 供应商拥有和管理库存

供应商完全拥有和管理库存，直到零售商将其售出为止，但是零售商对库存有看管义务，并对库存货物的损伤或损坏负责。实施 VMI 有很多优点：首先，供应商拥有库存，对于零售商来说，可以省去多余的订货部门，使人工任务自动化，可以从过程中去除不必要的控制步骤，使库存成本更低，服务水平更高。其次，供应商拥有库存会促使其对库存考虑更多，并尽可能进行更为有效的管理，通过协调对多个零售商的生产与配送，进一步降低总成本。

3. 需求准确预测

供应商能按照销售时点的数据，对需求做出预测，能更准确地确定订货批量，减少预测的不确定性，从而减少安全库存量，存储与供货成本更小，同时，供应商能更快响应用户需求，提高服务水平，使得用户的库存水平也降低。

（六）JMI 策略

联合库存管理（Jointly Managed Inventory）是由供应商与用户共同管理库存，进行库存决策。JMI 是一种在 VMI 基础上发展起来的上游企业和下游企业权利责任平衡和风险共担的库存管理模式。JMI 体现了战略供应商联盟的新型企业合作关系，强调了供应链企业之间双方的互利合作关系。JMI 的特点是：

（1）由于联合库存管理将传统的多级别、多库存点的库存管理模式转化成对核心制造企业的库存管理，核心企业通过对各种原材料和产成品实施有效控制，因此达到对整个供应链库存的优化管理，简化了供应链库存管理运作程序。

（2）在减少物流环节、降低物流成本的同时，提高了供应链的整体工作效率。联合库存可使供应链库存层次简化，并使运输路线得到优化。在传统的库存管理模式下，供应链上各企业都设立自己的库存，随着核心企业分厂数目的增加，库存物资的运输路线将呈几何级数增加，而且重复交错，这显然会使物资的运输距离和在途车辆数目增加，其运输成本也会大大增加。从供应链整体来看，联合库存管理则减少了库存点和相应的库存设立费、仓储作业费，从而降低了供应链系统总的库存费用。

（3）把供应链系统管理进一步集成为上游和下游两个协调管理中心，从而部分消除了由于供应链环节之间不确定性和需求信息扭曲现象导致的库存波动。通过协调管理中心，供需双方共享需求信息，从而提高了供应链的稳定性。供应商的库存直接存放在核心企业的仓库中，不但可以保障核心企业原材料和零部件供应、取用方便，而且核心企业可以统一调度、统一管理、统一进行库存控制，为核心企业快速高效的生产运作提供了强有力的保障条件。

（4）为其他科学的供应链物流管理（如连续补充货物、快速反应、准时化供货等）创造了条件。

内化与提升

“零库存”是一种非常理想的物流管理模式。它依赖于供应链上各企业间的相互信任，借助于现代信息化手段，实现信息共享，共同应对市场需求而快速反应，在相互合作中相互依存、共赢发展。

同步测试

一、单选题

1. 固体物质受热变软以致变成液体的现象称为（　　）。

A. 熔化　　B. 溶化　　C. 融化　　D. 软化

2. 商品物质的吸湿性是属于物质的（　　）。

A. 化学性质　　B. 生物性质　　C. 物理性质　　D. 机械性质

3. 农用塑料薄膜发生变色、强度下降甚至脆化的变化称为（　　）。

A. 风化　　B. 老化　　C. 氧化　　D. 干燥

4. “Safety”是“7S”管理中的（　　）要素。

A. 素养　　B. 整理　　C. 清扫　　D. 安全

5. 在冷库管理中，低温冷冻库应（　　）消毒一次。

A. 每天　　B. 每周　　C. 每月　　D. 每年

二、多选题

1. 商品保管保养原则包括（　　）。

A. 质量第一　　B. 科学合理　　C. 效率原则　　D. 预防为主

2. 下列物品中，（　　）属于自行发热物品。

A. 油脂　　B. 棉花　　C. 煤炭　　D. 显示器

3. 盘点作业的内容包括（　　）。

A. 查数量　　B. 查质量　　C. 查保管条件　　D. 查安全

4. JIT 的中心思想是消除一切（　　）。

A. 劳动　　B. 成本　　C. 库存　　D. 浪费

三、判断题

1. 湿度越大、温度越高、固体的表面积越大，固体溶化的速度就越快。（　　）

2. 香菇不属于易吸潮物品。（　　）

3. 冷库要保持整洁、卫生，做到无积水、无结冰、无霉斑，坚持每日小扫。（　　）

4. 期末盘点是指在会计计算期末统一清点所有货物的方法，这种方法往往工作量比较大。（　　）

5. ABC 分类法中对 C 类货物，一般设置较多的安全库存，批量进货，经常检库存。（　　）

6. 库存控制的目标是维持低库存量。（　　）

四、计算题

某仪器股份有限公司共有原材料库、零部件库、产成品仓库三个仓库。目前原材料库的原材料需向各供应商采购，采购的原材料主要有电子元件、金属材料、塑料橡胶制品等。该公司通过分析发现，编号为 J66322 的金属棒材需求量大，需设计每次采购数量以使总成本最低。已知其年需求量为 30 000 根，单位购买价格为 20 元，每次订货成本为 240 元，每根的年保存费为 10 元。请计算它的经济订货批量、最低年总库存成本、每年的订货次数，以及平均订货间隔周期。

同步实训

实训项目　货物保管养护方案

项目介绍

库存货物发生质量变化，除了受货物构成成分和自然属性这些内在因素的影响外，还受一些外在因素的影响，如受光、热、风、雨、干、湿等自然环境条件的影响。针对这些外在因素，通常应采取保管养护措施。货物养护的基本措施是：（1）建立健全必要的规章制度；（2）加强货物的入库验收；（3）适当安排储存场所；（4）有效地苫垫堆码；（5）加强仓库温、湿度的管理；（6）保持环境卫生；（7）做好在库货物的检验工作。

实训目的

培养学生根据入库货物的性质及储存保管要求制定科学而合理的保管养护方案的技能。

实训内容

武汉方圆仓储有限公司为客户存储货物的情况见表 4－13。请根据这些货物的性质及储存保管要求，为它们分别制定保管养护措施。要求：措施不仅要具有针对性和可操作性，而且要环保，并体现成本节约原则。

表 4－13　客户储存货物一览表

序号	货物类别	货物名称
1	药品	阿司匹林、麻醉乙醇、维生素 C、阿咖酚散、痱子粉、复方甘草片、注射用青霉素钠、杏仁止咳糖浆、当归、红花、枸杞
2	医疗器械	解剖钩、脑神经刀、心脏手术剪、一次性使用无菌注射器、小儿血压表、生物芯片阅读仪、止血海绵、采血器、呼吸机
3	化学品	五氯硝基苯、氮气、过乙酸
4	食品	饼干、方便面、酱油、醋、牛奶
5	服装	真丝服装、麻质服装、皮衣
6	工艺品	草制品、木制品、竹制品

实训资源

20 种以上不同品类、规格、数量的货物，放置在不同的储位。

实训组织

（1）将学生分组，每组 3～4 人。
（2）各组学生对上述物品制定保管养护方案。

实训指导

步骤一：实训指导老师讲解实训任务及要求。

步骤二：实训指导老师讲解商品养护的主要内容。

(1) 把好入库关，严格货物入库手续，严格验货，防止不合格品入库。

(2) 掌握库存货物的商品性能，适当安排储存场所。

(3) 对入库货物进行合理的垫垛苫垫。

(4) 加强仓库的温、湿度管理，防止货物腐蚀、霉变。

(5) 经常进行库容检查，保持仓库清洁卫生，防止鼠害及病虫害发生。

(6) 定期检查仓库的设施设备的运转情况，保证库区的储存条件处于良好的状态。

步骤三：学生以小组为单位制定方案。

步骤四：学生以小组为单位进行方案汇报。

步骤五：实训指导老师点评。

实训考核

货物保管养护方案考核标准见表 4-14。

表 4-14　货物保管养护方案考核标准

考核内容	货物保管养护方案		
考核方式	按组考核□	按人考核□	
考核人		被考核人	
考核标准	具体内容	分值	实际得分
	根据货物特点制定科学合理的保管养护方案	60	
	方案文字整洁、通顺	20	
	方案汇报表达流畅	20	
合计		100	

项目五
出库作业管理

【知识结构图】

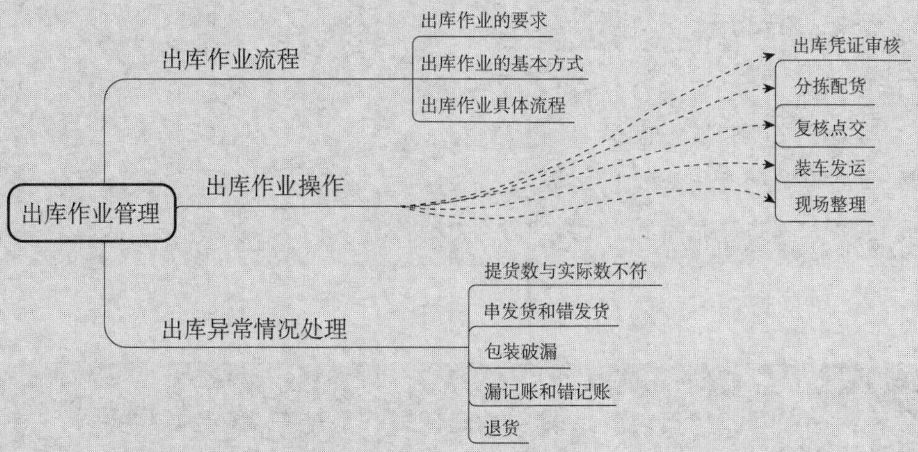

【内容提要】

仓储企业接到客户的出库请求后，出库活动就拉开了序幕。出库是仓储企业从接收出库指令开始，按照出库作业的流程要求，进行出库凭证审核、分拣配货（拣货、补货、配货）、复核点交、装车发运、现场整理，直到把商品点交给收货人的一系列作业过程。

【学习目标】

※ 素质目标

1. 培养学生具备仓储出库作业岗位素养和职业判断能力。
2. 培养学生遵循工作程序、认真细致、团结协作的职业态度。
3. 培养学生良好的语言表达能力、沟通能力、协调能力。

※ 知识目标

1. 掌握出库作业的要求和形式。
2. 了解出库作业的计划准备工作。
3. 掌握补货作业的基本知识和流程。
4. 掌握分拣配货作业的基本知识和流程。
5. 掌握出库交接作业的方法和步骤。

※ 技能目标

1. 具备出库流程操作能力。
2. 具备分拣配货作业的能力。
3. 具备处理出库异常事件能力。

任务一 出库作业流程

学习情境

2020 年 4 月 12 日，普罗格公司武汉仓储物流中心收到存货委托人武汉升阳公司发来的要货申请，图 5－1 为普罗格公司 WMS 显示的武汉升阳公司出库项目。

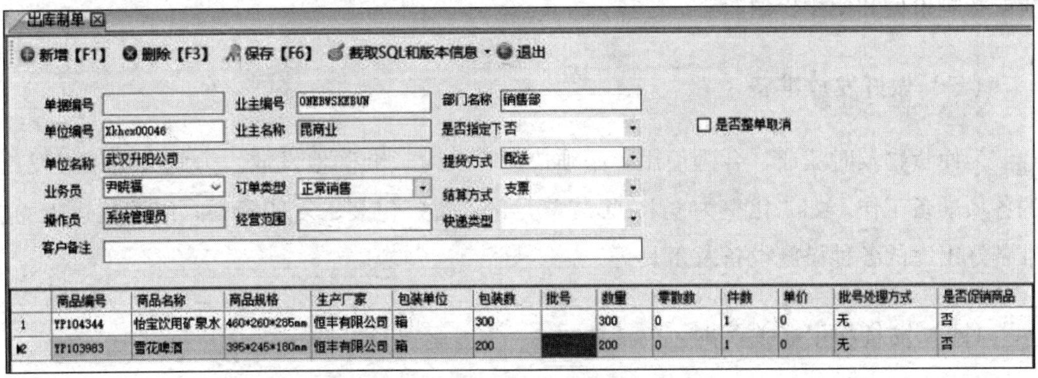

图 5－1　普罗格公司出库任务单

学习情境分析：图 5－1 所显示的出库货物是怡宝饮用矿泉水和雪花啤酒，分别是 300 箱和 200 箱。刘盼知道，要高效完成出库业务，就必须以出库任务单为依据，并严格按照公司流程要求操作，才能准确、及时、安全、保质保量地完成出库作业。

知识链接

一、出库作业的要求

物品出库是仓储经营人根据存货人或仓单持有人所持有的仓单，按其所列物品的编号、名称、规格、型号、数量等项目，组织物品出库的一系列活动。

货物出库应贯彻“三不三核五检查”原则。“三不”即未接单据不翻账、未经审单不备货、未经复核不出库；“三核”即在发货时，要核对凭证、核对账卡、核对实物；“五检查”即要对单据和实物进行品名检查、规格检查、包装检查、数量检查、质量检查。货物出库要求严格执行各项规章制度，杜绝差错事故，提高服务质量，使用户满意。具体应做到：

（一）按程序作业，手续必须完备

货物出库必须按规定程序进行，领料单、仓单、提货单等提货凭证必须符合要求。货物出库时，必须有正式凭证，保管人员根据凭证所列品种和数量发货。

（二）“先进先出”原则

在保证库存货物的价值和使用价值不变的前提下，坚持“先进先出，推陈储新”的原则，做到有保管期限的先出、保管条件差的先出、容易变质的先出、近失效期的先

出、包装简易的先出、回收复用的先出。其目的在于避免货物因库存时间过长而发生变质或影响价值和使用价值。

（三）做好发放准备

为使货物及时流通，合理使用，必须快速、及时、准确地发放。为此必须做好发放的各项准备工作，如“化整为零”、集装单元化、备好包装、复印资料、组织搬运人力、准备好出库的各种设施设备及工具等。

（四）发货和记账要及时

仓管员接到发货凭证后，应及时发货，不压票；货物发出后，应立即在货物保管账上核销，并保存好发料凭证，同时调整垛牌或料卡。

（五）保证安全

货物出库作业要注意安全操作，防止损坏包装和震坏、压坏、摔坏货物。同时，要保证运输安全，做到货物包装完整，捆扎牢固，标志清楚正确，性能不相互抵触和影响，保障货物质量安全。仓库作业人员必须经常注意货物的安全保管期限等，不允许已变质、已过期失效、已失去原使用价值的货物出库。

（六）无差错

保管人员发货时，应按照发货凭证上列明的货物品名、产地、规格、型号、价格、数量、质量准确发货，当面点清数量和检验质量。确保出库货物数量准确、质量完好、包装牢固、标识正确、发运及时安全，避免发生运输差错和损坏货物的事故。

二、出库作业的基本方式

货物出库的基本方式有：送货、自提、过户、取样和转仓。

（一）送货

仓库根据货主单位预先送来的出库通知或出库请求，通过发货作业，把应发货物交由运输部门送达收货单位，这种发货形式就是通常所称的送货制。

仓库实行送货，要划清交接责任。仓储部门与运输部门的交接手续是在仓库现场办理完毕的。运输部门与收货单位的交接手续，是根据货主单位与收货单位签订的协议，一般在收货单位指定的到货目的地办理。

送货具有“预先付货，按车排货，发货等车”的特点。仓库实行送货具有多方面的好处：仓库可预先安排作业，缩短发货时间；收货单位可避免因人力、车辆等不便而发生的取货困难；在运输上，可合理使用运输工具，减少运费。

（二）自提

由收货人或其代理人持提货凭证直接到库提取，仓库凭单发货，这种发货形式就是通常所称的提货制。它具有“提单到库，随到随发，自提自运”的特点。为划清交接责任，仓库发货人与提货人在仓库现场应对出库商品当面交接清楚并办理签收手续。

（三）过户

过户是一种就地划拨的形式，货物虽未出库，但是所有权已从原存货户转移到新存货户。仓库必须根据原存货单位开出的正式过户凭证办理过户手续。

（四）取样

取样是指货主单位出于对商品货物质量检验、样品陈列等需要，到仓库提取货样（通常都要开箱拆包、分割抽取样本）。仓库也必须根据正式取样凭证才能发给样品，并做好账务记载。

（五）转仓

货物转仓是货物存放地点的变化。某种货物由于业务上的需要，或由于货物自身的特征而需要变更储存场所，在同一仓储企业里，从一个仓库移至另一个仓库储存，这就是转仓的发货形式。仓库也必须根据货主单位开出的正式转仓单，才能办理转仓手续。

三、出库作业具体流程

货物出库作业是仓储经营人根据客户发来的订单或仓单持有人所持有的仓单，按其所列出库物品的编号、名称、规格、型号、数量等项目，从接收出库指令开始，进行出库凭证审核、分拣配货（拣货、补货、配货）、复核点交、装车发运、现场整理，直到把商品点交给提货人的一系列作业过程，见图 5－2。

整个流程从收到客户的订单开始，首先将客户订单根据仓库现有库存信息进行“订单处理”，确定接受与否或能接受的程度；然后根据处理后的订单信息，生成拣货作业单，从仓库中取出用户所需货物，需要注意，在拣货完成后，若仓库分区是按储存区和拣货区设置的，一旦发现拣货区所剩余的存货量过低，则必须由储存区向拣货区进行“补货”作业，以便于后续拣货作业；从仓库中拣选出来的货物经过配货、包装、复核、

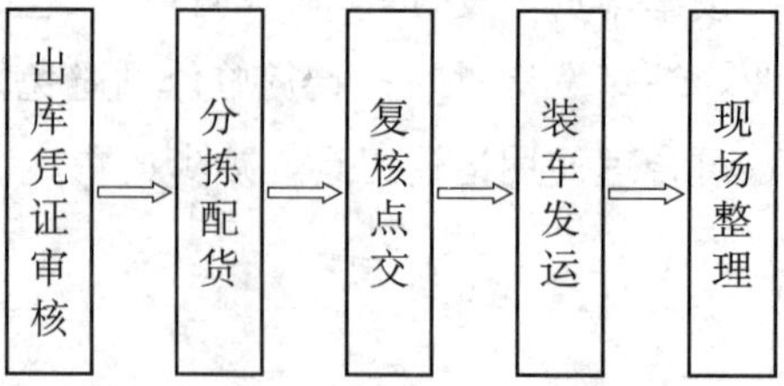

图 5-2　出库作业具体流程

交接之后即可准备发运。在出库过程中，根据用户要求，有时需要在未配货之前先对货物进行流通加工，这样既能提高货物的附加值，又能更好地满足用户需要。

内化与提升

在仓储部主管的指导下，管培生们开始接触出库业务处理，知道了仓储企业接收客户出库指令是出库业务的开端。在现代物流企业的运营管理中，借助现代化信息技术，客户将出库商品信息、运输信息等重要信息传递给物流企业，由此开启物流仓储企业的出库业务。以普罗格公司为例，由调度员登录公司 WMS，进入“任务调度与分配”界面，在“正常出库”界面即可获得不同客户上传的订单，调度员根据仓库的作业节奏和订单的出库类型，按照公司要求合并相应订单安排在一个波次内，然后进入“波次下发”界面，选中要下发的单据，点击“下发”按钮即完成该批次的出库任务下发，图 5-3 为普罗格公司出库任务调度。公司打单员则进入 WMS 后，进入“出库作业”下“出库清单打印”界面，单击没有打印的订单（其中红色表示已经打印，白色表示还未打印）进行打印，即可生成仓库出库作业单据。图 5-4 为普罗格公司出库清单打印界面。

另外，管培生们还温习了仓储企业出库流程的主要步骤，回顾了出库的基本作业环节。

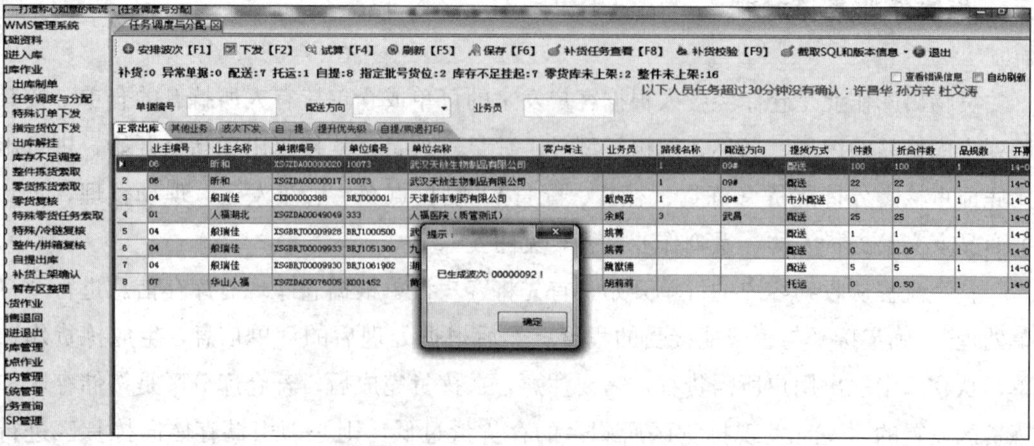

图 5-3　普罗格公司出库任务调度

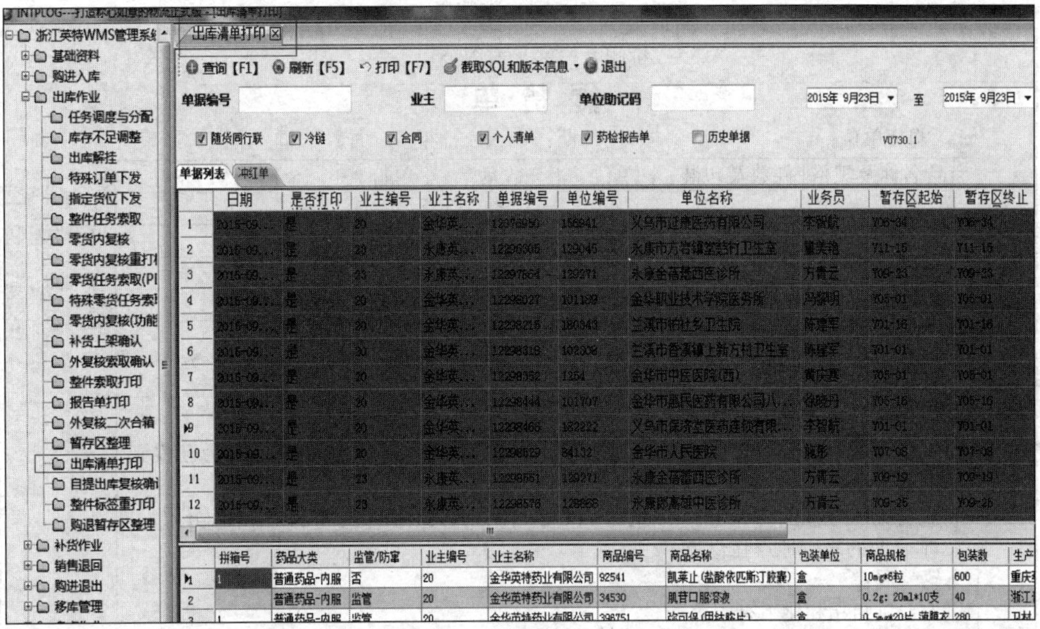

图 5-4　普罗格公司出库清单打印界面

任务二
出库作业操作

学习情境

出库作业操作是指仓管员按照公司出库作业指令进行出库凭证审核、分拣配货（拣货、补货、配货）、复核点交、装车发运、现场整理，直到把商品点交给收货人的一系列作业过程。

学习情境分析：刘盼知道，这一过程要求员工快速、准确、安全操作。

知识链接

一、出库凭证审核

仓库接到出库凭证后，必须对出库凭证进行审核。某企业的提货单见表 5-1。

表5-1 提货单

杭州××××有限公司

提 货 单

购货单位：　　　　　　　　　　日期：　　　年　　月　　日

商品名称及规格	件数及包装	单位	数量	单价	金额	备注
合计 人民币金额	拾 万 仟 佰 拾 元 角 分					

第一联 存根联　第二联 回单联　第三联 客户联

供需双方约定事项：

1. 需方所购产品经仓库保管员或其他承办人签字盖章，或单位盖章，视为已收到提供方产品。

2. 需方如认为所购产品质量、数量存在问题，限在收货后拾天内供方提出书面异议。

3. 本合同的履行地点在供方。

车辆号码：

供方：杭州超和化工有限公司　　　需方：

手机：13606639075　　　电话：　　　仓库：宁围新华工业区

（一）审核提货单的合法性和真实性

要审核提货单的合法性和真实性或审核领料单上是否有其部门主管或指定的专人签章，手续不全不予出库。如遇特殊情况（如救灾抢险），则需经有关部门负责人同意后方可出库，出库后需补办手续。

（二）核对物品的品名、型号、规格、单价、数量

这个环节的核对很重要，数据多，需要仓库管理员耐心、细致地核对。

（三）核对收货单位、到货站、开户行和账号

核对收货单位、到货站、开户行和账号是否齐全和准确，如属收货人自提出库，则要核查提货单有无财务部门准许发货的签章。提货单必须是符合财务制度要求的、具有法律效力的凭证。

（四）出库凭证审核中的问题处理

（1）若出库凭证超过提货期限，用户前来提货，必须先办理手续，按规定缴足逾期仓储保管费，然后方可发货。

（2）出库凭证有疑点，或者情况不清楚的，应及时与出具出库单的单位或部门联系，妥善处理；出库凭证有假冒、复制、涂改等情况的，应及时与仓库保卫部门联系，严肃处理，触犯法律的应依法移交公安机关处理。

（3）物品进库未验收，或者期货未进库的出库凭证，一般暂缓发货，并通知货主，

待货到并验收后再发货，提货期顺延，保管员不得代发代验。

（4）若客户将出库凭证遗失，客户应及时与仓库管理人员和财务人员联系挂失。

二、分拣配货

为满足客户需求，提高出库效率，仓库在接到提货通知或预知提货时，应及时进行准备工作，以保证提货人可以按时提取货物。具体的工作包括拣货、补货、配货。

（一）拣货

拣货作业是按订单或出库单的要求，从储存场所拣出货物的作业。具体内容包括：生成拣选资料、选取拣货方式和实施拣选。

1. 生成拣选资料

拣货作业开始之前，指示拣货作业的单据或信息必须先行处理完毕。虽然有些仓库直接利用客户的订单或公司的提货单作为拣货的指示，但因为此类票据容易在拣货作业中受到污损导致错误发生，同时无法标识产品的货位，引导拣货人员缩短拣货路径，所以必须将原始的票据转换成拣货单或电子单据，以使拣货人员或自动拣货设备进行更有效率的拣货作业。普罗格公司的拣选单见图 5－5，拣选单应明确拣选货物品名、规格、数量、位置信息等。

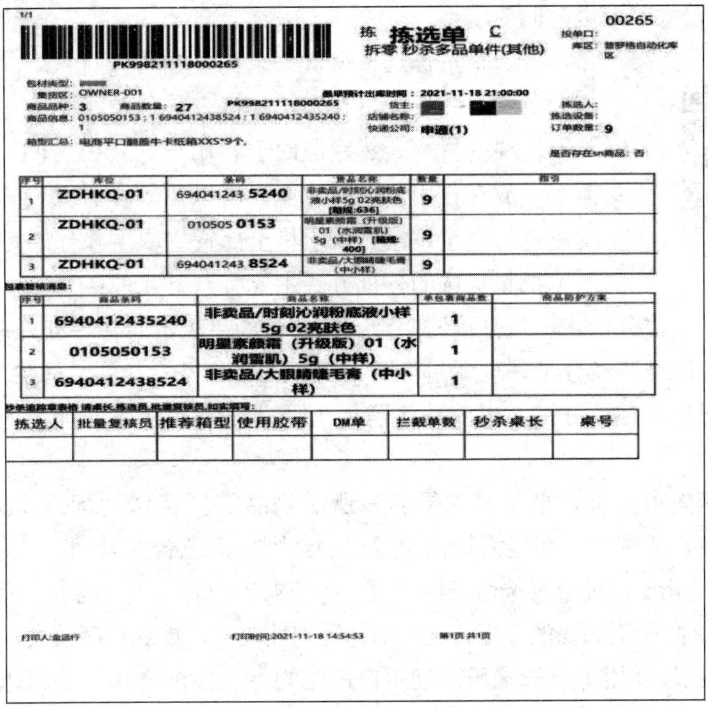
1/1
PK998211118000265
拣　拣选单　C
拆零 秒杀多品单件(其他)
00265
OWNER-001
3　27　PK998211118000265
0105050153 : 1 6940412438524 : 1 6940412435240 : 1
2021-11-18 21:00:00
货主：[redacted]
申通(1)
订单数量：9
箱型汇总：电商平口翻盖牛卡纸箱XXS*9个。
是否存在sn商品：否

序号	库位	条码	货品名称	数量	指引
1	ZDHKQ-01	694041243 5240	非卖品/时刻沁润粉底液小样5g 02亮肤色 [箱规:636]	9	
2	ZDHKQ-01	010505 0153	明星素颜霜（升级版）01（水润雪肌）5g（中样）[箱规:400]	9	
3	ZDHKQ-01	694041243 8524	非卖品/大眼睛睫毛膏（中小样）	9	

序号	商品条码	商品名称	单包装商品数	商品防护方案
1	6940412435240	非卖品/时刻沁润粉底液小样5g 02亮肤色	1	
2	0105050153	明星素颜霜（升级版）01（水润雪肌）5g（中样）	1	
3	6940412438524	非卖品/大眼睛睫毛膏（中小样）	1	

拣选人	批量复核员	推荐箱型	使用胶带	DM单	拦截单数	秒杀桌长	桌号

打印时间:2021-11-18 14:54:53　第1页 共1页

图 5－5　普罗格公司的拣选单

2. 选取拣货方式

在选取拣货方式时，需要从多方面对其进行明确，在确定每次分拣的订单或者出库单数量时，可以对订单或者出库单进行单一拣选，也可以进行批量拣选。

摘果式拣货

（1）订单拣选。订单拣选也称摘果式拣货，是指分拣人员每次拣选只针对一张订单，巡回于各个储存点，将订单上所需货物取出并放置到待运区，完成配货任务的方法。若结合分区策略，具体又可以分为单人拣选、分区接力拣选和分区汇总拣选三种方式。

1）单人拣选是由一个人从头到尾全程负责一张订单的拣选。这种方式的拣货单只需将订单资料转为拣选需求资料即可。

2）分区接力拣选是将存储区或拣货区划分成几个区域，一张订单由各区人员采取前后接力的方式共同完成。

3）分区汇总拣选是将存储区或拣货区划分成几个区域，将一张订单拆成各区域所需的拣货单，再将各区域所拣选的物品汇集到一起。

订单拣选方式的特点有以下三个方面：一是订单拣选的准确度较高，很少发生差错，机动灵活；二是可以根据用户要求调整拣选的先后次序，对于紧急需求，可以集中力量快速拣选；三是拣选完毕后，物品便配置齐备，配货作业与拣选作业同时完成，简化了作业程序，有利于提高作业效率。

订单拣选方式比较适用于以下三种情况：客户不稳定，波动较大；需求种类不多；需求之间差异较大，配送时间要求不一。

播种式拣货

（2）批量拣选。批量拣选也称播种式拣货，是将数张订单中相同的物品数量汇总起来，分拣人员从储存点集中取出各个用户共同需要的货物，然后巡回于各用户的货位之间，将货物按用户需求量放在各用户的货位上，再取出下一种共同需求货物，如此反复进行直至按用户需求将全部货物取出并分放完毕的方法。

批量拣选的分批方式主要有以下几种：

1）按拣选单位分批，也就是将同一种拣选单位的品种汇总在一起处理。

2）按配送区域路径分批，也就是将同一配送区域路径的订单汇总在一起处理。

3）按流通加工需求分批，也就是将需加工处理或需相同流通加工处理的订单汇总在一起处理。

4）按车辆需求分批，也就是如果客户所需物品需要特殊的配送车辆（如低温车、冷冻、冷藏车），或客户所在地需特殊类型车辆，则可汇总合并处理。

与订单拣选相比，批量拣选由于将各用户的需求集中起来进行拣选，因此有利于进行拣选路线规划，减少不必要的重复行走。但其计划性较强，规划难度较大，容易发生错误。

批量拣选比较适用于有较多用户且用户稳定的专业性配送中心，需求数量可以有差异，配送时间要求也不太严格，但品种共性要求较高。

（3）复合拣选。即将订单拣选和批量拣选组合起来的复合拣选方式。根据订单的品种、数量及出库频率，先确定哪些适合订单拣选、哪些适合批量拣选，再分别采取不同的拣选方式。

3. 实施拣选

拣货信息被确认后，拣取的过程就可以由人工或自动设备来完成。一般情况下，对于品种少、批量小的货物，或货重在人力范围内且出货频率不是特别高的货物，可以采取手工方式拣取；对于体积大、质量大的货物，可以利用升降叉车等搬运机械辅助作业方式拣取；对于出货频率很高的货物，可以采用自动分拣系统拣取。一般物流公司仓库都有拣选操作指导书。

分拣单位可分为单品、箱和托盘三种。一般而言，托盘是体积、重量最大的拣货单位，其次是箱，最小的是单品。

（1）单品。也称单件或散货。单件商品包装成独立的单元，以该单元为拣取单位，是拣货的最小单位。

（2）箱。由单件商品装箱而成，拣货过程以箱为拣取单位。

（3）托盘。也称栈板，由箱堆码在托盘上集合而成，经托盘装载后加固，每只托盘堆码数量固定，拣货时以整只托盘为拣取单位。

普罗格公司拆零拣货

此外，有些特殊的货物（体积过大、形状特殊或必须在特殊情况下作业的货物），如桶装液体、散装颗粒或冷冻食品等，拣货时有其特定的包装形式和包装单位。

（二）补货

当拣货区的存货低于设定标准时，将货物从仓库存储区搬运到拣货区的作业活动，即称为拣货区补货。为了仓库拣货区有货可拣，通常以托盘为单位，从货物保管储区将货物移到另一个作为按订单取用的动管储区，然后对此移库作业作库存信息处理。普罗格公司补货单见图 5－6。

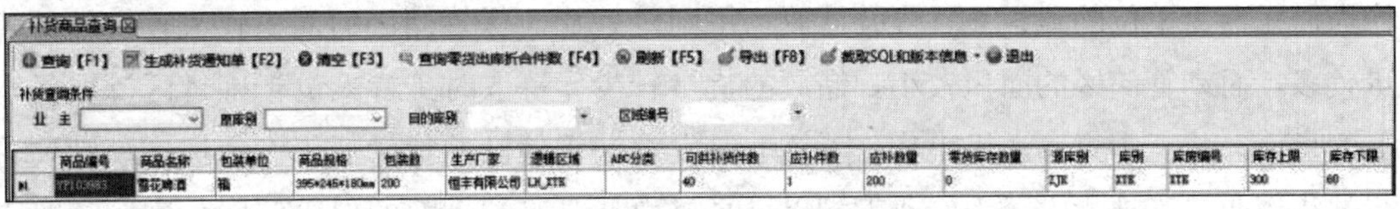

图 5－6　普罗格公司补货单

1. 保管储区和动管储区

保管储区是指对货物进行储存的区域。动管储区是指在拣货作业时所使用的拣货区。动管储区的货品大多将在短期内被拣取出货，其货品在储位上的流动频率很高。

2. 补货时机

补货通常是和拣货连在一起的，没有拣货就不需要补货；相反，没有补货，拣货也就无法持续顺畅地进行。究竟何时检查动管储区存量？何时将保管储区的货补至动管储区才能避免拣货中途动管储区的存货量不够？这就涉及补货时机的问题。一般而言，企业决策方向不同，补货时机的掌握方式也会有所差异。

（1）批次补货。是指在每天或每批次拣取前，先计算出货品总拣取量，再查看动管储区的货品量，在拣取前一特定时点补足货品。这是一次补足的补货原则，较适用于作业量变化不大，紧急插单不多，或是每批次拣取量大，要事先掌握的情况。

（2）定时补货。是指将每天划分为数个时点，补货人员于时段内检查动管储区货架上货品的存量，若不足即马上将货架补满。这是定时补足的补货原则，较适用于分批拣货时间固定且处理紧急追加订货的时间固定的企业。

（3）随机补货。是指指定专门的补货人员，随时巡视动管储区的货品存量，发现不足随时补货的方式。这是不定时补足的补货原则，较适用于每批拣取量大，紧急插单多，一日内作业量不易事前掌握的情况。

3. 补货方式

补货作业必须满足两个前提，即“确保有货可配”和“将待配商品放置在存取都方便的位置”。常见的补货方式有三种：

（1）整箱补货。由货架保管储区补货至流动货架的动管储区补货的方式。保管储区为货架储放，动管储区为两面开放式的流动货架。拣货时，拣货人员在流动货架拣取区拣取单品放入周转箱，而后放至输送机并运到出货区。拣取后若发现动管储区的货量已经低于设定标准，则要进行补货作业。补货方式为补货人员到货架保管储区取货箱，以手推车载箱到动管储区，于流动货架的后面（非拣取面）补货。这种补货方式适合体积小且少量多样出货的货品。

（2）整托盘补货。包括由地板堆放保管储区补货至地板堆放动管储区和由地板堆放保管储区补货至托盘货架动管储区两种补货方式。

1）由地板堆放保管储区补货至地板堆放动管储区补货方式。保管储区和动管储区均为以托盘为单位的地板平置堆叠储放，不同之处在于保管储区的面积较大，储放的货量较多；而动管储区的面积较小，储放的货量较少。拣取时拣货人员于拣货区拣取托盘上的货箱，放至中央输送机出货。若拣取后发觉动管储区的货量低于设定标准，则要进行补货作业。其补货方式为作业人员以堆高机由托盘平置堆叠的保管储区，搬运托盘至同样是托盘平置堆叠的动管储区。这种补货方式适合体积大或出货量多的货品。

2）由地板堆放保管储区补货至托盘货架动管储区补货方式。保管储区为以托盘为单位的地板平置堆叠储放，动管储区则为托盘货架储放。拣取时拣货人员在拣取区搭乘牵引车拉着推车移动拣货，拣取后再将推车送至输送机轨道出货。若发觉拣取后动管储区的货量低于设定标准，则要进行补货作业。其补货方式为作业人员以堆高机由托盘平置堆叠的保管储区，搬运托盘并送至动管储区的托盘货架储放。这种补货方式适合体积中等或以箱为单位的中等量出货的货品。

（3）货架上层至货架中下层的补货。该补货方式是指保管储区与动管储区属于同一货架，也就是将同一货架上容易拿取的地方（中下层）作为动管储区，不容易拿取的地方（上层）作为保管储区。进货时将动管储区放不下的多余货箱放至上层保管储区。在动管储区进行拣货，而当动管储区的货量低于设定标准时，则可利用堆高机将上层保管储区的货品搬至中下层动管储区补货。这种补货方式较适合体积不大、每种品项存货量不高且出货多、属中小量（以箱为单位）的货品。

（三）配货

配货作业是指在经过配货检查后，把拣取分类完成的货物装入容器并做好标示，再运到配货准备区，待装车后发送。配货作业的主要形式有两种：一是单一配货作业，即只为一个客户提供配货服务，作业的主要内容是对货物进行组配和包装；二是集中配货作业，通常比单一配货多了拆箱、分类的程序，其余与单一配货作业大致相同。配货作业的基本流程如下：

1. 分货

分货就是把拣货完毕的货物，按客户或配送路线进行分类。分货方式一般有以下三种：

（1）人工目视处理。由人工根据订单或传票把各客户的货物放在已贴好客户标签的货箱中。

（2）用自动分类机处理。利用自动分类机和计算机识别系统进行分类工作，不仅准确、快速，而且效率高。

（3）旋转架分类。为了节省成本，也可采用旋转架分类的方式。这种方式将旋转架的每一格当成客户的出货筐，分类时只要在计算机输入各客户的代号，旋转架即会自动将货架转至作业人员的面前。同样，即使采用没有安装动力设置的小型旋转架，也可作为人工目视处理的货筐，只不过作业人员要按每一格上的客户标签自行旋转寻找，以便将货物放入正确的位置。

普罗格药品出库前内部复核

2. 配货检查

配货检查是指根据客户信息、发货指示书和车次核对拣送物品的商品号码和数量，检查产品的状态和品质。

配货检查员的工作是进一步确认配货作业是否有误。配货检查最原始的做法是采用纯人工方式，即将货物逐一点数并逐一核对出货单，进而查验配货的品质及状态情况。就状态及品质检验而言，纯人工方式逐项或抽样检查确有其必要性，但对于货物号码及数量核对来说，这一方式效率太低且存在错误。因此，目前在货物号码及数量检查上有许多改进的方法，常用的有商品条形码检查法、声音输入检查法和重量计算检查法。

3. 包装与捆包

包装是配货作业中重要的一项，它起到保护商品、便于搬运和储存、激发客户购买欲望，以及易于辨认的作用。包装分个装、内装及外装三种。其中，内装和外装统称为运输包装。对于运输货物的包装，通常不要求装潢精美，只要求坚固、耐用且便于装卸，以免货物经长距离辗转运输而遭受损失。

三、复核点交

普罗格药品出库月台复核点交

在出库操作中，复核和点交是非常关键的环节。复核是防止出库差错的产生，点交是划清仓库和提货方两者责任的手段。

（一）复核

货物备好后，为了避免和防止备货过程中可能出现的差错，复核人员按照出库凭证上所列的内容进行逐项复核。复核的具体内容见表5－2。

表5－2 复核内容及检查项目

复核项目	复核内容	具体检查项目
出库单据	主要审查货物出库凭证有无伪造编造、是否符合规定手续、各项目填写是否齐全等	凭证有无涂改、过期
		凭证中各栏项目填写是否正确、完整等
		凭证中的字迹是否清楚
		印鉴及签字是否正确、真实、齐全
		出库货物应附的技术证件和各种凭证是否齐全
实物	根据出库凭证对待发货物进行核对	核对货物的品种、规格、牌号、单位、数量是否与凭证相符
		核对货物的包装是否完好，外观质量是否合格
账、货结存情况	对配货时取货的货垛、货架上货物的结存数进行核对	检查货物的数量与出库凭证上标明的账面结存数是否相符
		核对货物的货位、货卡有无问题，以便做到账、货、卡相符

（二）点交

货物经过复核后，如果是使用单位自行提货的，即可将货物随同证件向提货人员当面点交，办理交接手续，提货人员应在出库凭证上签名，仓管员应在出库凭证上填写“实发数”“发货日期”“提货单位”等内容并签名；如果是代运的货物，则要办清内部交接手续，向负责代运或包装的人员点交清楚，由接收方签字。货物点交清楚、办完交接手续后，该货物的保管阶段基本结束。

四、装车发运

（一）装车

将待运货物合理装上车是出库作业的重要环节。对货物进行合理的装车调配、优化处理，可以提高车辆在容积和载货两方面的装载效率，进而提高车辆运能运力的利用率，降低配送运输成本。由于货物在性质、形状、重量、体积等方面存在差异，因此在技术上对车辆的积载提出了很高的要求，装车遵循的技术原则主要有：

1. 重不压轻的原则

车辆装货时，必须将重货置于底部，轻货置于上部（或视包装强度来确定），避免重货压坏轻货，并使货物重心下移，从而保证运输安全。

2. 大小搭配的原则

货物包装的尺寸有大有小，为了充分利用车厢的内部容积，可在同一层或上下层合理搭配不同尺寸的货物，以减少尺寸差异产生的空隙。

3. 货物性质搭配的原则

拼装在一个车厢内的货物，其化学性质、物理属性不能互相抵触。如不能将散发臭味的货物与具有吸臭性的食品混装，不能将散发粉尘的货物与清洁货物混装等。

4. 防止甩货的原则

当装载率不高时，货与货之间、货与车辆内壁之间会有较大的空隙，为防止车辆晃动时产生甩货的现象而发生货损，应采取适当固定措施，如衬垫。

5. 载重量和容积率搭配的原则

对需要拼装运输的货物，尽可能将货物的载重量和容积率进行合理搭配，从而提高车辆的装载效果。

（二）发运

根据送货计划所确定的最优路线，在规定的时间及时准确地将货物运送到客户手中，在运送过程中要注意加强运输车辆的考核与管理。

五、现场整理

（一）销账

在货物出库完毕后，仓管员应及时将货物从仓库保管账上核销，取下垛牌，以保证仓库账账相符、账卡相符、账实相符，并将留存的单证、文件存档。在有仓储系统的仓储企业中，销账环节是在拣货作业过程中通过 RF 手持终端扫描货架及货物条码，并录入出库数量信息，由系统自动核销完成。

（二）清理

根据储存规划要求，并垛、挪位，及时清扫发货现场，保持清洁整齐，在仓库货位图上标注空出的货位，清查发货的设备和工具等。

（三）“7S”管理

货物出库后，有的货跺被岔开，有的货位被打乱，有的现场还留有垃圾、杂物等。仓管员应根据“7S”管理要求，该并跺的并跺，该挪位的挪位，及时清扫现场，保持清洁，腾出新的货位，以备新的货物出入库之用。同时，要清查发货的设备和工具有无丢失、损坏。图 5－7 为出库作业完成后清理包装纸箱，图 5－8 是将托盘码放整齐。

图 5－7　包装纸箱清理

图 5－8　托盘码放整齐

内化与提升

在 2020 年 4 月 12 日的出库任务中，怡宝饮用矿泉水和雪花啤酒均为整箱出库，在仓储部主管的指导下，管培生们跟随工作人员实施了整件货出库操作，具体步骤如下：

第一步，整件拣货索取。

整件拣货员进入 PDA 界面，双击进入整件任务索取界面，输入工号，点击“整件拣货”，见图 5-9，点击“索取”，见图 5-10。根据 RF 提示下架货位，核对药品名称、规格批号等，核对无误后，扫码货位并按确认键，约十秒钟后，无线打印机自动打印整件拣货出库标签。

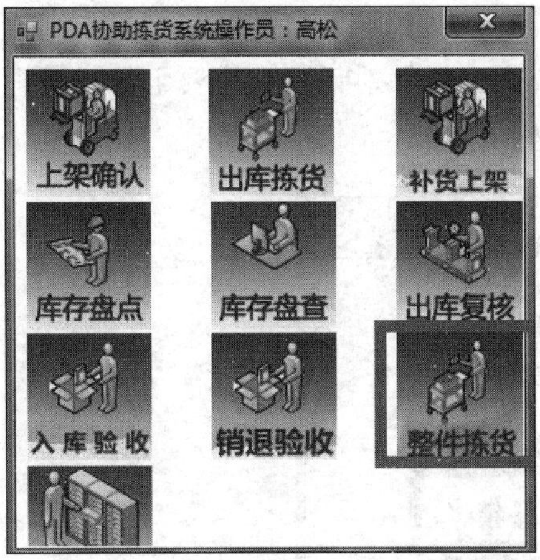

图 5-9　点击“整件拣货”

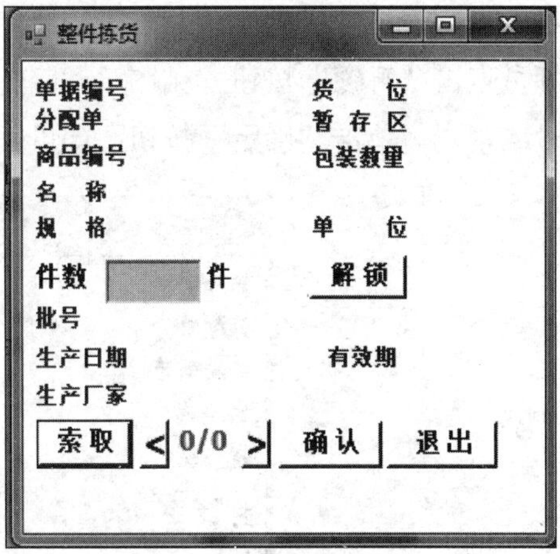

图 5-10　点击“索取”

（1）整件拣货员根据标签上的货位号、商品名称、规格、厂家、批号、数量等信息至对应的区域拣选，将出库标签贴在整箱上。

（2）当拣货件数<10 件时，每箱货打印一张标签，拣选完成后将商品投放输送线，通过输送线送至集货滑道口。

（3）当拣货件数≥10 件时，只打印一张标签，拣货完成商品，然后按照标签上显示的暂存区信息，通过电梯投放至月台暂存区。

第二步，监管码扫描。

整件拣货员至目的货位拣货后，直接在 RF 上确认。有电子监管的品种会自动弹出监管码扫描界面，整件拣货员即可收集电子标签码，见图 5-11、图 5-12。

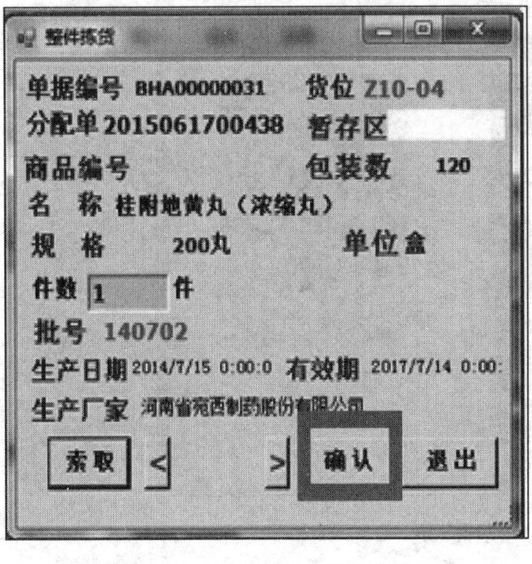

图 5-11　点击“确认”

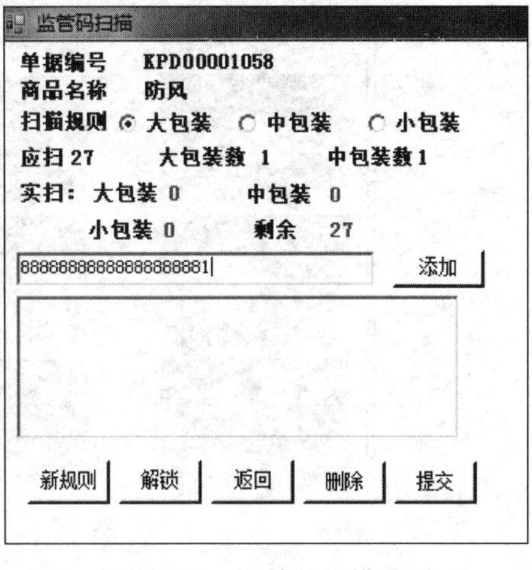

图 5-12　监管码扫描界面

第三步，数量解锁。

当整件拣货员拣选时发现可拣选数量不足时，应该及时向组长或管理员反映，请组长或管理员到现场盘查核实确认。

组长或管理员现场核实后，若需按照实际库存数量出库并修改计划数量，则由组长或管理员点击“解锁”按钮，见图5-13。系统弹出解锁对话框，需要组长或管理员输入工号或密码后单击“确定”按钮，即可完成数量修改。

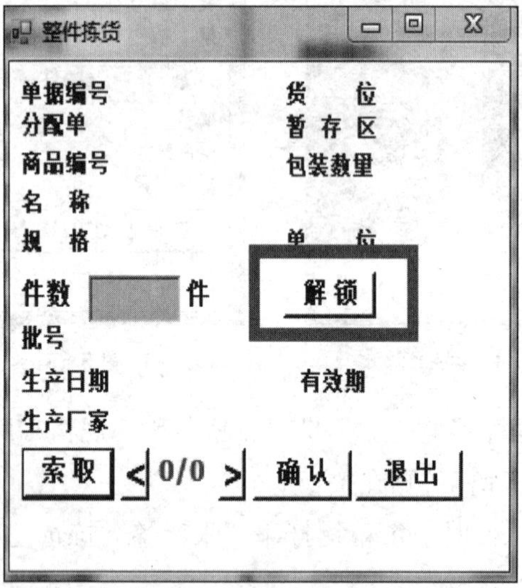

图5-13 点击“解锁”

第四步，功能库房拣选。

(1) 整散合一拣货。拣货员在RF中输入工号，进入“整散合一拣货”，见图5-14，索取拣货任务，这里主要指非药器械、非药品，具体拣货流程参照整件拣货。

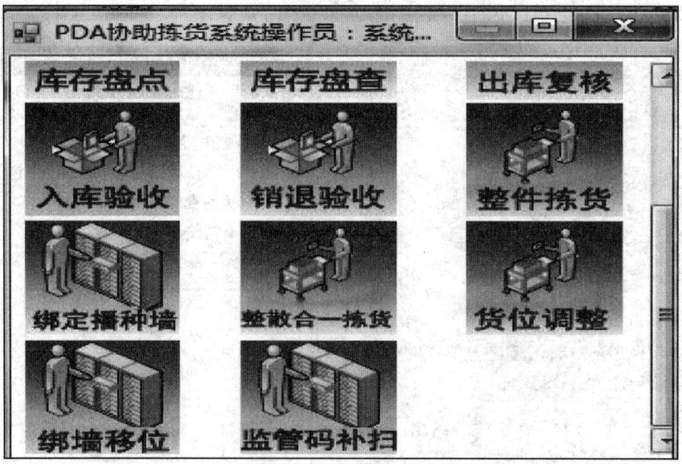

图5-14 整散合一拣货

（2）特殊零货拣货。拣货员在计算机上进入“特殊零货任务索取”界面并输入工号，见图5-15，索取拣货任务，打印纸质拣货单，支持双人拣货，双人复核。这里主要指特殊药品（一类、二类、毒性、蛋肽）。

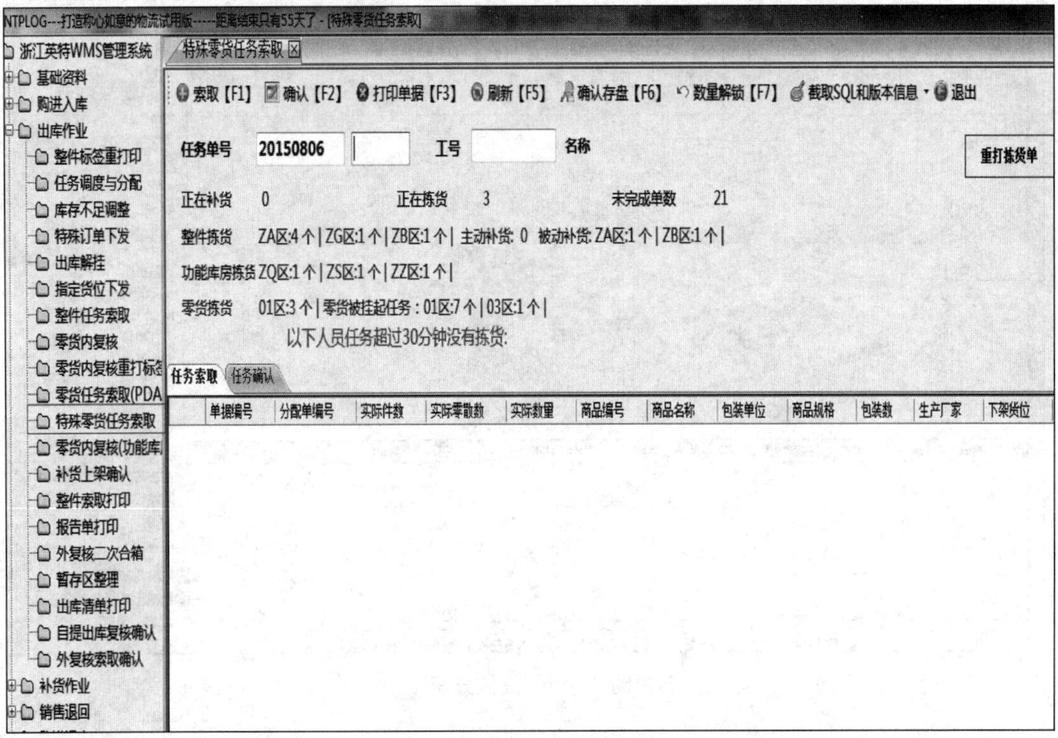

图5-15　特殊零货任务索取1

拣货员拣货完成后，直接在“特殊零货任务索取”界面进行确认，见图5-16。

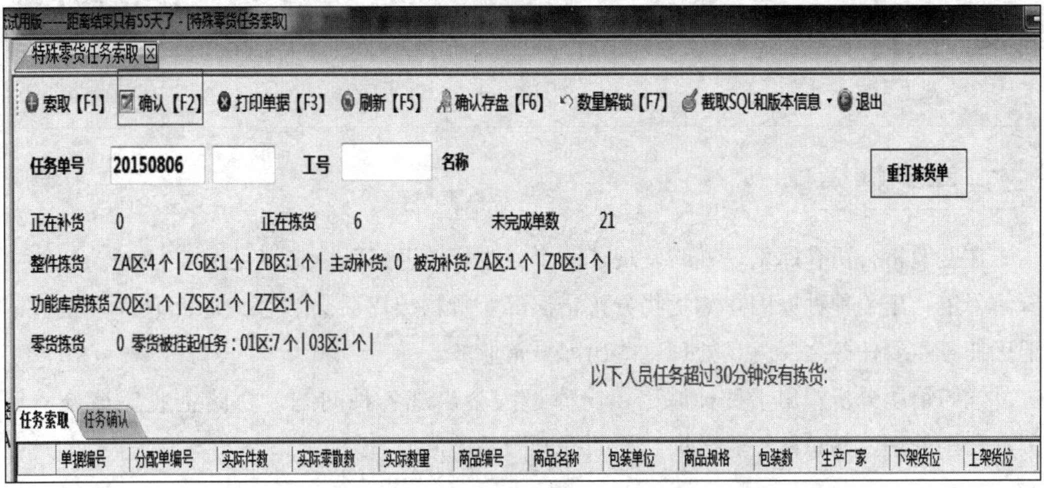

图5-16　特殊零货任务索取2

拣货完成商品，直接到计算机界面进行复核，见图 5－17，具体流程参照内复核包装流程。

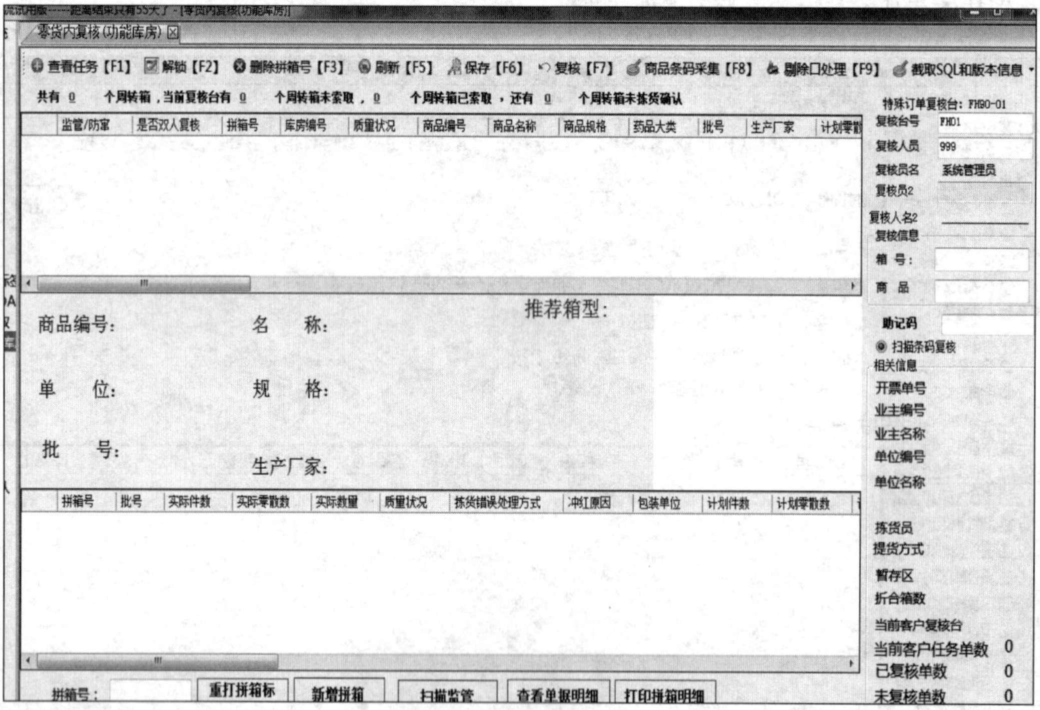

图 5－17 复核界面

任务三 出库异常情况处理

学习情境

在普罗格公司仓库里，刘盼发现了一个“收货销退区”挂牌（见图 5－18）。仓储主管解释道，出于种种原因，如货物分拣错误等，货物出库后会被客户退回仓库，收货销退区任务主要任务之一就是处理这些出库异常业务。

学习情境分析：出于种种原因，出库过程会出现各种问题，仓储企业应该分清情况，分别处理，并总结经验教训，不断提升服务质量。

图 5-18　收货退销区

知识链接

出库过程中容易出现的问题，大致有以下几种：

一、提货数与实存数不符

若出现提货数与实存数不符的情况，一般是实存数小于提货数。造成这种问题的原因主要有：

（1）商品入库时，由于验收的差错，增多了实收商品的签收数量，从而造成账面数大于实存数。

（2）仓库保管人员和发货人员在之前的发货过程中，因错发、串发等差错而造成实际商品库存量小于账面数。

（3）货主单位没有及时核减开出的提货数，造成库存账面数大于实际储存数，从而开出的提货单提货数量过大。

（4）仓储过程中造成的货物的毁损。

当遇到提货数大于实存数时，无论是何种原因造成的，都需要和仓库主管部门、货主单位及时取得联系后再作处理。如果属于入库时错账，则可以采用报出报入方法进行调整，即先按库存账面数开具商品出库单销账，再按实际库存数重新入库登账，并在入库单上签明情况；如果属于仓库保管员串发、错发而引起的问题，应由仓库方面负责解决库存数与提货单间的差数；如果属于货主单位漏记账而多开出库数，应由货主单位出具新的提货单，重新组织提货和发货；如果是仓储过程中的损耗，则需考虑该损耗数量是否在合理的范围之内，并与货主单位协商解决，合理范围内的损耗，应由货主单位承担，而超过合理范围之外的损耗，则应由仓储部门承担。

二、串发货和错发货

串发货和错发货，主要是指由于发货人员对商品种类规格不是很熟悉，或者由于工作中的疏漏，把错误规格、数量的商品发出库的情况。如提货单开具某种商品的甲规格出库，而在发货时错把该种商品的乙规格发出，造成甲规格账面数小于实存数，乙规格账面数大于实存数，在这种情况下，如果商品尚未离库，应立即组织人力，重新发货；如果商品已经提出仓库，保管人员要根据实际库存情况，如实向本库主管部门和货主单位讲明串发和错发货的品名、规格、数量、提货单位等情况，会同货主单位和运输单位共同协商解决。一般而言，在无直接经济损失的情况下，由货主单位重新按实际发货数冲单（票）解决；如果形成直接经济损失，应按赔偿损失单据冲转调整保管账。

三、包装破漏

包装破漏是指在发货过程中，因商品外包装破散、砂眼等现象引起的商品渗漏、裸露等问题。这类问题主要是在储存过程中因堆垛挤压、发货装卸操作不慎等情况引起的。发货时都应经过整理或更换包装，方可出库，否则造成的损失应由仓储部门承担。

四、漏记账和错记账

漏记账是指在商品出库作业中，由于没有及时核销商品明细账而造成账面数大于或少于实存数的现象。错记账是指在商品出库后核销明细账时没有按实际发货出库的商品名称、数量等登记，从而造成账实不相符的情况。无论是漏记账还是错记账，一经发现，除及时向有关领导如实汇报情况外，还应根据原出库凭证查明原因调整保管账，使之与实际库存保持一致。如果由于漏记账和错记账给货主单位、运输单位和仓储部门造成了损失，应予赔偿，同时应追究相关人员的责任。

五、退货

当物流企业遭遇客户退货时，首先应查明原因，然后处理。一般造成客户退货主要有以下情况：客户收到不符合质量要求货物而退货的，由仓储企业更新发货方案重新发货；货物在运输途中遭遇货损而被客户退货的，由仓储企业向运输企业公司追偿；货物因已过保质期而被退货的，由仓库重新退换。

内化与提升

刘盼认识到，由于仓储企业出库业务繁忙，为避免差错，必须要有高度的责任心，需耐心细致地工作，一旦出现异常，必须马上查明原因，按照公司要求处理，这既是对客户负责，也是仓储企业提升管理水平的要求。

同步测试

一、单选题

1. 在整个出库作业中，（　　）是两个最为关键的环节。

A. 核单备料和复核　B. 点交和登账

C. 复核和点交　D. 现场和档案管理

2. 提货时，用户发现规格开错，保管员在（　　）后方可发货。

A. 自行调换规格　B. 制票员重新开票

C. 按规定交足逾期保管费　D. 请顾客在原单上签字

3. 拣货方式可以最简单地划分为订单拣选、（　　）及复合拣选三种。

A. 摘果式拣选　B. 单一拣选　C. 批量拣选　D. 指令式拣选

4. （　　）的产生是为产品出库提供指示资料，是拣货的依据。

A. 提货单　B. 拣货单　C. 送货单　D. 发货单

5. 由收货人或其代理持取货凭证直接到库取货，仓库凭单发货的出库方式属于（　　）。

A. 送货　B. 收货人自提　C. 过户　D. 转仓

二、多选题

1. 物品出库要求做到“三不三核五检查”，其中“三核”是指在发货时要核实（　　）。

A. 凭证　B. 账卡　C. 实物　D. 货物质量

2. 出货管理应遵循（　　）原则。

A. 先入先出原则　B. 货物一致性原则　C. 货位清空原则

D. 货物数量满足原则　E. 货位归并原则

3. 货物出库的基本方式有（　　）。

A. 送货　B. 自提　C. 过户　D. 取样和转仓

4. 拣货单位是指拣货作业中拣取货物的包装单位，通常拣货单位可分为（　　）。

A. 销售包装　B. 托盘

C. 箱（外包装） D. 单件（小包装）

5. 订单的分批方式有（ ）。

A. 总合计量分批 B. 时窗分批

C. 固定订单量分批 D. 智慧型分批

三、简答题

1. 描述出库作业流程。
2. 简述“7S”管理的内容。
3. 简述补货的三种方式。
4. 简述串发货和错发货问题的处理方式。

同步实训

实训项目一　订单拣选实训

项目介绍

订单拣选是指分拣人员每次拣选只针对一张订单，巡回于各个储存点并将订单上所需货物取出并放置到待运区，完成配货任务的方法。订单拣选对于迅速正确地进行后续作业，有着非常重要的意义。

实训目的

通过本项目的实训操作，使学生掌握订单拣选的方法。

实训内容

美达公司开具了提货单到仓储物流中心提货。请根据提货单（见表 5-3）进行订单拣选操作。库存信息和拣货单分别见表 5-4 和表 5-5。

表 5-3　美达公司提货单

序号	商品名称	单位	单价（元）	数量	金额（元）
1	雪花啤酒	箱	40	15	600
2	农夫山泉矿泉水	箱	10	13	130
3	万盛牌饼干	箱	100	12	1 200
合计		—	—	40	1 930

表 5-4　库存信息

序号	商品名称	储位	箱数
1	雪花啤酒	H1010401	30
2	农夫山泉矿泉水	H1010402	30
3	万盛牌饼干	H1020101	30
4	兴华苦杏仁	H1010103	30
5	神奇松花蛋	H1020103	30

表 5-5　拣货单

拣货单编号：　　　　　　　　　　　订单编号：

<table>
<tr><td>用户名称</td><td colspan="3"></td><td>地址</td><td colspan="2"></td><td colspan="2">电话</td><td></td></tr>
<tr><td>出货日期</td><td colspan="4"></td><td colspan="3">出货货位号</td><td colspan="2"></td></tr>
<tr><td>拣货日期</td><td colspan="6">年　月　日至　年　月　日</td><td colspan="2">拣货人</td><td></td></tr>
<tr><td>核查时间</td><td colspan="6">年　月　日至　年　月　日</td><td colspan="2">核查人</td><td></td></tr>
<tr><td rowspan="2">序号</td><td rowspan="2">储位号码</td><td rowspan="2">商品名称</td><td rowspan="2">规格型号</td><td rowspan="2">商品编码</td><td colspan="3">包装单位</td><td rowspan="2">数量</td><td rowspan="2">备注</td></tr>
<tr><td>箱</td><td>整托盘</td><td>单件</td></tr>
<tr><td></td><td></td><td></td><td></td><td></td><td></td><td></td><td></td><td></td><td></td></tr>
<tr><td></td><td></td><td></td><td></td><td></td><td></td><td></td><td></td><td></td><td></td></tr>
<tr><td></td><td></td><td></td><td></td><td></td><td></td><td></td><td></td><td></td><td></td></tr>
<tr><td></td><td></td><td></td><td></td><td></td><td></td><td></td><td></td><td></td><td></td></tr>
<tr><td>备注</td><td colspan="9"></td></tr>
<tr><td colspan="5">托运人（签章）
日期：　　年　　月　　日</td><td colspan="5">承运人（签章）
日期：　　年　　月　　日</td></tr>
</table>

实训资源

（1）纸箱：订单列表中各种规格纸箱，60 个。

（2）标准托盘：规格 1 200 毫米×1 000 毫米，40 个。

实训组织

学生分组完成。

实训指导

步骤一：实训指导老师讲解订单拣选的方法，提出实训任务和要求。

步骤二：根据实训任务和要求，学生对上述货物进行拣选。

实训考核

详见表 5-6。

表 5-6 订单拣选实训考核表

考核内容	订单拣选操作		
考核方式	按组考核□ 按人考核□		
考核人		被考核人	
考核标准	具体内容	分值	实际得分
	拣货单上的填写正确	30	
	拣取的数量正确	20	
	每个客户的货物品种和数量正确	20	
	配货检查正确	20	
合计		100	

实训项目二 批量拣选实训

项目介绍

批量拣选是将数张订单中相同的物品数量汇总起来，分拣人员从储存点集中取出各个用户共同需要的货物，然后巡回于各用户的货位之间，将货物按用户需求量放在各用户的货位上，再取出下一种共同需求货物，如此反复进行直至按用户需求将全部货物取出并分放完毕的方法。批量拣选对于迅速正确地进行后续作业，有着非常重要的意义。

实训目的

通过本项目的实训操作，使学生掌握批量拣选的方法。

实训内容

仓储物流中心收到两家连锁超市的两张订单。请根据订单（见表 5-7 和表 5-8）拣货进行批量拣选操作。库存信息和拣货单分别见表 5-4 和表 5-5。

表 5-7 飞达公司订单

序号	商品名称	单位	单价（元）	数量	金额（元）
1	雪花啤酒	箱	40	10	400
2	农夫山泉矿泉水	箱	10	5	50
3	万盛牌饼干	箱	100	5	500
合计		—	—	40	950

表 5-8 飞翔公司订单

序号	商品名称	单位	单价（元）	数量	金额（元）
1	雪花啤酒	箱	40	3	120
2	农夫山泉矿泉水	箱	10	2	20
3	万盛牌饼干	箱	100	2	200
合计		—	—	40	340

实训资源

(1) 纸箱：订单列表中各种规格纸箱，60个。

(2) 标准托盘：规格1 200毫米×1 000毫米，40个。

实训组织

学生分组完成。

实训指导

步骤一：实训指导老师讲解订单拣选的方法，提出实训任务和要求。

步骤二：根据实训任务和要求，学生对上述货物进行拣选。

实训考核

详见表5-9。

表5-9　批量拣选实训考核表

考核内容	批量拣选操作		
考核方式	按组考核□　　　　按人考核□		
考核人		被考核人	
考核标准	具体内容	分值	实际得分
	拣货单上的填写正确	30	
	拣取的数量正确	20	
	每个客户的货物品种和数量正确	20	
	配货检查正确	20	
合计		100	

实训项目三　退货处理实训

项目介绍

退货是客户对瑕疵品、搬运中损坏的商品、送错的商品和过期商品的退回，应尽量避免退货。

实训目的

通过实训，让学生了解退货的原因，熟悉退货作业的内容和步骤，掌握退货的处理方法，培养、提高学生的办理退货业务的工作技能。

实训内容

仓储配送中心收到客户 A 退回的东北大米 20 袋，退货原因为外包装有雨渍污点。

（1）分组：每组由 1 名组长和 5 名成员构成，每个成员由组长分配相应的实训任务。

（2）主要实训任务：

1）接受客户信息，接待客户。

2）联系质检员，检验所退货物。

3）根据检验结果，办理退货。

4）退货核收后办理入库。

5）由相关人员办理换货、退款等业务。

实训资源

大米 20 袋。

实训组织

学生分组完成。

实训指导

步骤一：实训指导老师讲解订单拣选的方法，提出实训任务和要求。

步骤二：根据实训任务和要求，学生对上述货物进行退货处理。

实训考核

详见表 5-10。

表 5-10　退货处理实训考核表

<table>
<tr><td>考核内容</td><td colspan="3">退货处理操作</td></tr>
<tr><td>考核方式</td><td colspan="3">按组考核□　　　　　　按人考核□</td></tr>
<tr><td>考核人</td><td></td><td>被考核人</td><td></td></tr>
<tr><td rowspan="5">考核标准</td><td>具体内容</td><td>分值</td><td>实际得分</td></tr>
<tr><td>接待客户、询问情况详细而热情</td><td>20</td><td></td></tr>
<tr><td>能准确知晓退货范围</td><td>20</td><td></td></tr>
<tr><td>质检员检验所退货物仔细而规范</td><td>30</td><td></td></tr>
<tr><td>退货核收后的相关手续办理及时</td><td>30</td><td></td></tr>
<tr><td colspan="2">合计</td><td>100</td><td></td></tr>
</table>

项目六
配送作业管理

【知识结构图】

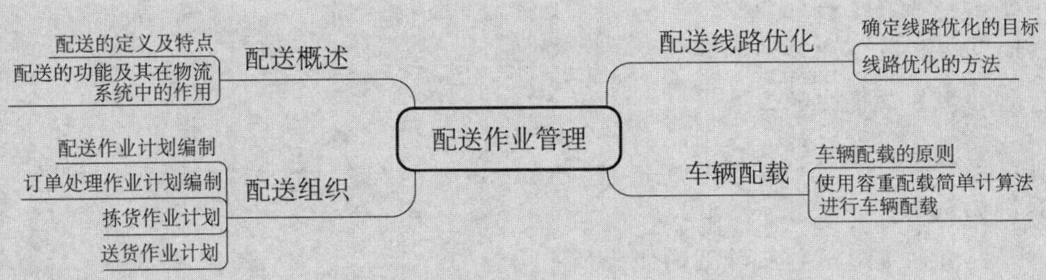

【内容提要】

"配送"是仓储企业主动为客户提供的"门到门"服务项目，它将仓储企业传统的储存保管业务扩展为向客户提供集存储、加工、拣选、输送为一体的后勤保障服务。通过"配"与"送"的有机结合，低成本、高效率地满足客户需求。配送作业管理始于收到客户要货订单，通过订单处理、实施有效的配送作业组织、设计合理的配送线路、安排合适的运输工具，直至把商品交给收货人。

【学习目标】

※ 素质目标

1. 具备基本的配送岗位素养和职业判断能力。
2. 具有诚信品质以及遵纪守法的理念。
3. 培养学生树立保障流通、优质服务的物流职业道德。
4. 培养学生善总结、勤思考的新时代物流人特质。

※ 知识目标

1. 了解配送的定义、特点、功能及作用。
2. 掌握配送作业计划的编制。
3. 掌握拣货作业计划的编制。
4. 掌握线路优化的方法。
5. 掌握车辆配载的方法。

※ 技能目标

1. 具有制定配送作业计划的能力。
2. 具有制定订单处理作业计划的能力。
3. 具有制定拣货作业计划的能力。
4. 具有配送线路优化的能力。
5. 具有车辆配载的能力。

任务一
配送概述

学习情境

“配送”是普罗格公司为客户提供的服务项目之一。以普罗格公司与某医药公司签订的仓储配送合同为例，其中就有关于配送服务的约定：

仓储与配送合同

乙方（普罗格公司）为甲方（某医药公司）提供特定区域的地级市集中配送业务，仅针对点对点配送，其特定区域为“浙江全省”，配送服务具体内容包括：

（1）提供仓库和仓储设施进行物品储存服务。

（2）提供出入库的搬运、拣选、物流码扫描、打印出库单据的服务。

（3）提供运输配送服务及运输配送查询服务。

（4）提供电话、传真、打印、复印、收发邮件的服务。

该医药公司的客户辐射浙江全省，为此普罗格公司也构建了辐射浙江全省的配送区域服务体系，可配送品种约 1.5 万个 SKU，每天配送 2 次（早上配送及中午配送），配送车辆由自有车量和外部车辆共同组成。

学习情境分析：刘盼知道，配送服务本身就是仓储企业的一项增值服务项目，必须要熟悉配送业务，以及订单管理系统和运输管理系统中与配送功能密切相关的模块信息和具体操作流程。

知识链接

一、配送的定义及特点

（一）配送的定义

在中华人民共和国国家标准《物流术语》（GB/T 18354—2021）中，配送被定义为：根据客户要求，对物品进行分类、拣选、加工、集货、包装、组配等作业，并按时送达指定地点的物流活动。

从物流角度来讲，配送几乎包括所有的物流功能要素，是物流的一个缩影或是某个小范围中物流全部活动的体现。一般的配送集装卸、包装、保管、运输于一体，通过一系列活动将货物送达目的地。特殊的配送还要以加工活动为支撑，所以包括的范围更广。但是，配送的主体活动与一般物流还是有很大的不同的，如分拣配货是配送的独特要求，也是配送中有特点的活动。从商流角度来讲，配送和物流的不同之处还在于，物流是商物分离的产物，而配送则是商物合一的产物，配送本身就是一种商业形式。虽然在具体实施配送时，也有以商物分离形式实现的，但从配送的发展趋势看，商流与物流越来越紧密的结合是配送成功的重要保障。

具体而言，配送包含以下五方面内容：

（1）配送的概念描述了接近客户资源配置的全过程。配送的资源配置作用是“最终配置”，因此是接近客户的配置。

（2）配送的实质是“送货”。配送是一种送货，但和一般送货有区别。一般送货可以是一种偶然的行为，而配送是一种有固定的场所和组织形态，有专业化的管理队伍、设施设备和技术力量的高水平送货形式。

（3）配送是一种“中转”形式。配送是中转型送货，而一般送货，尤其是从工厂至客户的送货，往往属于直达型；一般送货是有什么送什么，配送则是客户需要什么送什么。因此，要做到需要什么送什么，就必须在一定的中转环节集合这种需要，从而使配送必然以“中转”的形式出现。

（4）配送是“配”和“送”的有机结合。配送与一般送货的重要区别在于，配送利用有效的分拣、配货等作业，使送货达到一定的规模，并利用规模优势取得较低的送货成本。如果不进行分拣、配货，有一件运一件，需要一点送一点，就会大大增加资源的消耗，使送货并不优于取货。

（5）配送以客户需求为出发点。配送是从客户利益出发，按客户需求进行的一种活动。因此，在观念上必须明确“客户第一”“质量第一”。配送企业处于服务地位而不是主导地位，因此不能从本企业利益出发，而应从客户利益出发，在满足客户利益的基础上取得本企业的利益。更重要的是，不能利用配送损害客户利益或控制客户，不能利用配送作为部门分割、行业分割、市场割据的手段。当然，过分强调“按客户需求”也是不妥的，客户需求受客户本身的局限，有时会损害其自身或双方的利益。配送必须以客户需求为依据，但是不能盲目，应该追求合理，进而实现共同利益。

（二）配送的特点

配送是按客户需求进行的商品组配与送货活动，它作为物流系统的重要功能之一，具有以下特点：

1. 配送是一种末端物流活动

配送的对象是零售商、加工点、消费者或终端客户，配送作业是与长距离、大批量运输相连接的为终端客户提供的短距离、小批量物流服务活动。因此，配送处于供应链的末端，是一种末端物流活动。

2. 配送是“配”和“送”的有机结合

配送包含“配”和“送”，与一般的送货有区别。一般的送货主要体现为生产企业和商业企业的营销活动，通过送货实现销售或促进销售的目的；而配送是以合理集货为前提，利用有效的分拣、配货等理货工作，使送货达到一定的规模，利用规模优势取得较低的送货成本，满足客户需要，使客户满意。配送的优势体现在分拣、配货，这是配送与一般送货的重要区别。

3. 配送是以客户需求为出发点的物流活动

配送是以客户订单为核心、满足客户需求的服务活动，充分体现了客户的主导地位。配送的物品、时间、数量、品种、规格、地点都必须按客户需求进行，以客户满意为服务目标。

4. 配送是物流和商流有机结合的商业流通模式

配送融合了商流、物流，它是一种有效的商业模式。配送作业的起点是集货，必然包括订货、交货等商流活动。在消费者主导的买方市场形态下，商流的有效组织离不开物流的支持，同样，以技术和网络主导的电子商务也离不开有效的配送。因此，配送是一种商流和物流有机结合的商业模式。

5. 配送是一种综合性、一体化的物流活动

配送是综合性、一体化的物流活动。配送过程包含采购、运输、储存、装卸、搬运、分拣、配货、配装、流通加工、进货、送达服务和物流信息处理等多项物流活动。

二、配送的功能及其在物流系统中的作用

（一）配送的功能

配送是物流系统中一个涉及多个环节的物流活动，它有许多功能，主要包括：

1. 集货

集货是将分散的或小批量的货物集中起来，以便进行运输和配送的作业。集货是配送的重要环节，为了满足特定客户的配送要求，有时需要把从几家甚至数十家供应商处预订的货物集中，并将要求的货物分配到指定容器和场所。集货是配送的准备工作或基础工作，配送的优势之一就是可以将客户的货物进行一定规模的集货。

2. 分拣

分拣是将货物按品种、出入库先后顺序进行分门别类堆放的作业。分拣是配送不同

于其他物流形式的功能要素，也是成功配送的一项重要的支持性工作。它是完善送货、支持送货的准备性工作，是不同配送企业在送货时开展竞争和提高自身经济效益的必然延伸。因此，也可以说分拣是送货向高级形式发展的必然要求。有了分拣，就会大大提高送货服务水平。

3. 配货

配货是使用各种拣选设备和传输装置，将存放的货物按客户要求分拣出来，配备齐全，并送入指定发货地点的作业。

4. 配装

在单个客户配送数量不能达到车辆的有效运载负荷时，就存在如何集中不同客户的配送货物，进行搭配装载以充分利用运能、运力的问题，这时就需要配装。与一般送货的不同之处在于，通过配装送货可以大大提高送货水平、降低送货成本，所以配装是配送系统中有现代特点的功能要素，也是现代配送不同于以往送货的重要区别之一。

5. 配送运输

配送中的末端运输、支线运输和一般干线运输形态的主要区别在于：配送运输是较短距离、较小规模、较高额度的运输形式，一般以汽车作为运输工具。配送运输的路线选择问题是一般干线运输所没有的，干线运输的干线是唯一的运输线。另外，配送运输由于配送客户多，一般城市交通路线又较复杂，如何寻求最佳路线，如何使配装和路线有效搭配等，是配送运输的特点，也是难度较大的工作。

6. 送达服务

将配好的货运送给客户，配送工作还没有结束，这是因为送达货和客户接货往往还会出现不协调，甚至可能使配送前功尽弃。因此，要圆满地完成货物的移交，有效、方便地处理相关手续并完成结算，还应讲究卸货地点、卸货方式等。送达服务也是配送独具的特色。

7. 配送加工

配送加工是按照配送客户的要求所进行的流通加工。在配送中，配送加工这一功能要素不具有普遍性，但往往是有重要作用的功能要素。这是因为通过配送加工，可以大大提高客户的满意度。配送加工是流通加工的一种，但配送加工有它不同于流通加工的特点，即配送加工一般只取决于客户要求，其加工的目的较为单一。

（二）配送在物流系统中的作用

配送在物流系统中的作用，主要体现在以下五个方面：

1. 完善了输送及整个物流系统

第二次世界大战之后，由于大吨位、高效率运输力量的出现，干线运输无论在铁路、海运还是公路方面都达到了较高水平，长距离、大批量的运输实现了低成本化。但是，在所有的干线运输之后，往往都要辅以支线转运或小搬运，这种支线转运或小搬运成了物流过程中的一个薄弱环节。这个环节有许多和干线运输不同的特点，如要求灵活性、适应性、服务性。从范围的角度来讲，采用配送方式有利于将支线运输及小搬运统一起来，加上上述的各种优点，输送过程得以优化和完善。

2. 提高了末端物流的经济效益

配送中包含的那一部分运输活动，在整个运输过程中处于末端输送的位置，其起始点是物流节点或用户。它将各种用户需要集中在一起进行一次发货，可以代替过去的分散发货，并使用户以去一处订货代替过去的去多处订货，以一次接货代替过去的频繁接货等。配送以灵活性、适应性、服务性的特点，解决了过去末端物流的运力安排不合理、成本过高等问题，从而提高了末端物流的经济效益。

3. 通过集中库存使企业实现低库存或零库存

配送以较低的集中库存总量取代了较高的分散库存总量，并提高了供应保证程度，可以使企业实现低库存或零库存。配送多批次、少批量的货物，使用户的经常储备平均库存趋近于零；配送企业在流通领域中广泛的社会联系和集中调解功能较强的优势，使用户的保险储备库存趋近于零。配送企业通过自己强有力的供应保证，避免用户出现呆滞库存或超储备库存。配送企业通过自己的有效服务，采取即时配送、准时配送等多种服务形式，保证用户的临时性、偶然性及季节性需求，从而缓解用户的库存压力，实现零库存。同时，配送的功能是将企业外和企业内的两次供应合二为一，即担负了企业外部和内部双重供应，直接将货物供应到车间或流水线，从而取代了原来由采购部门承担的工作，也减少了企业内部的供应库存。

4. 简化了手续、方便了用户

物流节点按照服务范围内用户的需要，批量购进各种物资，与用户建立比较稳定的供需关系。一般实行计划配送，而对少数用户的临时需要，也提供即时配送服务，用户通过一次购买活动就可以买到多种商品，简化了交易次数及相应的手续。由于配送的“送”的功能，用户不必考虑运输方式、线路及装卸货物等问题，就可在自己的工厂甚至流水线处接到所需的商品，极为方便。

5. 提高了供应保障程度

配送企业依靠自己联系面广、多方组织资源的优势，按用户的要求，及时供应。若组织到的货源不能满足用户的需要，配送企业还可利用自己的加工能力进行加工改制，以适应用户的需要并及时地将货物送到用户手中。如果用户自己采购，则可能由于精力或其他方面所限没有采购到或采购到的物品不适用，必将影响商品的供应，使生产受到影响。因此，配送的发展在某种程度上可以提高供应的保障程度，使整个企业的生产得以协调发展。

内化与提升

通过了解普罗格公司为医药客户开展的配送业务，刘盼体会到，配送实际上是仓储企业为客户提供的一项具有增值意义的服务。她对配送的定义和功能以及作用有了进一步认识。

任务二 配送组织

学习情境

由于“配送”是集商流与物流一体的经济活动，仓储企业何时、何地向何处送何种货物的配送作业是由商流决定的，为确保配送业务的顺利进行，编制配送作业计划、订单处理作业计划、拣货作业计划以及送货作业计划构成仓储企业有效开展配送组织的具体任务。

学习情境分析： 配送作业计划、订单处理作业计划、拣货作业计划任务以及送货作业计划是高效完成配送业务的前提，必须科学、合理编制，才能保证后续作业的顺利进行。

知识链接

一、配送作业计划编制

配送作业计划是指根据客户订单的需求情况进行配货和送货作业的具体规划。

（一）制定配送作业计划的依据

1. 客户订单

客户订单对配送商品的品种、规格、数量、送货时间、送达地点、收货方式等都有要求，因此客户订单是制定配送计划最基本的依据。

2. 客户分布、送货线路、送货距离

客户分布是指客户的地理位置分布。客户位置离配送点的距离长短，配送点到达客户收货地点的路径选择，直接影响配送成本。

3. 配送货物的体积、形状、重量、性能、运输要求

配送货物的体积、形状、重量、性能、运输要求，是决定运输方式、车辆种类、载重、容积、装卸设备的制约因素。

4. 运输、装卸条件

道路交通状况、送达地点及其作业地理环境、装卸货时间、气候等对配送作业的效率也起相当大的约束作用。

（二）配送作业计划的分类

配送作业计划可以分为配送作业主计划、日配送作业计划和应急配送作业计划，是配送企业作业的指导文件。

1. 配送作业主计划

配送作业主计划是指相对稳定的配送业务的长期计划，是规划作业规模，确定设施设备数量及企业人员的依据。主计划对应的时间段以及业务规模、类型等比较稳定，如季节性商品的配送可以在每一个季度制定一个主计划。如果业务变化比较大，主计划对应的时期周期会比较短。

2. 日配送作业计划

日配送作业计划是指配送中心逐日进行实际配送作业的调度计划，包括订单处理任务、拣货作业计划及送货作业计划的落实。与配送作业主计划相比，配送中心的日配送作业计划更具体。

3. 应急配送作业计划

应急配送作业计划是指配送中心针对突发事件或者不在主计划规划范围内的配送业务，或者不影响正常性每日配送业务所做的计划，是配送作业主计划和日配送作业计划的必要补充。

（三）配送作业计划的主要内容

1. 人、财、物的调配计划

人、财、物的调配计划包括完成相应配送作业需要的人员数量、技能要求以及人员的分工、调度安排，需要的资金支持，以及需要的设施设备数量和其他要求。

2. 订单处理作业的具体安排计划

订单处理作业的具体安排计划用于指示订单操作人员按照一定的操作原则、时间进度、其他要求等完成订单处理工作。

3. 拣货作业计划

拣货作业计划是对拣货作业工作过程的具体安排，包括生成分区拣选任务、安排拣选人员分工、选择与使用拣选设备等，以保障拣货作业的顺利完成。

4. 送货作业计划

送货作业计划包括送货线路的优化、车辆配载、车辆调度、送货等工作过程的具体安排。

二、订单处理作业计划编制

从接到客户订单开始到着手准备拣货之间的作业阶段，称为订单处理。订单处理通常包括订单确认、存货查询、单据处理等内容。订单处理是与客户直接沟通的作业阶段，对后续的拣选作业、调度和配送产生直接的影响，其流程见图 6-1。

（一）接收订单

接收订单是指各客户在规定的截止时间之前将订单准备好，并传输给配送企业，然后配送企业对订单进行确认，据此建立客户订单档案。由于手工传输技术大都被淘汰，目前各客户一般将订单转换为电子数据，通过与配送企业联机传送，大大提高了数据传送的效率以及准确性。收到客户传送过来的资料以后，配送企业要对客户订单中提出的各项要求进行确认，并将订单按照确认后的交易形态分类区别处理。交易形态分为以下五种：

1. 一般交易订单

一般交易订单就是接单后按正常的作业流程进行拣货、出货、发送、收款的订单。接到一般交易订单后，将资料输入订单处理系统，按正常的订单处理流程，资料处理完后进行拣货、出货、发送、收款等作业。

2. 现销式交易订单

现销式交易订单就是与客户当场交易，直接给货的交易订单。这种订单在输入资料前就已把货物交给了客户，故订单资料不再参与拣货、出货、发送等作业，只需记录交易资料即可。

3. 间接交易订单

间接交易订单就是客户向配送中心订货，直接由供应商配送给客户的交易订单。接到间接交易订单后，可将客户的出货资料传给供应商由其代配。需要注意的是，此种交易形态下的客户送货单是自行制作或委托供应商制作的，应对出货资料加以核对确认。

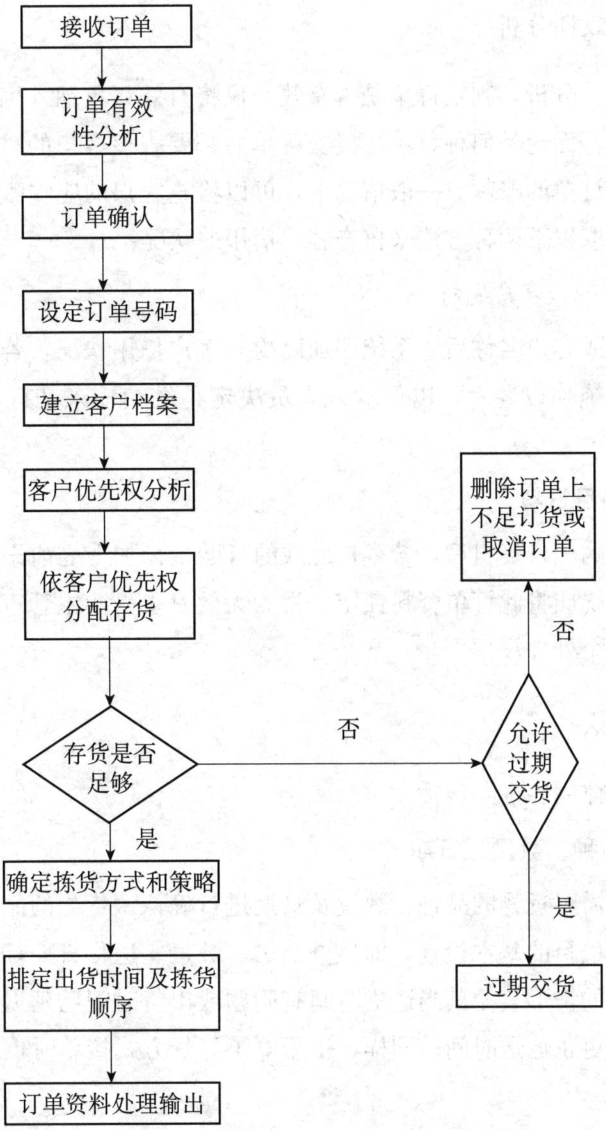

图 6-1　订单处理作业计划编制流程

4. 合约式交易订单

合约式交易订单就是与客户签订配送合约的交易订单。处理合约式交易订单，应在约定的送货期间，将订货资料输入系统处理以便出货配送；或一开始便输入合约内容的订货资料并设定各批次送货时间，以便系统在约定日期自动产生所需的订单资料。

5. 寄库式交易订单

寄库式交易订单是客户因促销、降价等市场因素先行订购一定数量的商品，之后视需要再要求出货的交易订单。处理寄库式交易订单时，系统应检查客户是否确实有此项寄库商品，若有则出此项商品，否则应加以拒绝。

（二）订单有效性分析

对客户订单逐一分析，判定订单是否有效，仅将有效订单纳入拣选计划的编制，无效订单则予以锁定。无论是何种订单，接受订单后都要查核客户的财务状况，以确定其是否有能力支付该订单的账款。一般情况下，可以检查客户的应收账款是否已超过其信用额度，具体可采取以下两种方法来核查客户信用的状况：

1. 输入客户代码或客户名称

输入客户代码或客户名称后，系统即加以检查客户信用状况，若客户应收账款已超过其信用额度，系统加以警示，以便输入人员决定是继续输入其订货资料还是拒绝其订单。

2. 输入订购项目资料

在输入客户订购项目资料后，若客户此次的订购金额加上之前累计的应收账款超过其信用额度，则系统应将此订单资料锁定，视为无效订单。待主管审核通过后，此订单资料才能进入下一个处理步骤。

（三）订单确认

订单确认的具体内容主要包括：

1. 确认货物品种、数量、日期

接收订单后就需对货物的品种、数量及日期进行确认。货物的品种、数量及日期的确认是对订货资料项目的基本检查，即检查品名、数量、送货日期等是否有遗漏、笔误或不符合公司要求的情形。尤其当送货时间有问题或出货时间已延迟时，更需与客户再次确认订单内容或更正运送时间。同样，采用电子订货方式接单时也应对接收的订货资料进行确认。

2. 确认订单形态

若接收的订单表现为多种订单形态，配送中心应对不同的订单形态采取不同的交易及处理方式。

3. 确认订货价格

不同的客户、不同的订购量，可能有不同的价格，输入价格时系统应加以检查。若输入的价格不符，系统应加以锁定，以便主管审核。

4. 确认加工包装

对于客户订购的商品，是否有特殊的包装、分装或贴标等要求，包括相关赠品或促销品的包装资料，都要详细确认记录。

（四）设定订单号码

每一个订单都要有其单独的订单号码，此号码由控制单位或成本单位指定，除了便于计算成本外，也可用于制造、配送等一切有关工作，且所有工作说明单及进度报告均应附此号码。

（五）建立客户档案

仓储企业建立客户档案主要是为了便于管理，也有助于开发和挖掘服务领域。一般客户档案应包括如下内容：

（1）客户名称、代码、等级。

（2）客户信用额度。

（3）客户销售付款及折扣率的条件。

（4）开发或负责此客户的业务员。

（5）客户配送区域。

（6）客户收账地址。

（7）客户点配送线路。

（8）客户点适合的送货车辆形态。

（9）客户点卸货特性。

（10）客户配送要求。

（11）延迟订单的处理方式或办法。

（六）客户优先权分析

若订单的某商品总出货量大于可分配的库存量，这时应如何取舍来分配有限的库存？在这种情况下，可依以下原则来决定客户订购的优先性：

（1）具有特殊优先权者先分配。如紧急订单、母公司的订单。

（2）根据订单交易量或交易金额来取舍，对公司贡献度大的订单优先处理。

（3）根据客户信用状况来取舍，信用较好的客户订单优先处理。

（4）根据销售额、净销售额、利润率等将客户分等级，即按照客户重要性程度来处理。

（七）依客户优先权分配存货

存货的分配模式可分为单一订单分配及批次分配两种。

1. 单一订单分配

此种情形多是在线即时分配，也就是在输入订单资料后就将存货分配给该订单。

2. 批次分配

先累积汇总数笔已输入订单资料，再一次性分配库存，配送中心因订单数量多、客户类型等级多，且多为每天固定配送次数，所以通常采用批次分配以确保库存作最佳的分配。采用批次分配时，需注意订单的分批原则，即批次的划分方法。随着作业的不同，各配送中心的分批原则也可能不同。总体而言，有以下几种分配方法：

(1) 按接单时序。即将接单时段划分成几个区段。

(2) 按配送区域。即将同一区域的订单汇总处理。

(3) 按流通加工要求。即将有相同流通加工要求的订单汇总处理。

(4) 按车辆需求。如果配送商品要用特殊的配送车辆（如低温车、冷冻车、冷藏车）或客户所在地、订货有特殊要求，则可以汇总合并处理。

（八）分配后存货不足的处理

如果以批次分配选定参与分配的订单后，这些订单的某商品总出货量大于可分配的库存量，这时应如何取舍来分配有限的库存？这种情况可依据以上客户优先权分析的原则来决定客户订购的优先性。

若现有存货量无法满足客户需求，客户又不愿以替代品替代，则应按照客户意愿与公司政策来决定应对方式。其处理方式大致有如下几种：

1. 重新调拨

若客户不允许过期交货，而公司也不愿失去此客户订单，则有必要重新调拨分配订单。

2. 补送

若客户允许不足额的订货等待有货时再予以补送，且公司政策也允许，则采用补送方式。若客户允许不足额的订货或整张订单留待下一次订单一起配送，则可采用补送处理。

3. 删除不足额订单

若客户允许不足额订货可等待有货时再予以补送，但公司政策并不希望分批出货，则只好删除订单上的不足额订单。若客户不允许过期交货，且公司也无法重新调拨，则可考虑删除订单上的不足额订单。

4. 延迟交货

延迟交货有以下两种情形：有时限延迟交货，即客户允许一段时间的过期交货，且希望所有订货一起配送；无时限延迟交货，即无论需要等多久，客户都允许过期交货，且希望所有订货一起配送。对于这种将整张订单延后配送的，应将这些顺延的订单记录成档。

5. 取消订单

若客户希望所有订货一起配送，且不允许过期交货，而公司也无法重新调拨时，则只有将整张订单取消。

（九）确定拣货方式和策略

应根据客户订单品项、库存分布，以提高拣货效率、降低拣货成本为原则，来确定拣货方式是订单拣选还是批量拣选。

拣选策略包括分区、订单分割、订单分批、分类四个主要因素，这四者之间存在相互关系，在进行拣选作业整体规划时，必须按照一定的作业顺序，才能将其复杂程度降到最低。

（十）排定出货时间及拣货顺序

根据存货状况进行存货的分配，但对于这些已分配存货的订单，应如何安排出货时间及拣货先后顺序？通常会再依客户需求、拣取标准时间及内部工作负荷来拟订。

（十一）订单资料处理输出

订单资料经由上述处理后，即可打印相应的出货单据，以展开后续的物流作业。主要包括拣货单、配货单、送货单、库存缺货商品和缺货订单。拣货单式样见表 6－1，配货单式样见表 6－2。

三、拣货作业计划

（一）拣货作业计划的编制

拣货作业工作量大且复杂，为了保证拣货作业有序完成，在进行拣货前须根据出货单的货品、等级、数量等情况对货物进行拣货计划的安排。编制拣货作业计划的步骤如下：

1. 收集拣货资料

拣货资料是拣货作业的依据，不同企业拣货作业的形式不同，拣货要求也不同，在拣货前要将需要拣货的单据收集齐全，为后续工作做准备。

2. 分析拣货资料

（1）客户需求分析。每个客户对货物配送的需求不尽相同，若事先不进行客户需求的调查，必然导致部分客户需求得不到满足。因此拣货前须了解每位客户的需求，针对不同订购客户采用相应的拣货方式，提高服务水平。

表 6-1　拣货单式样

基本信息												
单号		拣货员			类型							
门店		拣货区			客户类型							
拣货信息												
序号	货位码	货品代码	第二代码	货品名称	包装规格	配货单号	计量单位	应拣数量	实拣件数	实拣数量	周转箱号	拣货时间
1												
2												
3												

表 6-2　配货单式样

基本信息																
单号		收货门店		来源单号												
配货原因		配货时间		作业号												
出货仓位		货主		配货单类型												
状态		是否收现		是否紧急												
备注																
配货信息																
序号	货品代码	第二代码	货品名称	单位	包装规格	包装件数	申请数量	件数	数量	指定批号	价格	计划数量	实配数量	应配金额	计划金额	周转箱号

（2）货物特性分析。配送企业内货物品种繁多，储存方式各异，不同的货物需对应不同的分拣设备，对人员的作业水平要求也不一样，因此拣货前还必须进行货物特性的分析。

（3）选取拣货方法及拣货策略。拣货方法有订单拣选、批量拣选、人工分拣、自动化分拣等。每一种拣货方式都有自己适用的条件，需要根据企业的实际情况加以定夺。

（4）选择拣货路径。根据需要拣选货物在仓库存放的位置，安排合理的拣货路径，使得能以最少的时间、走最短的路将货物拣选出来。路径一经确定，需打印出来提供给拣货人员，供拣选货物时使用。

（5）确定拣货时机。根据交货时间以及拣货作业标准时间，安排货物的拣选时机，确保及时送到客户手中。

（6）安排拣货人员和设备。根据拣货方法和时间安排，选择相应的设备并配备恰当数量的作业人员，保证按时完成拣货任务。

3. 分析拣货作业工作事项

在以上分析拣货资料工作完成后，还需分析在拣货作业中的工作事项，并且对这些工作事项进行具体安排。

4. 编制甘特图

甘特图又称为横道图、条状图。其通过条状图来显示项目、进度和其他相关活动随着时间进展的情况。

5. 根据甘特图实施拣货作业

根据甘特图的时序，实施拣货作业。

（二）拣货作业计划的编制方法

常用的制定拣货作业计划的方法有：

（1）制定关键日期表。它是一种较简单的进度计划方法，一般只制定关键活动的日期。

普罗格公司自动分拣

（2）制作甘特图。它以每条横线表示每项活动起止时间。

（3）运用网络计划技术。指许多相互联系、相互制约的活动所需资源与时间及其顺序安排的一种网络状计划方法。其基本原理是利用网络图标表示计划任务的进度安排和各项活动之间的关系。在此基础上，进行网络分析，计算网络时间值、确定关键路线；利用时差，不断改进计划，优化工期、资源和成本。

（三）制定拣货作业计划

制定拣货作业计划，并将计划作为拣货工作的指导文件。制定拣货计划常用的方式是甘特图。甘特图具有简单、醒目和便于编制等特点，其绘制步骤如下：

（1）明确项目涉及的各项活动。内容包括项目名称及顺序、开始时间、工期、任务类型和依赖于哪一项任务等。

（2）创建甘特图草图。将所有的项目按照开始时间、工期标注到甘特图上。

（3）确定项目活动依赖关系及时序进度。使用草图，按照项目的类型将项目联系起来，并安排项目进度。此步骤将保证在未来计划有所调整的情况下，各项活动仍然能按照正确的时序进行。也就是说，所有依赖性活动能且只能在决定性活动完成之后按计划展开。

要避免关键性路径过长。关键性路径是由贯穿项目始终的关键性任务所决定的，它既表示项目的最长耗时，也表示完成项目的最短可能时间。需要注意的是，关键性路径会由于单项活动进度的提前或延期而发生变化。另外应注意，不要滥用项目资源，同时，对于进度表上的不可预知事件要安排适当的富裕时间。但是，富裕时间不适用于关键性任务，因为作为关键性路径的一部分，它们的时序进度对整个项目至关重要。拣货实施完成后还要进行出库前复核。拣货作业甘特图示例见图6－2。

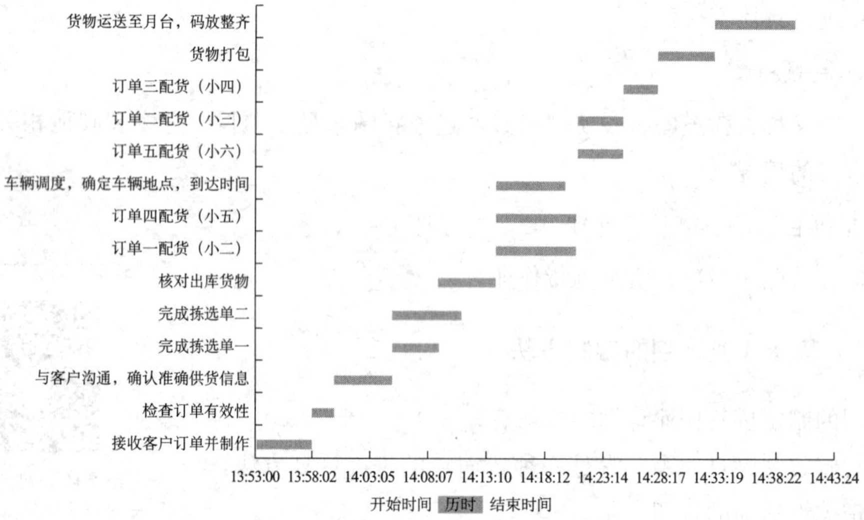

图6－2　拣货作业甘特图示例

四、送货作业计划

送货作业计划是按日期排定客户所需商品的品种、规格、数量、送达时间、送达地点、送货车辆和人员等的安排规划。

送货作业计划首先对客户所在地的具体位置进行系统统计，并作区域上的整体规划，再将每一个客户包括在不同的基本送货区域中，以作为配送决策的基本参考。在区域划分的基础上再作弹性调整，根据客户订单的送货时间要求确定送货的先后次序。

最终形成的配送作业计划包括两个部分：一是一定时期内送货作业计划表（见表6－3）；另一个是依据送货作业计划制定的每一车次的单车作业计划表（单）（见表6－4），该表（单）交给送货驾驶员执行，执行完毕后交回。

表6－3　送货作业计划表

日期	送货作业任务					车公里	吨公里
	起点	讫点	送货距离	送货次数	货物名称		
效率指标		标记吨位	日行程	实载率	运量	计划完成率	
备注							

表6－4　单车作业计划表（单）

年　　月　　日

发货单位						
车号及车型						
送货点						
运行周期		发车时间		预计返回时间		
车辆运行动态		到达时间	到达地点	离开时间	货物情况	收货人签字
	第一站					
	第二站					
	第三站					
	第四站					
	第五站					
	第六站					
	第七站					
备注						
驾驶员签名				调度员签名		

由于送货送作业过程情况复杂，在送货计划执行过程中，难免发生偏离计划要求的

情况，而且涉及面较广，因此必须进行详尽分析与系统检查，才能分清缘由，采取有效措施消除干扰计划执行的不利因素，保证计划实施。一般而言，干扰配送计划执行的影响因素主要包括：

（1）临时变更送货线路或交货地点。

（2）装卸工作有干扰，如装卸机械故障、装卸停歇时间超过定额、办理业务手续出现意外拖延等。

（3）车辆运行或装卸效率提高，提前完成作业计划。

（4）车辆运行途中出现技术故障。

（5）行车人员工作中无故缺勤、私自变更计划、不按规定时间收发车，以及违章驾驶造成技术故障或行车肇事。

（6）道路情况出现异常，如临时性桥断路阻、路桥施工、渡口停渡或待渡时间过长等。

（7）气候出现异常，如突遇雨、雪、大雾、冰雹等意外情况。

为防止上述因素对运行作业计划的影响，除积极加强预报预测之外，必须采取一定措施及时进行补救与调整。在送货作业过程中，驾驶员如遇到各种障碍和意外情况发生，须及时上报，以便管理人员及时调整变更计划，或者采取紧急措施。一旦作业计划被打乱，不能按原计划完成，计划人员应迅速做出变更及调整，并协调相关部门或人员采取适当措施，保证计划的顺利实施。货物出库配送前还需进行一次外复核，即货物装车前仓储企业与运输部门办理点交复核。普罗格公司外复核校验单见表 6-5。

表 6-5 外复核校验单

第 1 页，共 1 页

客户编号：80102103　单据编号：XSG11002146　提货方式：托运　路线名称：西南线　2019-8-22

客户名称：西安市沣渭新区康欣大药房　暂存区：　订单类型：

序号	拼箱	商品编号	商品名称	药品规格	生产厂家	单位	数量	件数	批号
1	6								
2	2								
3	4								
4	1								

品归数：　整件合计：　零货拼箱数合计：4

开票员：　复核员：贺环玲　总件数：　总金额：18

内化与提升

通过学习，刘盼系统地了解了配送作业计划、订单处理作业计划、拣货作业计划、送货作业计划编制的内容，以及相应的配送作业单据。高效的配送组织工作是物流企业保障流通、提供优质服务的前提。

任务三
配送线路优化

学习情境

普罗格公司作为一个成熟的仓储企业，制定了《普罗格仓库配送线路指引》，对公司现有配送线路做了详细说明：

普罗格仓库配送线路指引

1. 目的

规范门店配送线路规划的调整准则和方法，明确各环节步骤。

2. 适用范围

公司所有线下配送线路（含线下承运商、自营司机线路）的调整。

3. 名词解释

目前我司线路采用的主要是阿拉伯数字及英文字母组合命名，分为3级，例如：1-1-01，首位红色1，代表的是主线路号；中位蓝色1，代表的是支线路号；末位黑色01，代表的是线路顺序号或装车顺序号或出货顺序号。

4. 区域线路调整逻辑

根据目前我司配送地址及分布区域，按照配送周期同步、配送地址相邻、配送要求相符、配送成本最优等原则，将符合要求的多家门店串起来，形成一个闭合配送线路。

5. 门店配送线路设置原则

(1) 线路设置的原则。仓储配送部根据门店区域的划分、配送周期的要求、货量大小和距离的远近设置线路，每条线路按主线路号、支线路号、线路顺序来命名，见表6-6和表6-7：

表6-6　门店配送线路设置区域

序号	线路名代码	配送周期	报计划时间	配送区域
1	1	3天1配	20:00	湖北武汉区域
2	2	3天1配	20:00	湖北武汉区域
3	3	3天1配	20:00	湖北武汉区域
4	4	2天1配	13:30	湖北武汉区域；湖北黄石区域
5	5	2天1配	13:30	湖北武汉区域；湖北鄂州区域

续表

序号	线路名代码	配送周期	报计划时间	配送区域
6	6	3天1配	20:00	湖北外围区域；湖南区域；江西区域；四川区域；河南区域
7	7	3天1配	20:00	湖北外围区域；湖南区域；江西区域；四川区域；河南区域
8	8	3天1配	20:00	湖北外围区域；湖南区域；江西区域；四川区域；河南区域
9	9	1天1配	13:30	湖北武汉区域
10	A	1天1配	20:00	湖北武汉区域
11	B	2天1配	20:00	湖北武汉区域
12	C	2天1配	20:00	湖北武汉区域
13	H	2天1配	20:00	湖南区域配送
14	N	2天1配	20:00	江西区域配送
15	Z	2天1配	20:00	河南区域配送

表 6-7 门店配送线路设置模板样式

1号线	2号线	3号线	4号线	5号线	6号线	7号线	8号线
1—02	2—01	3—01	4—01	5—01	6—01	7—01	8—01
1—03	2—02	3—02	4—02	5—02	6—02	7—02	8—02
1—04	2—03	3—03	4—03	5—03	6—03	7—03	8—03
9号线	A号线	B号线	C号线	H号线	N号线	Z号线	
9—01	A—01	B—01	C—01	H—01	N—01	Z—01	
9—02	A—02	B—02					
9—03	A—03	B—03					

（2）配送线路设置论证。配送线路的设置合不合理、成本是否最优，主要从如下几个方面进行论证：

1）配送区域不超过2个行政区域。

2）配送次序根据门店地理分布呈闭环（雨滴状）。

3）根据门店区域交通管制及配送时效要求，线路车辆依据车辆大小来设置线路，如依次为5.2米厢式货车→4.2米厢式货车→依维柯→金杯。

6. 门店配送周期及线路调整准则及优化

（1）门店配送周期依据门店库存金额、日均销售金额和安全库存天数进行判定设置，设置结果见表 6－8。

表 6－8　门店配送周期

序号	配送周期	判定原则及依据
1	1 天	门店库存金额/日均销售金额－安全库存天数≤1.5
2	2 天	1.5＜门店库存金额/日均销售金额－安全库存天数≤2.5
3	3 天	门店库存金额/日均销售金额－安全库存天数＞2.5

（2）门店配送线路调整则依据门店测算的配送周期及所处地理区域结合配送成本最优进行确认，设置条件见表 6－9。

表 6－9　门店配送线设置路

<table>
<tr><td rowspan="2">门店基本信息</td><td>门店代码</td><td></td><td>门店名称</td><td></td><td>门店地址</td><td></td></tr>
<tr><td>所属分公司</td><td></td><td>所属区域</td><td></td><td>配送周期</td><td></td></tr>
<tr><td>符合要求线路号</td><td colspan="2"></td><td>成本最优线路号</td><td colspan="3"></td></tr>
</table>

（3）门店配送线路优化。每月根据行政区域配送量核算每个行政区域单件/单店配送成本变动情况，并做相应的配送成本优化方案。

学习情境分析：通过对公司配送线路指引文件的学习，刘盼知晓了公司配送线路设置原则、配送线路设置区域遵守的规定，以及门店配送周期及线路调整准则及优化规定。

知识链接

一、确定线路优化的目标

（一）确定目标

目标根据配送的具体要求，以及配送中心的水平、实力和客观条件而定，可以有以下几种选择：

1. 效益最好

在选择以效益最好为目标时，一般是以企业当前的效益为主要考虑因素，同时兼顾长远的效益。效益是企业整体经营活动的综合体现，可以用利润来表示，因此，在计算时是以利润的数值最大化为目标值。

由于效益是综合的反映，在拟定数学模型时，很难与配送线路建立函数关系，一般很少采用这一目标。

2. 成本最低

计算成本比较困难，但成本和配送线路之间有密切的关系，在成本对最终效益起决定作用时，选择以成本最低为目标实际上就是选择了以效益为目标，但有所简化，比较实用，因此是可以采用的。

3. 路程最短

如果成本和路程相关性较强，且和其他因素是微相关，可以采取路程最短的目标，这既可以大大简化计算，也可以避免许多不易计算的影响因素。需要注意的是，有时候路程最短并不见得成本就最低，如果道路条件、道路收费影响了成本，单以最短路程为最优解就不合适了。

4. 吨公里最低

吨公里最低是长途运输最常使用的目标，在有多个发货站和多个收货站的条件下，且是整车发运的情况下，选择以吨公里最低为目标是可以取得满意结果的。在选择配送线路时，一般情况是不采用这一目标的，但在采取共同配送方式时，可用吨公里最低为目标。

5. 准时性最高

准时性是配送中重要的服务指标，以准时性为目标确定配送线路就是要将各用户的时间要求和线路的安排协调起来，这样有时难以顾及成本问题，甚至需要牺牲成本来满足准时性要求。当然，在这种情况下成本也不能失控，应有一定限制。

6. 运力利用最合理

在运力非常紧张，且运力与成本或效益又有一定相关关系时，为节约运力，充分运用现有运力，而不需外租车辆或新购车辆，此时也可以运力安排为目标，确定配送路线。

7. 劳动消耗最低

以油耗最低、司机人数最少、司机工作时间最短等劳动消耗为目标确定配送线路也有所应用，这主要是在特殊情况下（如供油异常紧张、油价非常高、意外事故引起人员减员、某些因素限制了配送司机人数等）必须选择的目标。

（二）确定配送线路的约束条件

以上目标在实现时都受到许多条件的约束，必须在满足这些约束条件的前提下取得成本最低或吨公里最小的结果。一般的配送，约束条件有以下几项：

（1）满足收货人对货物品种、规格、数量的要求。

（2）满足收货人对货物发到时间范围的要求。

（3）在交通管制允许通行的时间（如城区公路白天不允许货车通行）中进行配送。

（4）各配送路线的货物量不得超过车辆容积及载重量的限制。

（5）在配送中心现有运力允许的范围之中。

二、线路优化的方法

1. 方案评价法

当对配送线路的影响因素较多，难以用某种确定的数学关系表达时，或难以以某种单项依据评定时，可以采取对配送线路方案进行综合评定的方法。确定最优方案的步骤如下：

（1）拟订配送线路方案。首先以某一项较为突出和明确的要求作为依据，例如：以某几个点的配送准时性，或司机习惯行驶路线等拟订几个不同方案，方案要求提出路线发、经地点及车型等具体参数。

（2）对各方案的相关数据进行计算。如配送距离、配送成本、配送行车时间等数据计算，并作为评价依据。

（3）确定评价项目。决定从哪几方面对各方案进行评价，如动用车辆数、司机数、油耗、总成本、行车难易、准时性及装卸车难易等方面，都可作为评价依据。

（4）对方案进行综合评价。根据评价项目对方案进行综合评价，从而确定最优方案。

2. 数学计算法

可以利用经济数学模型进行数量分析。例如：可以应用线性规划的数学模型求解最佳方案。

3. 节约里程法

在实际工作中，有时只需求近似解，而不一定要求最优解，在这种情况下可采用节约里程法。节约里程法的核心思想是依次将运输问题中的两个回路合并为一个回路，每次使合并后的总运输距离减小的幅度最大，直到达到一辆车的装载限制时，再进行下一辆车的优化。

利用节约里程法确定配送线路的主要出发点是，根据配送中心的运输能力和配送中心到各个客户以及各个客户之间的距离来制定使总的车辆运输吨公里数最小的配送方案。另外，还需综合考虑以下条件：

(1) 满足所有客户的要求。

(2) 不使任何一辆车超载。

(3) 每辆车每天的总运行时间或行驶里程不超过规定的上限。

为了更好地掌握和运用节约里程法，下面介绍节约里程法的一个应用案例。

[例题] 某连锁零售店下设一个配送中心 P 和 10 个连锁分店 A～J，配送中心和各个连锁分店及各连锁分店之间的位置关系见图 6－3，两点间连线上的数字为两点间的路线长度（单位：千米），各连锁分店对某种商品的需求量见表 6－10。该商品由配送中心统一采购并配送。配送中心备用 2 吨和 4 吨的货车，限定送货车辆一次巡回距离不超过 30 千米，设送到时间均符合用户要求，用节约里程法求配送中心的最优送货方案。

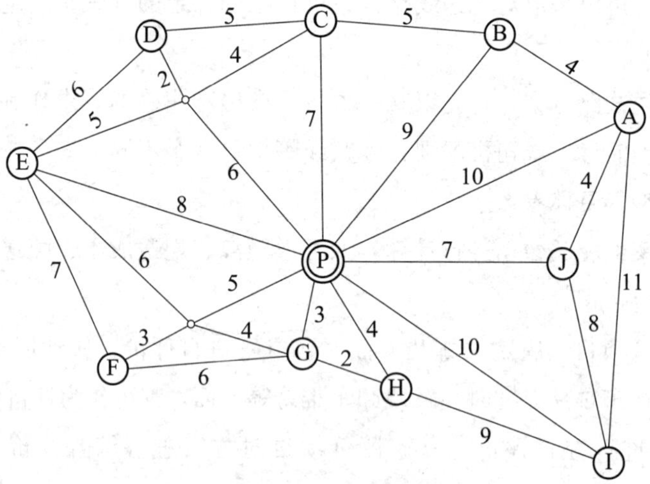

图 6－3 配送网络图

表 6－10 各连锁分店需求量

分店	A	B	C	D	E	F	G	H	I	J	合计
重量	0.32 吨	0.40 吨	0.32 吨	0.40 吨	0.24 吨	0.16 吨	0.48 吨	0.40 吨	0.32 吨	0.24 吨	3.28 吨

若每个店往返送货，只需 2 吨货车 10 辆即可，车辆配送行驶里程总里程为 148 千米。

用节约里程法进行配送线路优化，步骤如下：

第一步，根据配送网络图计算出配送中心至各个连锁分店及各连锁分店之间的最短距离，并作出最短距离表（见表 6－11）。

表 6-11　最短距离表

	P	A	B	C	D	E	F	G	H	I	J
P		10	9	7	8	8	8	3	4	10	7
A			4	9	14	18	18	13	14	11	4
B				5	10	14	17	12	13	15	8
C					5	9	15	10	11	17	13
D						6	13	11	12	18	15
E							7	10	12	18	15
F								6	8	17	15
G									2	11	10
H										9	11
I											8
J											

第二步，用节约里程法计算出各连锁店之间的节约里程，作出节约里程表（见表 6-12），计算结果有正有负，最短距离表为负时，在表内写 0。

表 6-12　节约里程表

	A	B	C	D	E	F	G	H	I	J
A		15	8	4	0	0	0	0	9	13
B			11	7	3	0	0	0	4	8
C				10	6	0	0	0	0	1
D					10	3	0	0	0	0
E						9	1	0	0	0
F							5	4	1	0
G								5	2	0
H									5	0
I										
J										

第三步，将节约里程按由大到小顺序排列，列出节约里程排序表（见表 6-13），以便尽量使节约里程最多的点组合装车配送。

表 6-13　节约里程表排序表

顺序排位	连接线	节约里程	顺序排位	连接线	节约里程
1	A—B	15	13	F—G	5
2	A—J	13	13（并列）	G—H	5
3	B—C	11	13（并列）	H—I	5
4	D—E	10	16	B—I	4
4（并列）	C—D	10	16（并列）	A—D	4
6	A—I	9	16（并列）	F—H	4
6（并列）	E—F	9	19	B—E	3

续表

顺序排位	连接线	节约里程	顺序排位	连接线	节约里程
6（并列）	I—J	9	19（并列）	D—F	3
9	A—C	8	21	G—I	2
9（并列）	B—J	8	22	C—I	1
11	B—D	7	22（并列）	E—G	1
12	C—E	6	22（并列）	F—I	1

第四步，根据节约里程排序表和配送车辆载重及行驶里程等约束条件，绘出配送线路图。最佳配送线路见图 6-4。

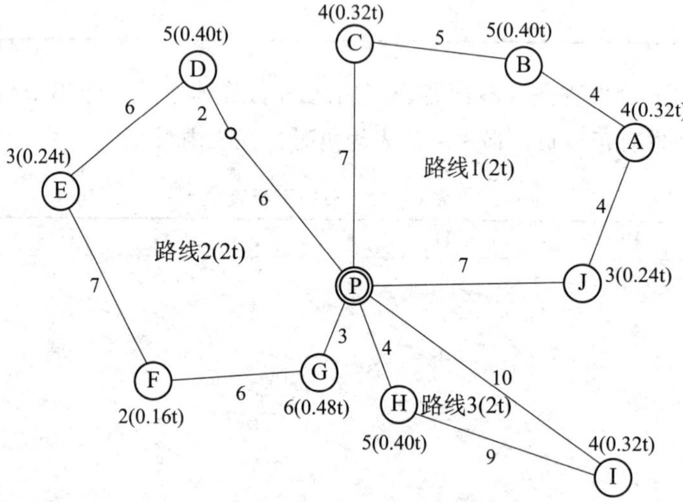

图 6-4 最佳配送线路

从最佳配送线路图可看出，依此确定的三条线路均符合配送中心的约束条件，需要 2 吨货车 3 辆，总里程 80 千米。结果优化之后，配送车辆只需 3 辆，行驶里程节约 68 千米。

内化与提升

《普罗格仓库配送线路指引》规范了配送线路的设置。同时，普罗格公司和许多物流企业一样，通过 TMS（Transportation Management System）来管理配送运输过程。TMS 主要包括订单管理、配载作业、调度分配、行车管理、GPS 车辆定位系统、车辆管理、人员管理、数据报表、基本信息维护、系统管理等模块。该系统对车辆、驾驶员、线路等进行全面详细的统计考核，能大大提高运作效率，降低运输成本，提升客户的服务满意度。普罗格公司 TMS 中运单调度菜单的主要任务就是管理配送线路与排车任务，生成便于运输部门执行的运单。

普罗格公司TMS操作——运单调度

（1）进入“运输调度”中“配送排车新”界面，见图6-5。

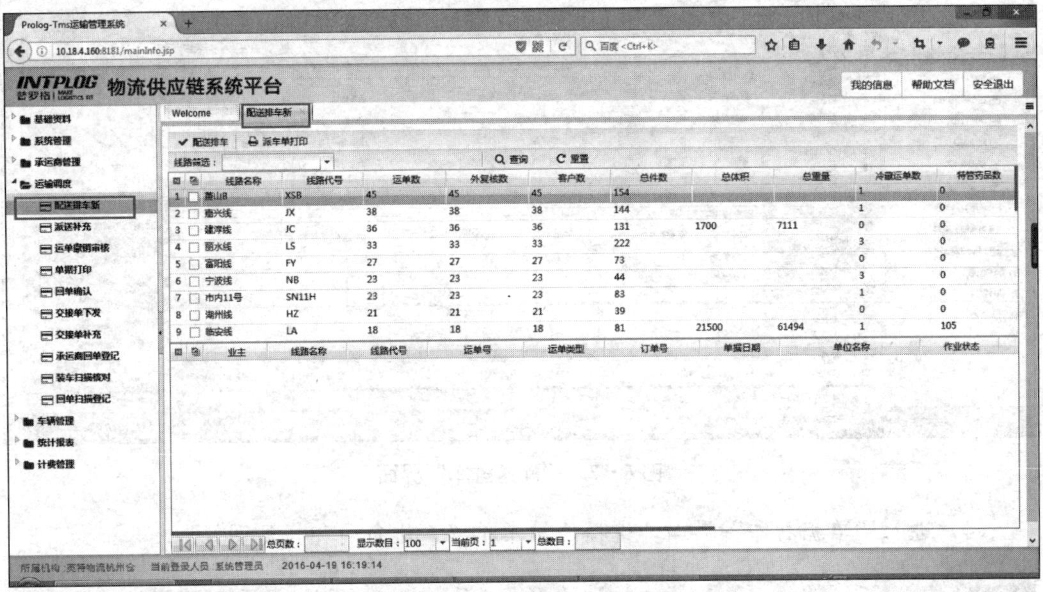

图6-5　“配送排车新”界面

（2）选择相应线路，选择需要配送的订单，见图6-6。

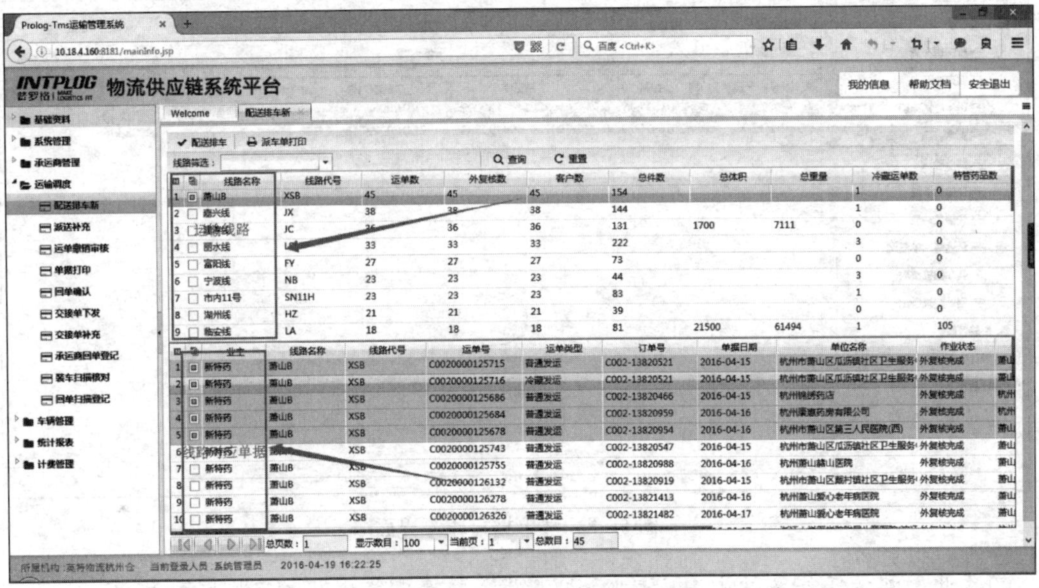

图6-6　确定线路和配送订单界面

（3）点击“配送排车”，进入车辆派送界面，确认车辆、配送信息无误后，点击

"保存"，进入下一环节，见图6－7。

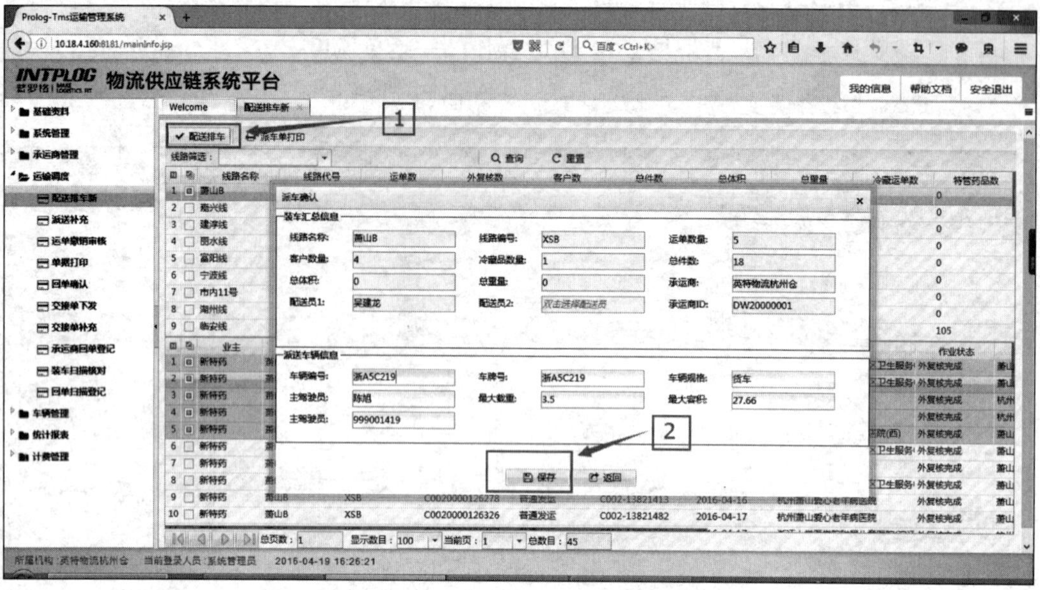

图6－7 "配送排车"界面

（4）进入"单据打印"界面，选择已排车单据，进行打印，见图6－8。

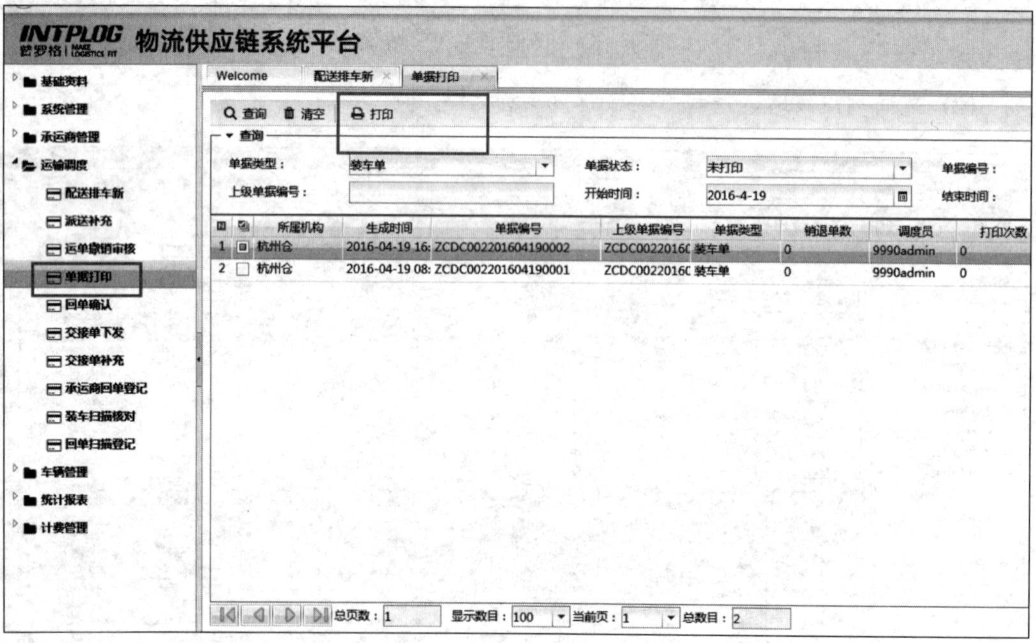

图6－8 "单据打印"界面

至此，配送任务单形成，配送业务即将进入装车配送以及客户收货环节。

任务四
车辆配载

学习情境

普罗格公司 TMS 支持与运输部门及客户间友好关系的管理。其中运单配送菜单适用于承运司机与仓储企业的点交、装车、运输过程、客户签收管理。

普罗格公司 TMS 操作——运单配送

（1）司机输入工号，进入“运输调度”中“装车扫描核对”界面，扫描“派车单/装车单”上面的“装车条码/交接条码”，待派车单/装车单中对应的配送运单出现后，扫描运单条码，核对运单与派车单/装车单，见图 6－9。

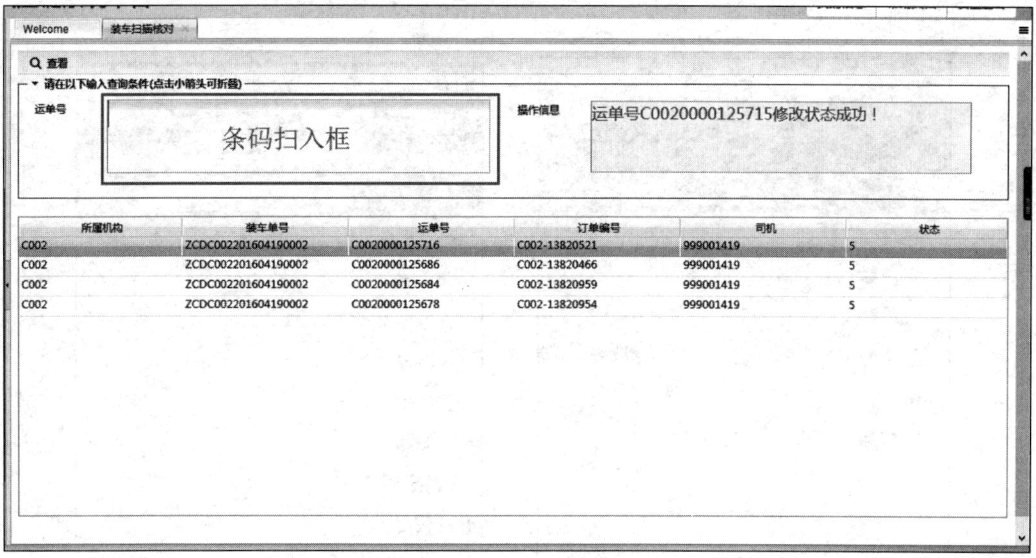

图 6－9　“装车扫描核对”界面

（2）装车单扫描核对完成后，进入 App 操作界面进行下一步操作。具体界面见图 6－10。

（3）点击“装车扫描”，扫描装车条码，提取数据之后界面会出现装车单信息，见图 6－11，确认信息无误后点击“扫描确认”。

（4）点击“启运登记”，扫描装车条码，点击“提取单据”之后界面会出现装车单

图 6-10 App 操作界面

信息，见图 6-12。目前只有司机可以进行启运登记。

图 6-11 “装车扫描”界面

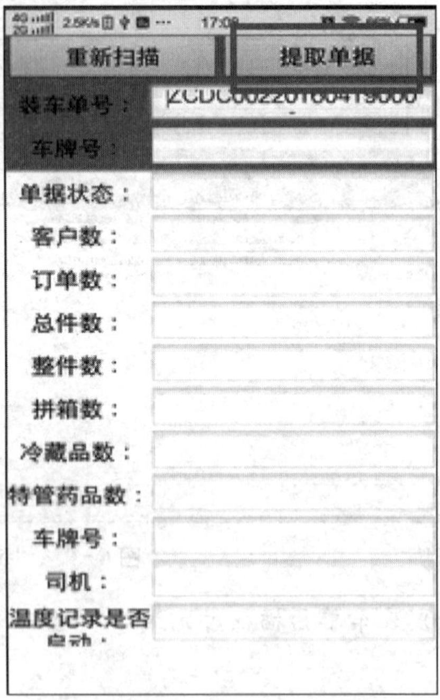

图 6-12 “提取单据”界面

(5) 填写相关启运信息后，选择“提交”，完成启运登记，见图 6-13。

(6) 完成“启运登记”之后，进行运单配送，到达客户地址后，点击“到货确认（运单)”与客户进行交接，点击“运单扫描”提取运单信息，核对运单信息，见图 6-14。

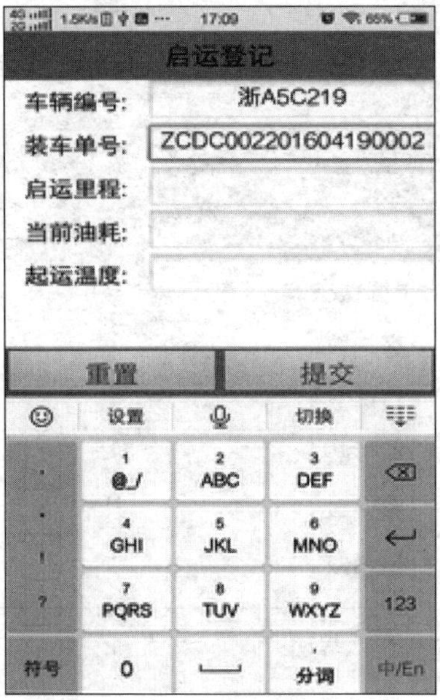

图 6-13　提交界面

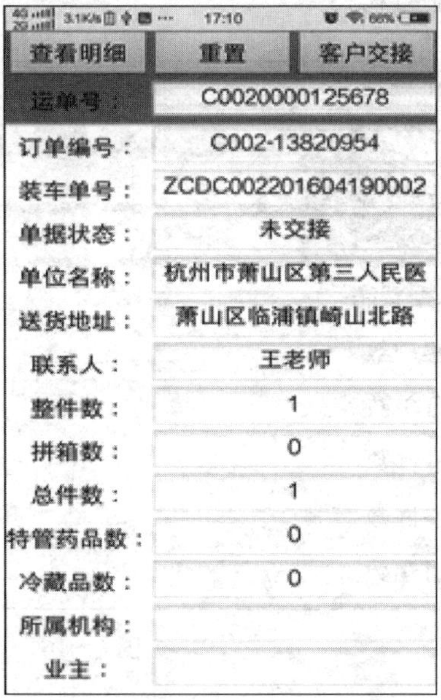

图 6-14　“到货确认”界面

(7) 运单核对无误后，客户签字收货，交接人处输入签收人姓名，客户纸单交接完后，可点击“获取图片”采集纸单交接图片上传至 TMS 中。可根据实际情况选择“签收”“拒收”及“部分拒收”，见图 6-15。

图 6-15　签收界面

(8) 全部运单配送完成后，点击“回车登记”，完成车辆配送任务，见图 6-16（此处只能司机操作）。

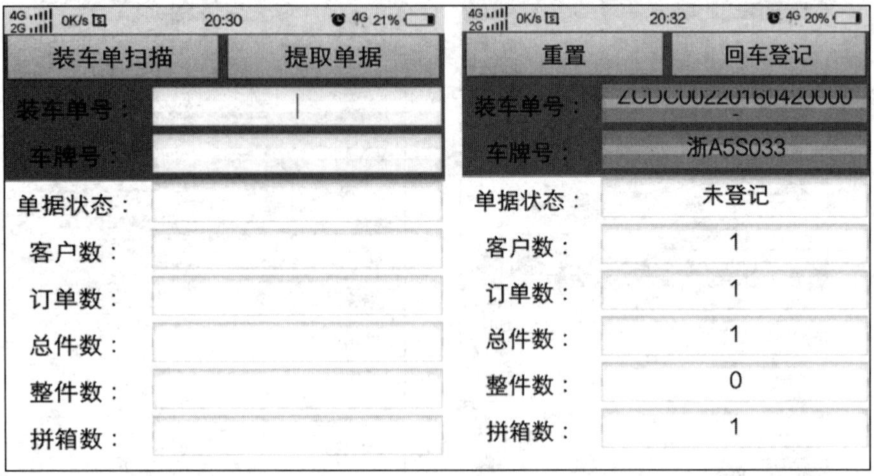

图 6-16 “回车登记”界面

(9) 完成“回车登记”后，在计算机上操作“运输调度”中“回单扫描登记”，完成配送过程，见图 6-17。

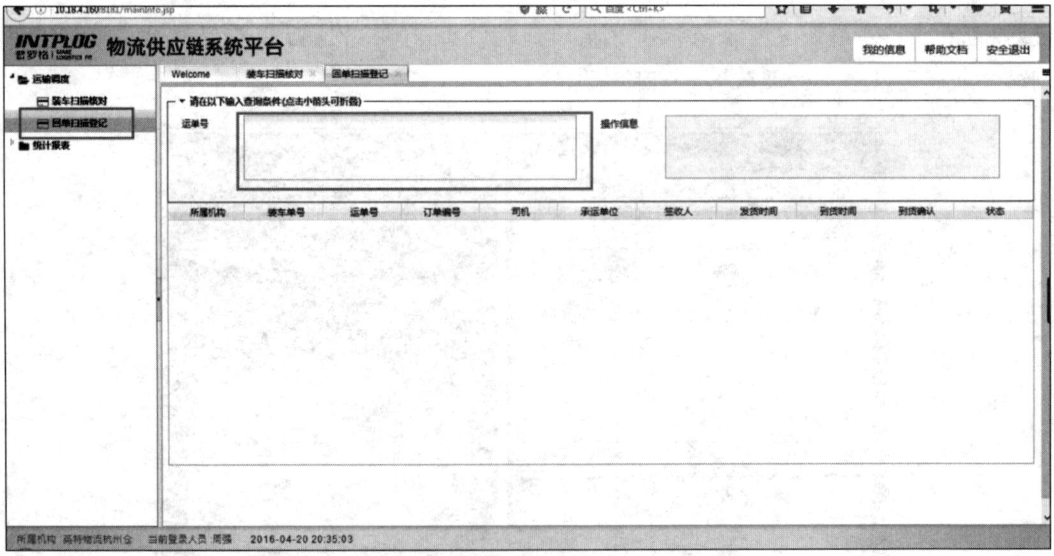

图 6-17 “回车扫描登记”界面

(10) 运单状态不完整。到货确认时，如果客户拒收或者部分拒收，“回车登记扫描”会提示运单状态不完整，双击“运单”，进入“登记”界面，根据提示，填写信息，点击“保存”即可，见图 6-18。

至此，配送业务完美收官。

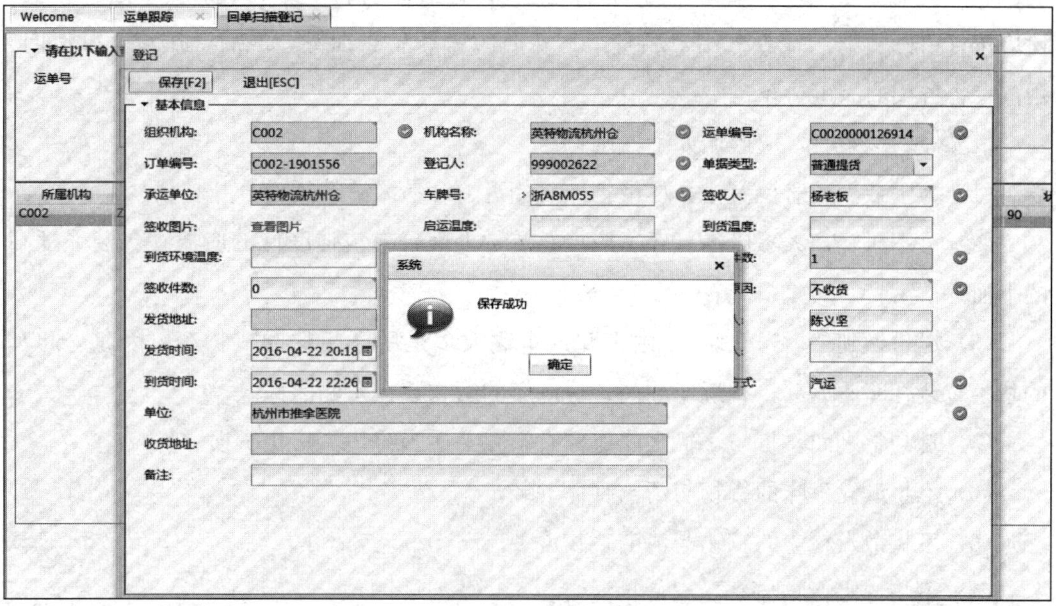

图 6-18　拒收和部分拒收登记界面

学习情境分析：物流企业借助 TMS 实现了物流配送最后环节的全程监控，形成了基于客户订单的全链条协同服务，提升了协作效率，支持了精准运输，促进了物流业的发展。

知识链接

一、车辆配载的原则

根据配送作业本身的特点，配送工作所需要车辆一般为汽车。由于需配送的货物的比重、体积以及包装形式各异，因此在装车时，既要考虑车辆的载重量，又要考虑车辆的容积。配送车辆配载技术要解决的主要问题就是在充分保证货物质量和数量完好的前提下，尽可能提高车辆在载重量和容积两方面的利用率，节省运力，降低配送成本。具体的车辆配装要根据需配送货物的具体情况以及车辆情况而定，多数情况下主要是依靠经验或简单的计算来选择最优的装车方案。为确保运送货物质量，必须首先对特性差异大的货物进行分类，并分别选择不同的运送方式和运输工具，如按冷冻食品、散装货物、箱装货物等分类配载。其次，配送货物有轻重缓急之分，必须初步确定哪些货物可配于同一辆车，以做好车辆的初步配装工作。因此，配送部门既要按订单要求在配送计划工作中明确运送顺序，又要安排拣货人员将各种所需的、不能混装的商品进行分类，还应按订单标明到达地点、用户名称、运送时间、商品明细等。最后，按流量、流向、距离等将各类商品进行车辆配载。

依靠经验配装时，应遵循如下原则：

（1）为了减少或避免差错，尽量把外观相近、容易混淆的货物分开装载。

（2）重不压轻，大不压小，轻货应放在重货上面，包装强度低的应放在包装强度高的上面。

（3）尽量做到“后送先装”。由于配送车辆大多是后开门的厢式货车，因此先卸车的货物应装在车厢后部，靠近车厢门；后卸车的货物装在车厢前部。

（4）货与货之间，货与车辆之间应留有空隙并适当衬垫，防止货损。

（5）不将散发臭味的货物与清洁食品混装。

（6）不将散发粉尘的货物与清洁货物混装。

（7）不将渗水货物与易受潮货物混装。

（8）包装不同的货物应分开装载，如板条箱货物不要与纸箱、袋装货物堆放在一起。

（9）具有尖角或其他突出物的货物应和其他货物分开装载或用木板隔离，以免损伤其他货物。

（10）装载易滚动的卷状、桶状货物时，要垂直摆放。

（11）装货完毕，应在门端处采取适当的稳固措施，以防开门卸货时，货物倾倒造成货损或人身伤亡。

图 6－19 为某物流企业装车“三字经”。

查仓库，配清单。核重量，算方数。
货物够，备车辆。点件数，看标签。
大宗货，防配件。重打底，轻在上。
一家货，集中放。异地货，勿混装。
防压货，戴木板。易损货，立着放。
液体货，容器装。加急货，特关照。
粉袋货，加边剁。装货平，切凸凹。
小空隙，塞碎片。货物宽，齐车缘。
货物高，不超限。装载完，盘库存。
逐一看，莫漏掉。盖雨布，系网罩。
整单据，买保险。车辆走，平安达。

图 6－19　某物流企业装车“三字经”

二、使用容重配载简单计算法进行车辆配载

在解决车辆配装量问题时，若数据量小，还能用手工计算；若数据量大，依靠手工计算将变得非常困难，需用数学方法来求解。现在已开发出车辆配装的软件，将配送货物的相关数据输入计算机，即可由计算机自动输出配装方案。下面使用容重配载简单计算法来进行车辆配载。

在车辆装载时，一般容重大（或比重大）的货物（如钢板等）往往达到车辆载重量时，容积空间剩余甚大；容重小（或比重小）的货物（如棉纱、服装等）看似满满的，但实际并未达到车辆的载重量。上述情况均会造成运力浪费。因此，采用容重法将两者进行配装是一种最常用的车辆配载方法。

设需配送两种货物为：A类货物，容重为 R_A 千克/立方米，单件体积为 V_A 立方米；B类货物，容重为 R_B 千克/立方米，单件体积为 V_B 立方米；车辆载重 G 吨，车辆最大容积 V 立方米。试计算最佳配装方案。设车辆有效容积为 $V\times 90\%$（考虑到货物 A、B 尺寸的组合不能正好填满车辆内部空间以及装车后可能存在无法利用的空间）。

在既满载又满容的前提下，设货物 A 装入数为 x 件，货物 B 装入数为 y 件，则

$$xV_A + yV_B = V\times 90\%$$

$$xR_AV_A + yR_BV_B = G$$

解联立方程组，求得 x、y 之值即为配装数值。

上述例子是只有两种货物的配装。如在配装货种较多、车辆种类又较多的情况下，可以先从多种配送货物中选出容重最大的和容重最小的两种进行配装；然后根据剩余的车辆载重与空间，在其他待装货物中再选出容重最大和容重最小的两种进行配装。依此类推，可求出配装结果。

在实际工作中，不可能每次都求出配装的最优解，因此，寻求最优解的近似解可将问题简单化，节约计算时间，简化配装要求，加快装车速度，也可以取得良好的效果。

解决配装最简单的方法是先安排车辆装运容重大及容重小的两种货物，在装车时可先将容重大的货物装在下部，然后堆放容重小的货物。按计划或经验配装，所余容重居中的货物不再考虑配装而直接装车。

应当注意，配装只是配送时要考虑的一个方面。如果货物性质及装运方面有特殊要求，就不能单从配装的满载满容角度来考虑问题。此外，还需顾及送达客户卸货问题，应当是将后送达货物装载在车厢内部，先送达货物装载在易卸易取的车厢边部，否则会延误整个配送速度，加大卸车费用，这也是不可取的。

内化与提升

通过对普罗格公司TMS的学习，刘盼不仅了解了TMS强大的功能，还知道在月台将货物交接给运输车辆装车时，应进行必要的监管和确认，以保障装车质量，避免运输途中货损货差，另外，要核实车牌号、司机姓名、配送员姓名、调度员姓名等信息，以便对后续过程的管理。

同步测试

一、单选题

1. 下列哪项不属于配送中心的主要功能？（　　）

A. 储存功能　　B. 分拣功能　　C. 配送功能　　D. 计划功能

2. （　　）多为线上即时分配，即在输入订单资料时，就将存货分配给订单。

A. 单一订单分配　　B. 订单录入　　C. 批次分配　　D. 库存分配

3. 用节约里程法计算时，所确定的配送目标是（　　）。

A. 距离目标　　B. 吨公里目标　　C. 成本目标　　D. 时间性目标

4. 配送具有（　　）特征。

A. 商流和物流的合一　　B. 商流和物流的分离

C. 纯粹送货　　D. 纯粹储存

5. 拣货的策略就是要解决（　　）的问题。

A. 拣货流程　　B. 分区拣货　　C. 分类拣货　　D. 拣货效率

二、多选题

1. 一份完整的、具有可操作性的配送计划由以下哪几个方面构成？（　　）

A. 人、财、物的调配计划　　B. 订单处理作业的具体安排计划

C. 拣货作业计划　　D. 送货作业计划

2. 选择配送路线时明确要达到的目标可以是（　　）。

A. 成本最低　　B. 路程最短　　C. 吨公里最低　　D. 准时性最高

E. 运力利用最合理

3. 车辆安排要考虑（　　）。

A. 车型　　B. 车辆的种类　　C. 货物的重量　　D. 货物的数量

E. 包装的要求

4. 车辆装载要考虑（　　）。

A. 装车的次序　　B. 货物的重量　　C. 货物的数量　　D. 车辆的容积

E. 货物的性质

5. 配送中心的储运单位有（　　）。

A. 托盘　　B. 箱　　C. 单品　　D. 集装箱

三、简答题

1. 简述制定拣货作业计划的步骤。
2. 简述配送计划作业的分类。
3. 简述线路优化的方法。

同步实训

实训项目一　配送方案设计实训

项目介绍

本实训项目以武汉安捷物流公司新建的配送中心作为研究对象，从系统最优的角度对配送中心的数据分析等多方面进行操作，从而使该配送中心能够在高效率、低成本的条件完成其配送工作。

实训目的

通过这次实训使学生能够更好地加深在课堂上对理论知识学习的理解，更好地运用这些知识来综合地、联系地、全面地分析问题、解决问题，达到一定的物流配送方案设计水平。

实训内容

（1）背景资料。安捷配送中心主要负责武汉洪山区零售超市的饮料和食品的配送，有固定的客户和稳定的货源，每天每家超市都要求该配送中心在上午 8 点之前把该日所需货品送到。

（2）安捷配送中心的客户根据业务需要发来了订单，订单内容见表 6－14、表 6－15、表 6－16 和表 6－17：

表 6－14　美翔公司采购订单

订单编号：D202009261701　　发货时间：2020.9.26

序号	商品名称	单位	单价（元）	订购数量	金额（元）
1	蜂圣牌蜂王浆冻干粉片	箱	100	8	800
2	诚诚油炸花生仁	箱	100	4	400
3	万盛牌瓷砖	箱	100	3	300

表 6－15　美家公司采购订单

订单编号：D202009261702　　　　发货时间：2020.9.26

序号	商品名称	单位	单价（元）	订购数量	金额（元）
1	蜂圣牌蜂王浆冻干粉片	箱	100	4	400
2	万盛牌瓷砖	箱	100	8	800

表 6－16　美兰公司采购订单

订单编号：D202009261703　　　　发货时间：2020.9.26

序号	商品名称	单位	单价（元）	订购数量	金额（元）
1	蜂圣牌蜂王浆冻干粉片	箱	100	6	600
2	诚诚油炸花生仁	箱	100	4	400

表 6－17　美鄢公司采购订单

订单编号：D202009261704　　　　发货时间：2020.9.26

序号	商品名称	单位	单价（元）	订购数量	金额（元）
1	诚诚油炸花生仁	箱	100	8	800
2	万盛牌瓷砖	箱	100	5	500

（3）重型货架（托盘货架）储位图见图 6－20。重型货架库存信息见表 6－18。

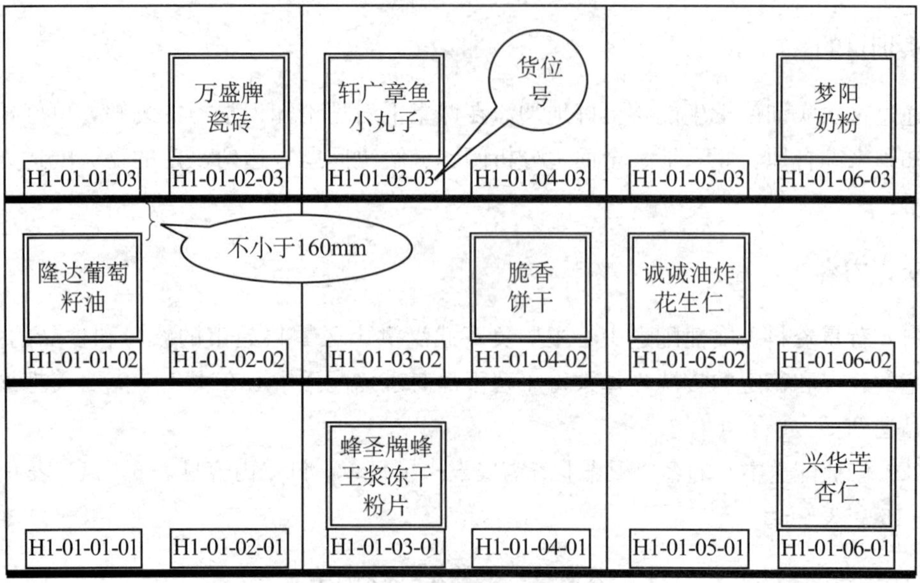

图 6－20　重型货架储位图

表 6－18　重型（托盘）货架库存信息

序号	货品名称	规格	单位	单价	库存量
1	梦阳奶粉	470×280×260mm	箱	100 元	2
2	万盛瓷砖	460×260×180mm	箱	100 元	20
3	轩广章鱼小丸子	330×235×180mm	箱	100 元	20

续表

序号	货品名称	规格	单位	单价	库存量
4	诚诚油炸花生仁	395×245×180mm	箱	100 元	30
5	兴华苦杏仁	595×325×180mm	箱	100 元	20
6	脆香饼干	595×325×180mm	箱	100 元	20
7	蜂圣牌蜂王浆冻干粉片	395×295×180mm	箱	100 元	30
8	隆达葡萄籽油	460×260×180mm	箱	100 元	20

（4）订单有效性分析如下：公司注册资金在 1 000 万元及以上，同时公司性质为国有企业和合资企业的客户，累计应收账款超过信用额度 5%及以上；注册资金为 1 000 万元以下的国有企业和合资企业客户，以及其他企业性质客户，累计应收账款超过信用额度，皆视为无效订单。

（5）安捷配送中心从客户类型、客户级别、忠诚度、满意度、合作年限五个方面对客户实施优先权分析，其权重分别为 0.3、0.2、0.15、0.15 和 0.2。

1）客户类型有母公司、伙伴型、重点型和普通型四种，其得分分别为 100、90、80 和 70。

2）客户级别有 A、B、C 三级，其得分分别为 100、90 和 80。

3）忠诚度有高、较高、一般和较差，其得分分别为 100、90、80 和 60。

4）满意度有高、较高、一般和较差，其得分分别为 100、90、80 和 60。

5）合作年限的统计按取整处理（例如：3 年 8 个月按 3 年计）。根据合作年限予以评分，满 5 年及以上的，给予 100 分；每少一年，减扣 5 分。

（6）客户档案见表 6－19、表 6－20、表 6－21、表 6－22。

表 6－19　美翔公司

客户编号	2009081602						
公司名称	美翔公司			助记码	MX		
法人代表	王熠	家庭地址	天津市西开区临海街西湖里 4－201			联系方式	022－73415468
证件类型	营业执照	证件编号	58966324770041			营销区域	滨海区
公司地址	天津市滨海区第五大道 77 号			邮编	300468	联系人	王志刚
办公电话	022－89912861		家庭电话	022－73415468		传真号码	022－89912880
电子邮箱	meixiang@126.com			QQ 账号	58413416		
开户银行	中国银行			银行账号	1574784563131450		
公司性质	国有	所属行业	商业	注册资金	400 万元	经营范围	服装、食品
信用额度	15 万元	忠诚度	一般	满意度	一般	应收账款	13.2 万元
客户类型	普通型			客户级别	B		
建档时间	2009 年 8 月			维护时间	2013 年 6 月		

表 6-20 美家公司

客户编号	2001120157						
公司名称	美家公司				助记码	MJ	
法人代表	杨佳丽	家庭地址	天津市西开区枫林别墅 12 号			联系方式	022-87918998
证件类型	营业执照	证件编号	120243132587676			营销区域	天津市区
公司地址	天津市滨海区第五大街 56 号			邮编	322567	联系人	王亮
办公电话	022-23287689		家庭电话	022-26858957		传真号码	022-23287688
电子邮箱	meijia@sina.com			QQ 账号	698654678		
开户银行	准海银行			银行账号	87965687975		
公司性质	中外合资	所属行业	商业	注册资金	1 200 万元	经营范围	日用品、食品
信用额度	150 万元	忠诚度	高	满意度	高	应收账款	200.8 万元
客户类型	母公司			客户级别	A		
建档时间	2001 年 12 月			维护时间	2013 年 1 月		

表 6-21 美兰公司

客户编号	2004065055						
公司名称	美兰公司				助记码	ML	
法人代表	李岚	家庭地址	天津市新港区紫竹苑 6-1-102			联系方式	022-27654878
证件类型	营业执照	证件编号	120108776875375			营销区域	滨海区
公司地址	天津市滨海区滨海新路 154 号			邮编	300754	联系人	高泽
办公电话	022-23976580		家庭电话	022-27654996		传真号码	022-23976581
电子邮箱	meilan@yahoo.com			QQ 账号	8754387909		
开户银行	天津商业银行			银行账号	8654909785		
公司性质	民营	所属行业	零售	注册资金	200 万元	经营范围	日用品、食品
信用额度	10 万元	忠诚度	一般	满意度	较高	应收账款	8.35 万元
客户类型	普通型			客户级别	C		
建档时间	2004 年 6 月			维护时间	2013 年 6 月		

表 6-22 美鄢公司

客户编号	2008080902						
公司名称	美鄢公司				助记码	MY	
法人代表	薛瑾	家庭地址	天津市南口区林南苑 11-3-803			联系方式	022-27655865
证件类型	营业执照	证件编号	120108754377888			营销区域	塘汉大
公司地址	天津市西城区晚霞路 43 号			邮编	300587	联系人	范威
办公电话	022-23876590		家庭电话	022-28657973		传真号码	022-23876591
电子邮箱	meiyan@eyou.com			QQ 账号	2115467907		
开户银行	津广银行			银行账号	5357899765569		
公司性质	中外合资	所属行业	零售业	注册资金	3 600 万元	经营范围	食品、日用品
信用额度	105 万元	忠诚度	较高	满意度	高	应收账款	98.72 万元
客户类型	伙伴型			客户级别	B		
建档时间	2008 年 8 月			维护时间	2013 年 6 月		

实训资源

电脑若干，Word 软件。

实训组织

4～5 位同学组成一个小组，分小组完成。可以进行分工和讨论。

实训指导

步骤一：实训指导老师讲解订单拣选的方法，提出实训任务和要求。

步骤二：根据实训任务和要求，学生进行配送方案设计。

（1）配送中心到客户订单后，应对订单的有效性进行判断，对确定的无效订单予以锁定，并陈述理由。

（2）客户优先权分析。当多个客户针对某一货物的要货量大于该货物库存量时，必须对客户进行优先等级的划分，确定各个客户的优先等级顺序及处理理由等。

（3）制定合理的库存分配计划。依据划分后的客户优先等级，将库存依次在不同的客户间进行分配，当某些货物（库存量小于客户要货量）只能部分满足或完全不能满足客户的需求时，应有相应的对策。

（4）制定拣选作业计划。计划设计要规范、项目齐全，拣选作业流畅；拣选单设计应能减少拣选次数、优化拣选路径、缩短拣选时间，注重效率。

（5）画出月台分配图，将月台在客户间进行分配，便于月台集货。

步骤三：上交结果。

实训考核

详见表 6-23。

表 6-23　配送方案设计实训考核表

考核内容	配送方案设计		
考核方式	按组考核□　　　　　　按人考核□		
考核人		被考核人	
考核标准	具体内容	分值	实际得分
	订单有效性分析正确	25	
	客户优先权分析正确	25	
	拣货作业计划正确	25	
	月台分配图正确	25	
合计		100	

实训项目二　线路优化实训

项目介绍

配送线路合理与否对配送速度、成本、效益影响颇大，因此，采用科学的合理的方法确定配送线路是配送活动中非常重要的一项工作。

实训目的

通过本项目的实训操作，让学生掌握用节约里程法进行线路的优化。

实训内容

某物流配送中心 P 将于 2022 年 6 月 9 日向好美特超市（A）、好丽佳超市（B）、好邻居超市（C）、好宜家超市（D）、好宜买超市（E）、好运来超市（F）、好再来超市（G）、好当家超市（H）、好尔佳超市（I）、好奇特超市（J）共 10 家超市配送货物。

图中连线上的数字表示公路里程（单位：千米）。靠近各超市括号内的数字，表示各超市对货物的需求量（单位：吨）。假定可以利用的车辆是额定吨位分别为 3 吨和 4 吨的两种厢式货车，而且车辆一次运行不能超过 60 千米，设送到时间均符合用户要求，为了尽量缩短配送距离，试用节约里程法制定最优的配送方案，配送网络图见图 6－21。

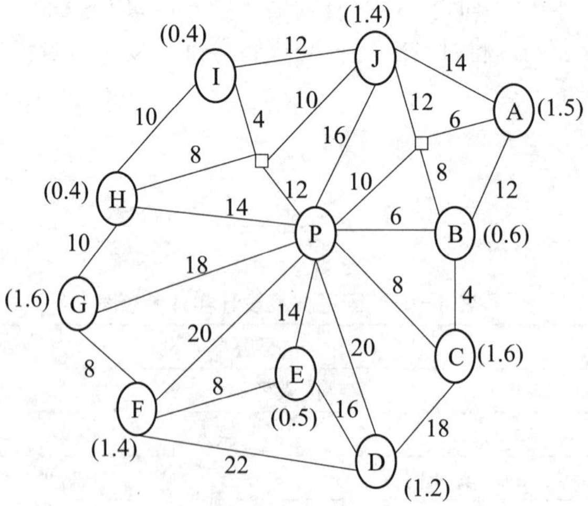

图 6－21　配送网络图

实训资源

电脑若干。

实训组织

学生分组完成。

实训指导

步骤一：实训指导老师讲解订单拣选的方法，提出实训任务和要求。

步骤二：根据实训任务和要求，学生完成路线优化。

实训考核

详见表 6 - 24。

表 6 - 24　线路优化实训考核表

考核内容	线路优化实训		
考核方式	按组考核□　　　　按人考核□		
考核人		被考核人	
考核标准	具体内容	分值	实际得分
	最短距离表正确	20	
	节约里程表正确	30	
	节约里程排序表正确	20	
	车辆和路线安排正确	30	
合计		100	

实训项目三　装车配载作业操作

项目介绍

装车配载作业是在选择合适的车辆的基础上对车辆进行合理配载的作业。配送车辆一般为中小型货柜车，配送的货物有轻泡货和重货，装车时既要考虑车辆的载重量，又要考虑车辆的容积，尽可能使配送车辆满载，降低成本。

实训目的

通过本项目的实训操作，让学生掌握车辆装载的实际操作技能。

实训内容

2021 年 8 月 21 日，新科安达物流公司出库一批货物，见表 6 - 25，请根据出库单装车。

表 6-25 货物出库单

序号	货物名称	包装规格（毫米）（长×宽×高）	重量（千克）	入库数（箱）
1	休闲黑瓜子	595×395×375	21	10
2	小师傅方便面	595×325×330	3	18
3	大王牌大豆酶解蛋白粉	495×395×320	35	36

实训资源

实训专用纸箱若干，模拟车辆 3 辆。

实训组织

学生分组完成。

实训指导

步骤一：实训指导老师讲解订单拣选的方法，提出实训任务和要求。
步骤二：根据实训任务和要求，学生完成装车配载作业。

实训考核

详见表 6-26。

表 6-26 装车配载实训考核表

考核内容	装车配载实训		
考核方式	按组检查□ 按人考核□		
考核人		被考核人	
考核标准	具体内容	分值	实际得分
	车辆类型选择正确	20	
	操作动作规范	20	
	货物摆放无倒置、挤压	20	
	缝隙均匀、整齐牢固	20	
	货物不超出车厢边沿	20	
合计		100	

项目七
仓储成本管理与绩效评价

【知识结构图】

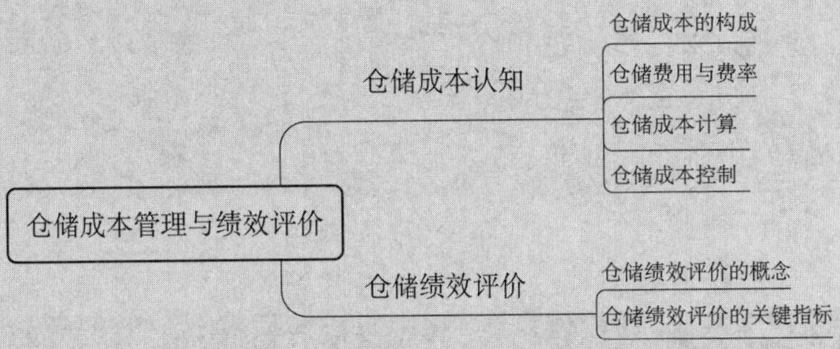

【内容提要】

“降本增效”一直是物流企业追求的目标，也是物流企业提升服务质量的有效途径。作为仓储企业员工，只有了解仓储成本的构成项目，知晓控制仓储成本的相应措施，养成成本责任中心意识，才能融入日常仓储成本管理工作中。同时，了解仓储管理绩效评价的主要指标，也有助于促进工作效率的提高。

【学习目标】

※ 素质目标

1. 培养学生形成成本责任中心意识、主人翁精神。
2. 培养学生耐心细致、勇于探究的思想。
3. 培养学生不断严格要求自己、完善自我、提升自我的能力。

※ 知识目标

1. 理解仓储成本的内涵及构成。
2. 了解仓储成本控制的基本原则与措施。
3. 了解仓储绩效评价的关键指标。

※ 技能目标

1. 能执行仓储成本预算方案。
2. 能参与仓储成本日常管理工作。
3. 能运用关键指标开展仓储绩效评价。

任务一 仓储成本认知

学习情境

2020年5月，国家发展改革委、交通运输部共同出台了《关于进一步降低物流成本的实施意见》。意见对促进我国物流业发展，进一步降低物流成本、提升物流效率，加快恢复生产生活秩序，从6个方面，即降低物流制度成本、降低物流要素成本、降低物流税费成本、降低物流信息成本、降低物流联运成本、降低物流综合成本，共提出24条建设性指导意见，目的是促进我国物流业的发展，助力我国国民经济良性发展。

学习情境分析：我国部分领域物流成本高、效率低等问题仍然突出。物流仓储业从业人员了解仓储物流成本的构成，主动参与仓储成本控制中，是仓储提质增效的有效措施之一。

关于进一步降低物流成本的实施意见

知识链接

一、仓储成本的构成

根据国家标准《企业物流成本构成与计算》（GB/T 20523—2006）对仓储成本的定义，仓储成本是指一定时期内，企业为了完成货物储存业务而发生的全部费用，包括仓储业务人员费用，仓储设施的折旧费、维修保养费、水电费、燃料与动力消耗费、相关税金、业务费等。仓储成本是因一段时期内储存或持有商品而导致的，与所持有的平均库存量大致成正比。

国家标准《企业物流成本构成与计算》对仓储成本的定义实际是从狭义的层面进行界定的，如果将仓储环节作为物流系统的一个独立而完整的子系统看待，则仓储存货相关成本也应纳入仓储成本管理的范畴，存货相关成本包括企业在物流活动过程中所发生的与存货有关的资金占用成本、物品损耗成本、保险和税收成本。总体而言，仓储运作中的资源消耗来源于三个方面：（1）仓储的设施、设备投资和维护以及货物本身的自然损耗。（2）仓储作业所消耗的物化劳动和活劳动。（3）存量货物所增加的资金成本和风险成本。因此，仓储成本由以下四个方面构成：

1. 仓储空间成本

仓储空间成本是指产品占用存储建筑内的立体空间，以及把产品运进、运出仓库所发生的成本。仓储空间成本不同于仓储成本，它只包括那些随库存数量变动的成本，一般指租用仓库的成本。仓储空间成本通常和四类常见设施有关：生产制造企业仓库（plant warehouse）、营业型仓库（public warehouse）、租用仓库（rented or leased warehouse）、公司自营或私人仓库（company-owned or private warehouse）。在不同仓储条件下，仓储空间成本的含义有所不同。

（1）在生产制造企业的仓库条件下，仓储空间成本可以忽略不计。由于使用生产制造企业仓库，库存总量与生产总量基本相当，只不过是在不同存储地点“流动”，因此，仓库成本并不随库存水平的变动而变动，而固定成本和配置成本也与库存策略的制定无关。

(2) 营业型仓库的费用通常基于移入和移出仓库的产品的数量（搬运费用）以及储存的库存数量（储存费用）来计算。在此种条件下，搬运费用被视为变动成本，不属于库存持有成本。只有用于仓库储存的费用才应该包含在库存持有成本中，因为它是与库存水平有关的那一部分。

(3) 租用仓库是指通过签约在一段规定的使用时间内占用他人的仓库。租用仓库数量基于合同规定期间的最大储存需求而定。因此，仓库租用成本并不随库存水平的改变而频繁波动，尽管租用率可能在每月或每年因新的合同的签订而不同，但大部分成本，如租用费、管理者薪酬、安全成本和维修费等，在短期内是固定的。另外有些费用，如劳动力和设备的运转费用，则随产量的变化而变化。在合同期内，很少有成本随库存数的变化而变化。因此，租用仓库的成本应计入仓储成本，而不应计入库存持有成本。但是，因改变库存水平而产生的仓租，如因销售旺季之需额外租用仓库而发生的成本，则要计入库存持有成本。

(4) 公司自营或私人仓库与生产制造企业的仓库在仓储空间成本上的含义类同。

2. 资金成本

资金成本有时也称利息成本或机会成本，这种成本类型侧重于公司用于库存的资本所产生的成本（与把资本用于其他金融性生产方式相对比）。该项成本可占到总库存成本的 80%，却是各项库存持有成本中最具不稳定因素的一项。这主要是因为：首先，库存是短期资产和长期资产的混合，有些存货仅为满足季节性需求服务，而另一些则为迎合长期需求而持有；其次，从优惠利率到资金的机会成本，资金成本差异巨大。

3. 库存服务成本

库存服务成本即为库存商品提供各项服务（包括信息服务、配件服务等）的成本。库存服务成本也包括保险和税收带来的成本。保险作为一种保护措施，帮助企业预防火灾、偷窃等未知风险所带来的损失。根据产品的价值和类型，丢失和破损的风险需要很高的保险费。仓储的税收成本包括仓储增值税或企业所得税。保险和税收依产品的不同而不同，在确定存货持有成本时必须考虑这一点。

4. 库存风险成本

库存风险成本是指由产品变质、短少、损害或报废相关的费用构成的库存成本。它反映了存货的现金价值下降的可能性。例如：库存的产品存放了一段时间就可能过时，会贬值。同样，一旦到了销售季节的中期或过季，某些产品也会贬值，如时装。此外，新鲜水果和蔬菜一旦不新鲜了，贬值的情况也可能发生。与之相关的成本可用产品价值的直接损失来估算，也可用重新生产产品或备用仓库供货的成本来估算。仓库未履行合同所造成的违约金、赔偿金也构成风险成本。

此外，缺货成本与在途存货成本则是在物流整体成本的观念下，进行仓储成本决策时需加以考察的相关平衡因素。

二、仓储费用与费率

（一）仓储费用的构成

仓储成本是仓储费用的归集，仓储费用是在物资储备过程中发生的资源耗费的货币支付形态。仓储费用主要由以下几个部分构成：

1. 储运业务费用

即物资储运企业在经济活动过程中相关劳动的货币表现。储运业务费用主要由仓储费、进出库费、待运费、机修费、验收费、装卸费、管理费等组成。这里主要介绍仓储费和进出库费。

（1）仓储费。仓储费是指物资在储存和保管过程中所发生的相关费用。主要包括仓库管理人员的工资，物资在保养过程中的苫垫、防腐、防锈、倒垛等维护保养费，固定资产折旧费以及低值易耗品的摊销费、修理费，劳动保护费，动力照明费等。

（2）进出库费。进出库费是指物资进出库过程中发生的费用。主要包括进出库过程中装卸搬运和验收等所开支的工人工资、劳动保护费以及大修理费、照明费、材料费、燃料费、管理费等。

2. 货物挑选、分拣、整理、包装等的费用

即仓储企业为货主进行货物的挑选、分拣、整理、修补、包装、组装托盘、熏蒸、化验、计量、刷标志（刷唛）、挂标签、更换包装、代办保险、代办运输、货物捆扎、分装、简单装配、加工等所收取的费用，以及开展国内外合资、合作经营，开展“三来一补”业务和技术合作项目的收入等。这些费用需根据不同的货物品种、不同的规格要求、不同的加工项目确定其收费标准。

3. 集装箱作业费

即仓储企业代理货主进行集装箱进出口货物的接交，进口后与出口前的集装箱运输、装卸，以及拆箱、装箱、存箱、洗箱、修箱等各项作业的收入，主要包括拆装箱费、存箱费、修箱费，也包括集装箱运输的佣金和劳务费。如果仓储企业拥有集装箱可供用户租用，则还可收取租箱费。

（二）仓储费率的构成

仓储费率是计算货物在仓储环节发生的储存业务费用的比率标准，货物的仓储费率由存储费率、进出库货物的装卸搬运费率和货物加工费用的费率构成。

1. 存储费率

存储费率可以根据货物保管的难易程度、货物价值、进出库场作业方式等制定。库房和货场的货物存储费率以每吨天计算，其计算基础是货物的吨天保管成本。仓库的性质不同，成本构成不同，其存储费率的确定方法也不同。对于长期存储的仓库，仓储费率一般不变；对于中转性质的仓库，仓储费率一般采取按存储时间递增的计算方法，目的是加快有限库场的周转。

2. 进出库货物的装卸搬运费率

进出库货物的装卸搬运费率包括设备使用费率和劳动力费率。设备使用费率按机械设备的燃料损耗、设备折旧、修理等费用制定，劳动力费率则按工人工资水平和作业形式制定。

3. 货物加工费用的费率

由于货物保管的特殊要求以及货主的特殊要求，仓库需对仓储的货物进行各类加工，其费率可根据加工项目、劳动损耗、设备成本等费用以及难易程度确定。

表 7-1 至表 7-3 分别为仓租费率表，工力、机力费费率表和集装箱作业费率表。

表 7-1　仓租费率表　　计费单位：元/吨天

商品类别	仓库类别			
	港口前方周转仓库	口岸仓库	内地中转仓库	其他
贵重、特殊的商品	0.28	0.22	0.19	0.16
需精心养护的商品	0.25	0.19	0.16	0.13
危险品	0.28	0.22	0.19	0.16
冷藏商品	1.18	1.11	1.03	0.96
普通商品	0.19	0.13	0.10	0.07

表 7-2　工力、机力费费率表　　计费单位：元/吨

商品类别		作业项目						
		进出库费		装卸作业			翻桩倒垛	检斤过磅
		进库	出库	汽车	火车	驳船		
普通商品		2.10	2.10	1.20	1.50	2.10	2.10	0.45
贵重商品		2.40	2.40	1.35	1.80	2.40	2.40	0.60
危险品		2.70	2.70	1.50	1.80	2.70	2.70	0.75
冷藏商品		2.70	2.70	1.50	1.80	2.70	2.70	0.75
笨重商品	251 千克～1 吨	3.00	3.00	1.80	2.10	3.00	3.75	0.83
	1 001 千克～3 吨	3.75	3.75	2.10	2.40	3.75	4.20	0.90
	3 001 千克～5 吨	4.50	4.50	2.70	3.00	5.10	4.50	1.28
	5 001 千克～10 吨	7.50	7.50	3.60	5.10	7.50	7.50	1.65
	10 吨以上	10.25	10.25	4.50	6.00	9.75	10.25	2.25
	超长（8 米以上）	3.75	3.75	2.40	3.00	4.50	3.75	3.00
零工		每工每天 10 元，超过半天不足一天（8 小时）按一天计						

表 7-3　集装箱作业费率表　　计费单位：元/箱

箱型	20 英尺	40 英尺	备注
保管费	3.00	6.00	每箱每天（空、重箱）
拆箱费	60.00	120.00	
装箱费	80.00	160.00	
空箱翻箱费	15.00	22.50	仓库为调整货位，自行翻箱不收费
重箱翻箱费	30.00	45.00	
箱上下车费（空箱）	15.00	22.50	
箱上下车费（重箱）	30.00	45.00	
短途运输费	6.00	10.00	按每千米计，以 10 千米为起点（不包括箱上下车费）
清洗费	80.00	150.00	消毒清洗
清扫费	4.00	6.00	一般清扫
集装箱装卸设备外借	按使用设备的标定负荷吨每小时 4.5 元计，超过 1 小时不足 2 小时按 2 小时计，其余类推		
存储外国集装箱	保管费按上述标准加 50%计费		

三、仓储成本计算

仓储成本是企业物流成本中的重要组成部分，直接影响企业的利润水平。而科学地计算仓储成本则是做好仓储成本管理工作的重要基础。从企业经营的总体需求角度来讲，仓储成本的计算主要是为了满足以下几个方面的需要：

（1）为各个层次的经营管理者提供物流管理所需的成本资料。

（2）为编制物流预算和预算控制提供所需的成本资料。

（3）为制定物流计划提供所需的成本资料。

（4）为监控仓储管理水平提供各种成本信息。

（5）为计算价格提供所需的成本资料。

为达到以上目的，仓储成本除了按物流活动领域、支付形态等分类外，还应根据管理的需要进行分类，而且要通过不同期间成本的比较、实际发生费用与预算标准的比较，并结合仓储周转数量和仓储服务水平，对仓储成本进行分析比较。

（一）仓储成本的计算范围

在计算仓储成本之前，需要明确仓储成本的计算范围，而计算范围取决于成本计算的目的。同样是仓储成本，由于所包括的范围不同，因此计算结果也不一样。例如：若要对所有的仓储物流活动进行管理，就需要计算出所有的仓储成本。统计仓储费用时的口径如果不一样，就缺乏可比性。所以说，在讨论仓储成本时，首先应该明确仓储成本计算所包括的范围。

在计算仓储成本时，原始数据主要来自财务部门提供的数据。因此，应该把握按支付形态分类的成本。在这种情况下，对外支付的保管费可以直接作为仓储物流成本全额统计，但企业内发生的仓储费用则是与其他部门发生的费用混合在一起的，需要从中剥离出来，如材料费、人工费、物业管理费、管理费、折旧与利息等。计算方法如下：

1. 材料费

材料费是指与仓储作业有关的包装材料、作业工具、器具备品及燃料等的费用。可以根据材料的出入库记录，将此期间与仓储有关的消耗量计算出来，再分别乘以单价，便可得出仓储材料费。

2. 人工费

人工费可以按物流人员的工资、奖金、补贴等报酬的实际支付金额计算得出。此外，企业统一负担部分按人数分配后得到的金额进行计算。

3. 物业管理费

物业管理费包括水、电、气等费用，可以根据设施上所记录的用量来获取相关数据，也可以根据建筑设施的比例和物流人员的比例简单推算。

4. 管理费

管理费无法从财务会计方面直接得到相关数据的，可以按人头比例简单计算。

5. 折旧与利息

折旧根据设施设备的折旧年限、折旧率计算，利息根据物流相关资产的贷款利率计算。

（二）仓储成本的计算方法

1. 购进存货的成本计算

库存商品购进是指流通企业为了出售或加工后出售，通过货币结算的方式取得商品或商品所有权的交易行为。

存货的形成主要有外购和自制两个途径。从理论上讲，企业无论从何种途径取得存货，凡与存货形成有关的支出，均应计入存货的成本。流通企业由于其行业的特殊性，在购进商品时，以进价和按规定应计入商品成本的税金作为实际成本，采购过程中发生的运输费、装卸费、保险费、包装费、仓储费等费用以及运输途中发生的合理损耗、入库前的挑选整理费用等，直接计入当期损益。

流通企业加工的商品，以商品的进货原价、加工费用和按规定应计入成本的税金作为实际成本。

2. 仓储成本的不同计算方法

为了合理地计算仓储成本，有效地监控仓储过程中发生的费用来源，可以按不同的方法计算仓储成本。

（1）按支付形式计算仓储成本。把仓储成本分别按仓储搬运费、仓储保管费、材料消耗费、人工费、仓储管理费、仓储占用资金利息等支付形态分类，就可以计算出仓储成本的总额。这样可以了解花费最多的项目，从而确定仓储成本管理的重点。

这种计算方法是先从月度损益表中的“管理费用”“财务费用”“营业费用”等各个项目中，取一定数值乘以一定的比率（物流部门比率，分别按人数平均、台数平均、面积平均、时间平均等计算出来）算出仓储部门的费用，再将仓储成本总额与上一年度的数值做比较，明确增减的原因并制定整改方案。例如：某公司从报表数据中划分仓储成本，见表7-4。

表7-4　某公司仓储成本计算表　单位：元

项目	管理费明细	仓储成本	分配比率（%）	备注
仓库租赁费	100 080	100 080	100	金额
材料消耗费	30 184	30 184	100	金额
工资津贴	631 335	178 668	28.3	人数比例
燃料动力费	12 645	6 664	52.7	面积比例
保险费	10 247	5 400	52.7	面积比例
修缮维护费	19 596	10 327	52.7	面积比例
仓储搬运费	28 114	14 816	52.7	面积比例
仓储保管费	39 804	20 977	52.7	面积比例
仓储管理费	19 276	8 115	42.1	仓储费比率
易耗品消耗	21 316	8 974	42.1	仓储费比率
资金占用利息	23 861	10 045	42.1	仓储费比率
税金	33 106	13 937	42.1	仓储费比率
合计/分配比率	969 564	408 187	42.1	仓储费占管理费总额的比重

（2）按仓储活动项目计算仓储成本。按仓储活动项目计算仓储成本是将仓库中的各个运作环节发生的成本分别统计，如入库费用、出库费用、分拣费用、检查费用、盘点费用等。在仓库众多的情况下，采用按仓储活动项目计算仓储成本的方法可以较容易地进行相互之间的比较，从而达到有效管理的目的。

（3）按适用对象计算仓储成本。仓储成本的计算也可以按照仓库商品所适用的对象，按产品、地区的不同分别计算仓储成本，这就是一般所说的按适用对象计算仓储成本。

此外，通过按照不同仓储营业单位的发生成本计算各单位仓储成本与销售金额或毛收入所占比重，可及时发现仓储过程存在的问题，并加以解决；通过按储存商品类别计算仓储成本，可以分析各类商品的盈亏情况。

3. 销售存货的成本计算

仓储管理中的销售存货的成本计算是比较复杂的。对于种类众多、销售时间敏感的商品，必须选用正确的存货计算方法。正确计算存货发出的成本，不仅影响当期的经营损益，而且影响期末存货价值的真实性。实行数量进价金额核算的物流企业，商品发出的计价方法主要有以下几种：

（1）个别认定法。个别认定法也称个别计价法、分批认定法、具体辨认法等，是指以某批材料购入时的实际成本作为该批材料发出时的实际成本的存货计价方法。该方法适用于大件物品、贵重物品。因为这种方法能使存货的成本流动与实物流动完全一致，所以能准确地反映销货成本和期末存货成本。个别认定法的优点是能正确计算存货的实际成本和耗用存货的实际成本；缺点是需要分别记录各批的单价和数量，工作量很大，进货批次较多时不宜采用。

（2）加权平均法。加权平均法是指期末用期初结存和本期入库存货的实际成本之和，据以计算加权平均成本作为期末存货成本和销货成本的存货计价方法。具体计算公式如下：

$$加权平均单价=\frac{期初结存金额+本期进货金额}{期初结存数量+本期进货数量}$$

$$期末存货成本=加权平均单价\times期末结存数量$$

$$本期销货成本=期初成本+本期进货成本-期末存货成本$$

（3）移动加权平均法。移动加权平均法是指平时入库存货就根据当时库存存货总成本与总数量计算平均单位成本，作为下一次收入存货以前发出存货时的单位成本的存货计价方法。采用移动加权平均法时，存货的计价和明细账的登记在日常进行，可以随时了解存货占用资金的动态，但日常核算工作量较为烦琐。具体计算公式如下：

$$移动加权平均单价=\frac{新购进金额+原结存金额}{新购进数量+原结存数量}$$

（4）先进先出法。先进先出法是指假定先购进的存货先耗用或先销售，期末存货就是最近入库的存货，因此，先耗用或先销售的存货按先入库存货的单位成本计价，后耗用或后销售的存货按后入库存货的单位成本计价的存货计价方法。先进先出法的特点是期末存货的账面价值反映最近入库存货的实际成本。

（5）后进先出法。后进先出法是指假定后入库的存货先耗用或先销售，因此，耗用或销售的存货按最近入库存货的单位成本计价，期末存货按最早入库存货的单位成本计价的存货计价方法。后进先出法在实地盘存制和永续盘存制下均可使用，但是在不同的盘存制度下，采用不同的方法计算的期末存货成本和本期的销货成本是不同的。

四、仓储成本控制

在实践中，强调仓储成本的控制不是一味地减少开支，而是要在平衡成本水平与服务水平、仓储成本与物流总成本、物资储备与生产销售需求关系的基础上，针对仓储管理物资资金占用分布实际，采取综合措施，以期获得企业最大的经济效益。具体对策如下：

（一）区分成本重要程度，实施分类控制

大多数企业所经营的产品种类都相当繁多，并且在大多数情况下，不需要也不可能对所有的产品都准备库存，所以企业的首要任务就是正确确定库存和非库存的货物。在实际的管理工作中，除了根据企业的产品特性确定正确的库存管理模式外，更重要的是对所确定的库存产品不能一视同仁，而要区别对待、分类管理。

1. ABC 分类管理法

ABC 分类管理法在项目二中已介绍过，这里不赘述。需要强调的是，通过分类，管理者就能为每一类库存品种制定不同的管理策略，实施不同的控制，见表 7－5。

表 7－5　ABC 分类管理和控制表

项 目	A 类货物	B 类货物	C 类货物
控制程度	严格	一般	简单
库存量计算	按模型计算	一般计算	简单计算或不计算
进出库记录	详细	一般	简单
检查次数	多	一般	少
安全库存量	低	较大	大

在 ABC 分类管理的基础上建立的库存管理策略主要包括以下内容：

（1）花费在购买 A 类货物库存上的资金应大大多于花费在 C 类货物库存上的。

（2）对 A 类货物库存的现场管理应更严格，它们应存放在更安全的地方，而且为了保证记录的准确性，更应对它们频繁地进行检验。

（3）预测 A 类货物库存应比预测其他类库存更为仔细和精心。

2. CVA 管理法

ABC 分类管理法虽然适用性较强，但其不足之处也比较突出，主要表现为 C 类货物往往得不到应有的重视，而 C 类货物往往也会导致整个装配线停工。为了弥补这一不足，有些企业在库存管理中引入了关键因素分析法（Critical Value Analysis，CVA）。

CVA 的基本思想是把存货按照关键性分级管理：

（1）最高优先级。即经营活动中的关键性物资，不允许缺货。

（2）较高优先级。即经营活动中的基础性物资，允许偶尔缺货。

（3）中等优先级。即经营活动中比较重要的物资，允许合理范围内的缺货。

（4）较低优先级。即经营活动中需用这些物质，可替代性高，允许缺货。

CVA 管理法比 ABC 分类管理法有更强的目的性，但在使用中要注意，人们往往倾向于制定高的优先级，结果高优先级的物资种类很多，最终导致各种物资都得不到应有

的重视。CVA管理法和ABC分类管理法结合使用，可以达到分清主次、抓住关键环节的目的。

（二）通过精细管理，有效降低库存水平

合理的库存是企业维持生产与流通的保障，但并不是所有的库存都能随时发挥其作用来满足生产或交货的需要，或者说这些库存在一定的时间内是不能用的，这些不可用库存的量直接影响库存成本。对于一个企业来说，在途库存、淤滞（由货主或供应商的货物滞销引起）库存、预留库存（可交货的订单出于其他方面的原因而不能交货）、在制品或者是待检品都是不可用的库存。库存管理的目标之一就是提高可用库存占库存总量的比重，降低不可用库存占库存总量的比重，从而降低库存成本。在实际的工作中，不可用库存通常通过以下途径来降低：

1. 在途库存

（1）缩短交货运输时间。应尽可能地缩短从供应商抵达企业的运输时间。

（2）选择合适的运输方式。根据产品的特性（如价格、体积、重量等），比较运输时间的缩短对库存乃至库存成本的影响和运输费用的影响，从而选择合适的最优运输方式。

（3）选择合适的交货和付款方式。通过与供应商的谈判，选择对企业最有利的交货方式，也是降低库存成本的一个重要方面。

2. 淤滞库存

（1）通过合适的商务政策来减少淤滞库存的产生。

（2）销售促销。对已经存在的淤滞库存，要通过大力的促销（如降低价格等）将其尽量销售出去。

（3）退回供应商返工。如果淤滞库存能够经过再加工而提高销售的机会，则与供应商的合作对于滞库存的再加工，也是一种较好的处理手段。

3. 预留库存

预留库存主要是由于整批交货订单未能兑现造成的。因此，必须加强控制订单的整批交货。对客户来说，整批交货的订单可以大大降低其库存水平，但是这对供货方来说却是不小的压力，因此只有在确实需要的情况下，供货方才能向客户提供整批交货的服务。定期检查预留库存的情况，加强与销售部、财务部及客户之间的沟通，尽快消除因付款、客户项目延期等造成的预留库存。

（三）科学补货，控制好物流总成本

库存补货主要解决何时补货以及每次补多少货的问题。正确的库存补货方式可以大

大降低安全库存量，对整体库存水平的控制是非常重要的。通常可以通过以下两种方法考虑何时补货的问题：

1. 定量补货法

这种方法是指当某种货物的库存量达到预先设定的水平时进行补货。这种方法操作比较简单，可以通过系统自动进行，适合于对交货要求不高、长期需求比较稳定、供应商交货较好且产品单价适中的产品。这种方法最大的缺点就是对安全库存量要求比较高。

2. 动态补货法

这种方法通过对现有库存量及未来一定时期内的需求预测数量的平衡来决定当前是否要生成采购单补货。这种补货方法主要适用于产品的需求不稳定、只能依靠不定期的预测来提高需求数据的可靠性、产品的价格较高等情况。这种方法最大的缺点就是管理工作的复杂性，需要有一套完善的 ERP 系统作为支持。

企业可以根据库存货物的重要性决定不同的补货方式，通常 C 类货物采用定量补货法，而 A 类货物则采用动态补货法，这样的管理方式使得企业将大部分的时间和精力放在重要货物的管理上，从而提高订单的交货率、降低库存量。企业在解决每次订多少量的问题上，需要同时考虑以下几个方面的影响因素：

（1）采购费用。每次采购都需要和供应商进行联系和协调，由此而发生的通信费用将会影响企业的采购次数。但是，随着科技的发展，这部分费用目前已大大下降，电子邮件已基本替代了原先的传真和电话。

（2）仓储费用。采购的批次越少，企业需要准备的安全库存越多，这在一定程度上会造成仓储成本的上升。但是，对于自营型仓库来说，这部分费用并不一定会体现出来。

（3）供应商所提供的折扣系数。供应商通常会根据不同的订货数量给予不同的折扣系数，这将会影响企业每次的采购量。消除这一影响的方法就是和供应商签订年度供货协议。

（4）运输费用。多批次、少批量的采购会使运输费用上升。

（四）从实际出发，减少各环节上的浪费

1. 仓储费用管理

货物在储存过程中所消耗的衬垫材料在仓储费用中占很大比重。节约衬垫与苫盖材料以及有关人工费用的支出可有效降低仓储费用，企业应寻找既能节省这部分费用的开支，又能保证货物保管质量的方法，开展技术革新和技术改造，充分挖掘仓储设备的潜力。同时，在仓储费用的管理上也要实行分类管理，加强班组经济核算，促使仓储费用

不断降低。

2. 装卸搬运费用管理

货物进出库主要依靠装卸搬运作业来完成。装卸搬运机械的设备折旧费用在进出库费用中占的比重较大。因此，仓储部门在选择使用机械设备时应首先注意其经济性和实用性，应力求禁止不顾实际需要无端增大仓储设备折旧的做法。

3. 人工费用管理

人工费用的支出主要包括仓储管理人员以及仓储生产人员的工资、奖金。人工费用的管理应着眼于尽量减少非生产人员的工资支出，因为这部分费用支出与仓储作业量没有直接关系。同时，应不断提高劳动生产率，不断降低储运成本中的劳动消耗部分。此外，选择合理的劳动组织形式、工资形式，对于降低人工费用也有重要影响。

4. 其他费用管理

在仓储中，还有诸如油料、燃料、电力、低值易耗品等费用，这部分费用在整个物流费用成本中所占的比重比较小，但是不能忽视这部分费用，应注意不断地降低这部分费用。

内化与提升

图 7-1 为普罗格公司管理系统中的成本计算模块。

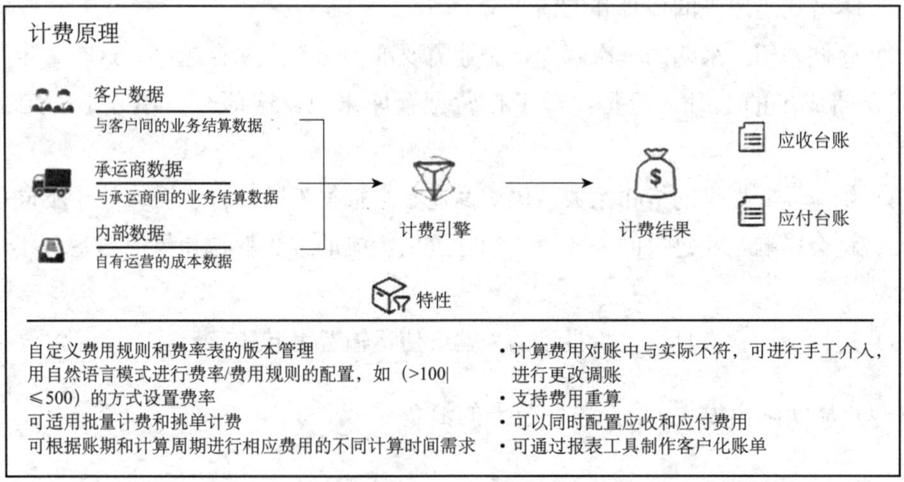

图 7-1 普罗格公司管理系统中成本计算模块

通过学习，刘盼知道了公司 WMS 有着完整的成本核算模块，可实时监控成本，实施有效的成本管理。作为一名职场新人，只有了解仓储成本的构成，以主人翁的态度对待本职工作，同时提升职业能力，才能为降低成本做出自己的贡献。

任务二 仓储绩效评价

学习情境

图 7-2 是刘盼在参观仓库时看到的打包岗效率和质量要求。由此，她知道工作中不仅要认真负责，同时会有相应的考核指标。这些指标汇总后形成仓储绩效评价指标体系。

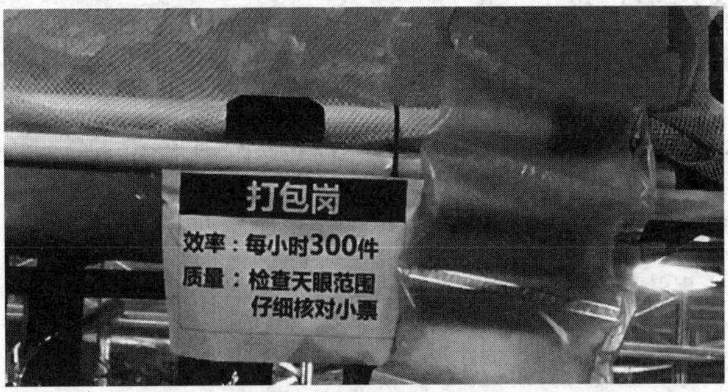

图 7-2　普罗格仓库打包岗绩效指标之一

学习情境分析：开展绩效评价的主要作用在于帮助管理人员充分调动员工的工作积极性，从而使员工尽量大地发挥到自身的能力。作为仓储企业员工，了解仓储绩效考核指标，对高效优质地开展工作是十分重要的。

知识链接

一、仓储绩效评价的概念

企业绩效评价是指运用专门的方法，采用特定的指标体系，对照统一的评价标准，按一定程序，通过定量和定性分析，对企业在一定的经营期间内的经营效益、管理效率和经营业绩做出的综合评判。企业绩效评价可以是对企业的整体经营进行的评价，也可以是对企业经营的某个方面的评价。

绩效评价体系是与绩效评价相关的评价制度、评价方法、评价标准、评价机构及评价指标体系等方面形成的有机整体。它主要由绩效评价制度体系、绩效评价组织体系、绩效评价指标体系三部分构成。企业绩效评价工作依托绩效评价体系展开。

仓储绩效评价是指通过建立绩效评价体系对仓储企业（或部门）在仓储设施管理、

出入库管理、库存管理、仓储成本管理、资金运用效率、生产效率等方面的管理效益和效率进行综合评价。

二、仓储绩效评价的关键指标

关键绩效指标（Key Performance Indicator，KPI）是通过对组织内部某一流程的输入端、输出端的关键参数进行设置、取样、计算、分析，衡量流程绩效的一种目标式量化管理指标。它是把企业的战略目标分解为可运作的远景目标的工具，是企业绩效管理系统的基础。在仓储成本管理过程中，进行成本分析时需运用到以下指标工具：

（一）设施设备管理指标

1. 仓库利用率

仓库利用率主要反映仓库的利用情况。它包括仓库面积利用率和仓库容积利用率。具体计算公式如下：

$$仓库面积利用率=\frac{报告期实际占用面积}{报告期仓库总面积}\times100\%$$

式中，报告期实际占用面积是指报告期仓库中货物储存堆放所实际占有效面积之和；报告期仓库总面积是指从仓库的围墙线算起的整个仓库所占的面积。

$$仓库容积利用率=\frac{报告期平均每日实际使用的容积}{报告期仓库的有效容积}\times100\%$$

$$报告期平均每日实际使用的容积=\frac{报告期储存货物体积之和}{报告期天数}$$

式中，报告期储存货物体积之和等于报告期仓库中每天储存的货物体积之和。

2. 仓库设备情况

仓库设备情况包括设备完好率和设备利用率。其中：

$$设备完好率=\frac{完好台日}{总台日}\times100\%$$

式中，完好台日是指设备状态良好、能随时参加作业的台日；总台日是指总台数与每台日数（不论其技术状况如何，除节假日）的乘积。

而设备利用率包括设备能力利用率和设备时间利用率。其中：

$$设备能力利用率=\frac{实际载荷量}{技术特征规定的载荷量}\times100\%$$

设备时间利用率则包括以下三项：

$$班设备时间利用率=\frac{一班实际作业时数}{8}\times100\%$$

$$日设备时间利用率=\frac{一日实际作业时数}{24}\times100\%$$

$$年设备时间利用率=\frac{一年实际作业天数}{365-节假日}\times 100\%$$

（二）出入库管理指标

出入库管理指标主要包括平均保管损失、收发货差错率、货物损耗率、平均收发时间以及装卸搬运损失率。

1. 平均保管损失

平均保管损失是指一定时期内平均每吨储存货物的保管损失金额。它是衡量和考核仓库保管人员工作质量的重要指标，计量单位为元/吨。具体计算公式如下：

$$平均保管损失=\frac{保管损失金额}{平均储存量}$$

式中，保管损失金额是指因保管养护不当而造成货物霉变残损、丢失短缺、超定额损耗，以及因不按规定验收和错收错付而发生的损失等。有保管期的货物，经仓库预先催办调拨，但存货部门未能即时调拨出库而导致的损失，不能算作仓库的保管损失。货物保管损失是仓库的一项直接损失，应尽量避免和减少。通过核算损失，可以进一步追查保管损失的事故原因，找出管理中的漏洞，从而加强保管人员的岗位责任意识。计算该指标时应注意，分子、分母的计算时期必须统一，内容也应该一致。

2. 收发货差错率

收发货差错率是以收发货所发生差错的累计笔数占收发货总笔数的比重来计算的，常以千分数来表示。该指标是仓库管理中的重要工作质量考核指标，能反映仓库保管人员收发货的准确性，可作为竞争上岗、绩效考核的依据。具体计算公式如下：

$$收发货差错率=\frac{累计收发货差错笔数}{收发货总笔数}\times 100\%$$

3. 货物损耗率

货物损耗率又称库存货物自然损耗率，是指在一定的保管条件下货物在储存保管期中，其自然损耗量与入库货物数量的比率，以百分数或千分数来表示。具体计算公式如下：

$$货物损耗率=\frac{货物损耗量}{货物库存总量}\times 100\%$$

或：

$$货物损耗率=\frac{货物损耗额}{货物保管总额}\times 100\%$$

货物损耗率指标主要用于对易干燥、风化、挥发、失重或破碎货物保管工作的考核。为了核定货物在保管过程中的损耗是否合理，一般对不同的货物规定相应的损耗率标准，又称为标准损耗率。若仓库的实际货物损耗率低于该标准损耗率，则为合理损耗；反之，则为不合理损耗。货物损耗率指标是一个逆指标，指标值越小，说明货物储存保管工作做得越好。因此，应力争使货物的损耗率降到最低点。货物损耗率不仅是考核仓库保管工作质量的指标，也是划清仓库与存货单位货物责任界限的重要指标。

4. 平均收发时间

平均收发时间是指仓库保管员收发每一笔货物（即出入库单据上的每一个品种）平均所用的时间。它是反映仓库工作人员劳动效率的质量指标。其计量单位为时/笔。具体计算公式如下：

$$平均收发时间=\frac{收发货的总时间}{收发货的总笔数}$$

收货时间是指自单货到齐开始计算，货物经验收入库后，直到把入库单据送交保管会计登账为止。发货时间是指自仓库接到发货单开始，经备货、包装、填制装运清单等，直到办妥出库手续为止，在库待运时间不列为发货时间。制定和考核平均收发时间指标的目的是缩短仓库的收发货时间，提高服务质量，加速货物与资金的周转，促进购销，提高经济效益。

5. 装卸搬运损失率

装卸搬运损失率的计算公式如下：

$$装卸搬运损失率=\frac{装卸搬运损失量}{期内吞吐量}\times 100\%$$

（三）库存管理指标

1. 库存量

库存量是指仓库中库存货物的数量，有即时库存量、平均库存量和现有库存量之分。

（1）即时库存量就是某一个时刻的库存量，即某一个时刻仓库中实际存放的货物的数量。由于仓库的货物随时都在进出，库存量会随着时间发生变化，因此即时库存量是时间变化的函数。

（2）平均库存量是一段时间（如一个月、一个季度、一年）内平均的库存量。具体计算公式如下：

$$月平均库存量=(月初库存量+月末库存量)/2$$

$$年平均库存量=各月平均库存量之和/12$$

（3）现有库存量就是现在的库存余额，即现在仓库中还存放着多少货物。现有库存量可按以下公式计算：

$$现有库存量=上期余额+本期入库量-本期出库量$$

2. 吞吐量

吞吐量是指仓库的吞量加上吐量之和，单位是吨/期。它不仅反映仓储的工作量和周转量，也反映仓库的规模，还反映仓库的劳动强度。吞吐量越大，说明仓库的规模越大、周转量越大、工作量越大、劳动强度越高。吞吐量要靠仓库的装卸能力、仓储面积来支持。具体计算公式如下：

$$吞吐量=总入库量+总出库量$$

3. 库存货物周转率

库存货物周转率是反映库存货物周转速度快慢的指标。具体计算公式如下：

$$库存货物周转率=\frac{期内货物出库量}{同期内平均库存量}\times 100\%$$

库存货物周转率取决于期内货物出库量和期内平均库存量之比。在给定的平均库存水平下，期内出库量越大，库存货物周转率就越高，效益就越好。

（四）综合管理指标

1. 仓储成本指标

仓储成本指标包括平均仓储成本和仓储收入成本率两个指标。

（1）平均仓储成本是指一定时期内平均仓储 1 吨货物所需支出的成本额，常以年度或月度为计算时期，计量单位为元/吨。具体计算公式如下：

$$平均仓储成本=\frac{货物仓储成本}{平均存储量}$$

（2）仓储收入成本率是指一定时期内货物仓储收入中成本支出所占的比重。具体计算公式如下：

$$仓储收入成本率=\frac{货物仓储收入}{仓储成本费用}\times 100\%$$

2. 仓储资金利润指标

现代仓储企业生产经营追求的目标是利润，它直接关系企业能否生存发展，同时利润又是考核、评价企业生产经营管理最终成果的重要指标。

（1）利润总额。利润总额是指仓储企业在一定时期内已实现的全部利润。它等于仓库实现的营业收入减去储存成本、税金，加上其他业务利润，再加上营业外收支净额后的总额。具体计算公式如下：

$$利润总额=仓库营业利润+投资净损益+营业外收入-营业外支出$$

$$仓库营业利润=仓库主营业务利润+其他业务利润-管理费用-财务费用$$

仓库营业利润是指仓储企业利用各种资源在企业内获得的利润，包括仓库保管利润、仓库保管材料销售利润、出租包装物等取得的利润。而投资净损益则是仓库用各种资源在企业外投资所取得的收益或损失。营业外收入是指与仓储企业生产无直接联系的收入，如逾期包装物的押金没收收入、罚款的净收入、其他收入等。营业外支出是指与仓储企业生产无直接关系的一些支出，如企业搬迁费、编外人员的生活费、停工损失、呆账损失、生活困难补助等。

（2）每吨保管商品利润。每吨保管商品利润是指在报告期内储存保管每吨商品平均能获得的利润，计量单位为元/吨。具体计算公式如下：

$$每吨保管货物利润=\frac{报告期利润总额}{报告期货物储存总量}$$

式中，报告期货物储存总量一般是指报告期间出库的货物总量而非入库的货物总量。

（3）资金利用率。资金利用率是指仓储企业在一定时期实现的利润总额占全部资金的比重。它常用来反映仓储企业的资金利用效果。具体计算公式如下：

$$资金利用率=\frac{利润总额}{固定资产平均占用额+流动资金平均占用额}\times 100\%$$

从上式可以看出，资金利润率与全部资产平均占用额成反比关系，与利润总额成正比关系。因此，提高仓储企业的资金利用率的途径有两条：一是在资金占用额一定的条件下，努力增加利润总额；二是在利润总额一定的前提下，妥善管理，挖掘潜力，节约材料，尽可能减少资金的占用额。

（4）收入利润率。收入利润率是指仓储企业在一定时期内实现的利润总额占营业收入的比重。具体计算公式如下：

$$收入利润率=\frac{利润总额}{仓储营业收入}\times 100\%$$

该指标可以分析仓储企业营业收入和利润之间的关系，它受储存货物的费率、储存货物的结构、储存单位成本等因素的影响。

（5）人均实现利润。人均实现利润是指报告年度仓储企业平均每人实现的利润。它是利润总额与仓库全员人数之比，计量单位为元/人。具体计算公式如下：

$$人均实现利润=\frac{报告期年利润总额}{报告期年全员平均人数}$$

式中，报告期年利润总额应采用时期累计数的方法计算，而报告期年全员平均人数则应采用时点数计算序时平均数的方法来计算。该指标是考核现代仓储企业劳动生产率的重要指标。

3. 全员劳动生产率指标

劳动生产率是反映仓储企业经营管理水平的重要指标。企业管理者的能力、广大职工的精神面貌、人员安排的合理程度、机械化的利用情况等，都是影响劳动生产率的重要因素。计算全员劳动生产率指标，便于与同行业仓库、与历史先进指标进行对比与分析，从而找出差距，改进提高。全员劳动生产率考核的指标很多，其中比较重要的有保管员平均每人工作量和全员平均工作量。

（1）保管员平均每人工作量。它是指一定时期内，平均每个保管员储存养护货物的作业量。它反映了货物仓储及进出库数量与劳动力消耗的比值，属于劳动生产率指标。该指标根据保管员考核工作量内容的不同，可以有多种计算方法：

1）按保管货物的品种计算工作量：

$$保管员平均每人工作量=\frac{报告期保管货物的品种数}{报告期保管员的平均人数}$$

2）按保管货物的总量计算工作量：

$$\text{保管员平均每人工作量}=\frac{\text{报告期保管货物的总量}}{\text{报告期保管员的平均人数}}$$

3）按收发货物的笔数计算工作量：

$$\text{保管员平均每人工作量}=\frac{\text{报告期收发货物的笔数}}{\text{报告期保管员的平均人数}}$$

4）按收发货物的数量计算工作量：

$$\text{保管员平均每人工作量}=\frac{\text{报告期收发货物的数量}}{\text{报告期保管员的平均人数}}$$

5）按保管货物的收入计算工作量：

$$\text{保管员平均每人工作量}=\frac{\text{报告期收发货物的总收入}}{\text{报告期保管员的平均人数}}$$

式中，报告期保管员的平均人数是一个序时平均数，可用时点数计算序时平均数的方法求得。保管员是指仓库中从事验货、收货、发货等工作的所有人员，但不包括专职的记账员、核算员。

（2）全员平均工作量。全员平均工作量是指在一定时期内仓库中平均每个员工承担的仓储作业的数量。因为核算仓储作业量的内容不同，所以该指标也可以用不同的方法计算，主要的计算方法有：

1）按保管货物的数量计算：

$$\text{全员平均工作量}=\frac{\text{报告期保管货物的数量}}{\text{报告期仓库平均员工人数}}$$

2）按收发货物的数量计算：

$$\text{全员平均工作量}=\frac{\text{报告期收发货物的数量}}{\text{报告期仓库平均员工人数}}$$

式中，报告期仓库平均员工人数是报告期仓库全部员工人数的序时平均数。仓库全部员工包括直接从事保管业务的工作人员、行政管理人员、后勤服务工作人等所有的员工，但不包括从事运输业务的人员。

内化与提升

普罗格公司运营部管培生们通过学习公司《仓储绩效考核指标》，了解到普罗格公司的仓储绩效考核指标分为业务指标和个人指标两大类。其中业务指标具体包括效率指标、质量指标、安全指标三大项内容并细化到各个作业环节；个人指标则包括工作态度、工作配合、工作反馈、工作及时、工作纪律等方面。同时根据业务特征，对不同指标给予赋值，以便对投入和产效（产出和效益）做出客观、公正和准确的评判，从而推动各项工作。

普罗格公司仓储绩效考核指标详解

同步测试

一、单选题

1. 产品变质、短少、损害或报废相关的费用构成的库存成本称为（　　）。

A. 库存服务成本　B. 库存风险成本　C. 库存资金成本　D. 库存空间成本

2. 核算仓储成本时，无法从财务部门得到的费用是（　　）。

A. 材料费　B. 人工费　C. 管理费　D. 折旧与利息

3. 在ABC分类管理法中，库存量最大的是（　　）。

A. A类货　B. B类货　C. C类货　D. 都一样大

4.（　　）是仓库管理中的重要工作质量考核指标，能反映仓库保管人员收发货的准确性，可作为竞争上岗、绩效考核的依据。

A. 仓库利用率　B. 收发货差错率　C. 货物损耗率　D. 平均收发时间

5.（　　）不仅反映仓储的工作量和周转量，也反映仓库的规模，还反映仓库的劳动强度。

A. 库存量　B. 出库量　C. 入库量　D. 吞吐量

二、判断题

1. 仓储空间成本只包括那些随库存数量变动的成本，一般指租用仓库的成本。（　　）

2. 仓储人工费可以按物流人员的工资、奖金、补贴等报酬的实际支付金额计算得出。（　　）

3. 一般而言，C类货物采用定量补货法。（　　）

4. 在给定的平均库存水平下，期内出库量越大，库存货物周转率就越高，效益就越好。（　　）

5. 劳动生产率是反映仓储企业经营管理水平的重要指标。（　　）

同步实训

实训项目　仓租及杂项结算项目

项目介绍

仓租及杂项费用结算实施目标为：以可视化方式呈现仓库杂项作业成本报表；确保仓租及杂项作业单及时、准确、完整地在系统录入；确保系统打印的仓租及杂项作业单满足财务结算的要求；所有仓库杂项作业都有系统单号查询追溯和相关财务记录；取消仓管员手工开具的仓租及杂项作业单，节省纸张费用，提高人工效率；费用通过系统审核，以最后一级财务审核的作业汇总报表作为书面结算凭证。

实训目的

（1）熟悉仓库仓租及杂项作业费率运用与计算。

（2）掌握运用系统软件进行仓库仓租及杂项作业费用结算的操作。

实训内容

课前由教师设定费率，提出若干包含客户单位、货物种类、货物仓库位置、作业方式、作业量等信息的业务，要求学生在系统中完成仓租及杂项作业费用结算操作。

实训资源

（1）设置分公司经理、分公司财务、仓库主管、仓库统计/调度、总部财务等岗位环境。

（2）仓库费用结算软件（或含仓库费用结算模块仓库管理系统）一套，建议使用宝供物流管理软件。

实训组织

组织学生单人单岗，单人多岗，分组配合进行训练。

实训指导

（一）仓库杂项作业结算类型的定义与特点

1. 增值服务类型

（1）更换包装。即在承运过程中造成的外箱破损，经过开箱维修、检查后，箱内产品仍可销售，提供纸箱以更换包装的过程。

1）特点：通常针对正常产品、可销售类产品。

2）单证：多数无单证，以每月的 Excel 表统计为准。

3）产品数据：无须使用产品数据。

4）结算：通常以数量结算装卸费用，分为单件计费或整箱计费。

（2）再包装/二次包装。即按照客户的要求，将指定批次的产品包装拆分或合并等，实现促销或方便运输等目的。

1）特点：多数为正常产品和促销品的组合销售。

2）单证：产品出/入库单、调整单等，部分客户无单，通过电子邮件等待指令。

3）产品数据：正常产品和促销品。

4）结算：通常以数量结算装卸费用，分为单件计费或整箱计费。

(3) 打码、扫描、刷唛、贴标签。即用客户指定的打码工具，根据客户定义的经销商代码表，按客户的要求在成品指定位置进行标示，提取商品条码信息的过程。

1) 特点：以发货单为操作指令，事前指定全部或部分防串货产品。

2) 单证：送货单、中转单、到货单等。

3) 产品数据：无须使用产品数据。

4) 结算：通常以数量结算费用。

2. 库内管理类型

(1) 库内调整。即仓库货物管理的库位调整。

1) 特点：来源于仓库管理策略或客户要求。

2) 单证：电子邮件或电话指令，无单证。

3) 产品数据：不使用产品数据，目测或以工时计算。

4) 结算：通常按工时结算装卸费用。

(2) 清理货物。即销售给客户的产品，出于各种原因造成退货混乱的清理作业。

1) 特点：有订单或根据指令回收清理退货产品。

2) 单证：传真或电子邮件等方式的指令或退货单。

3) 产品数据：多数为销售产品。

4) 结算：通常以数量、体积、重量等方式结算装卸费用。

(3) 修理、清洁等。即因库内存储状况维护而产生的清洁库房、防虫除害、地台板整理、维修等作业。

1) 特点：来源于仓库管理策略或客户要求。

2) 单证：电子邮件或电话指令，无单证。

3) 产品数据：不使用产品数据，目测或以工时计算。

4) 结算：通常按工时结算装卸费用。

3. 其他作业类型

这一类型中最重要的是转仓、退仓。转仓即客户将产品从其他仓库（含本公司原仓库）转入本公司现定仓库，由本公司进行管理的运作过程。退仓即客户将产品从本公司仓库撤出。

(1) 特点：包含在库所有产品。

(2) 单证：中转单、出库单等或一次性运作指令，无单证。

(3) 产品数据：产品和促销品等。

(4) 结算：通常以体积、重量、型号等方式结算装卸费用。

(二) 仓租及杂项模块操作指南（以宝供物流结算系统为例）

1. 仓租部分

(1) 仓租成本结算。

操作步骤1：仓租成本维护。

1）机构：默认。

2）供应商：在下拉菜单中选择供应商或输入供应商代码。

3）计费周期起/止：直接输入年、月、日（8位）或点击 进行选择。

4）结算月：点击 进行选择。

5）点击“查询”按钮，标“＊”的为必填项，“计费周期起/止”与“结算月”可二选一（见图7－3）。

图7－3　仓租供应商成本-维护界面1

6）每月做成本维护时，需要对每个仓库进行客户分摊，即该仓库本月存储客户及各客户使用仓库面积月平均数。

7）选择客户，填写使用仓库面积月平均数，点击“添加子信息”，然后返回“仓租供应商成本维护”界面进行提交（见图7－4）。

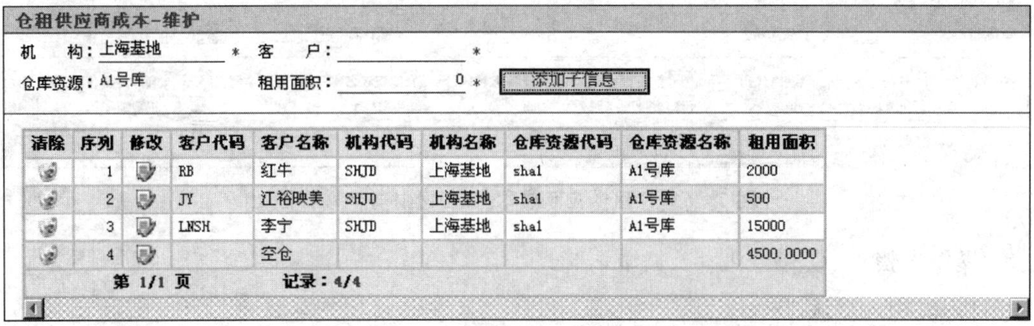

图7－4　仓租供应商成本-维护界面2

操作步骤2：仓库主管审核。

1）机构：默认。

2）供应商：在下拉菜单中选择供应商或输入供应商代码。

3）计费周期起/止：直接输入年、月、日（8位）或点击 进行选择。

4）结算月：点击 进行选择。

5）点击“查询”按钮，标“＊”的为必填项，“计费周期起/止”与“结算月”可二选一。

6）通过仓库结算员确认维护每月结算面积，经由仓库主管审核认可，才可以进行分公司财务审核（见图 7－5）。

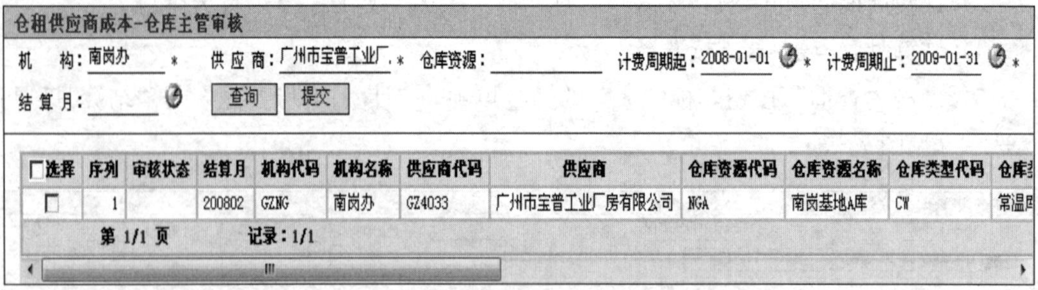
仓租供应商成本-仓库主管审核

机　构：南岗办 ＊　供 应 商：广州市宝普工业厂.＊　仓库资源：　计费周期起：2008-01-01 ＊　计费周期止：2009-01-31 ＊

结 算 月：　查询　提交

选择	序列	审核状态	结算月	机构代码	机构名称	供应商代码	供应商	仓库资源代码	仓库资源名称	仓库类型代码	仓库类
□	1		200802	GZNG	南岗办	GZ4033	广州市宝普工业厂房有限公司	NGA	南岗基地A库	CW	常温库

第 1/1 页　记录：1/1

图 7－5　仓租供应商成本-仓库主管审核界面

操作步骤 3：分公司财务审核。

1）机构：默认。

2）供应商：在下拉菜单中选择供应商或输入供应商代码。

3）计费周期起/止：直接输入年、月、日（8 位）或点击 进行选择。

4）结算月：点击 进行选择。

5）点击“查询”按钮，标“＊”的为必填项，“计费周期起/止”与“结算月”可二选一。

6）经由仓库主管审核认可数据，分公司财务审核形成应付结算单（见图 7－6）。

仓租供应商成本-分公司财务审核

机　构：上海基地　供 应 商：　仓库资源：

计费周期起：　计费周期止：　结 算 月：2009-03-31 ＊　审核状态：全部　查询　提交

机构代码	机构名称	供应商代码	供应商	仓库资源代码	仓库资源名称	仓库类型代码	仓库类型名称	租用
SHJD	上海基地	SH4045	上海宝供投资有限公司	SHB1	上海B1号库	ZC	正常库	2410

图 7－6　仓租供应商成本-分公司财务审核界面

操作步骤 4：实付录入。

1）机构：默认。

2）供应商：在下拉选择菜单中选择供应商或输入供应商代码。

3）计费周期起/止：直接输入年、月、日（8 位）或点击 进行选择。

4）结算月：点击 进行选择。

5）点击“查询”按钮，标“＊”的为必填项，“计费周期起/止”与“结算月”可二选一。

6）根据财务审核提交数据，产生应付结算单，在实付以后，在系统内导入实付数据（见图 7－7）。

操作步骤 5：仓租成本总部查看。

图 7-7　仓租供应商成本-实付录入界面

仓租成本总部可以根据查询条件查看仓租成本（见图 7-8）。

图 7-8　仓租供应商成本-总部财务审核界面

（2）仓租收入按固定量结算。

操作步骤 1：仓租收入维护。

1）机构：默认。

2）客户：在下拉菜单中选择客户或输入客户代码。

3）计费周期起/止：直接输入年、月、日（8 位）或点击进行选择。

4）结算月：点击进行选择。

5）仓库资源：在下拉菜单中选择仓库资源或输入仓库资源代码。

6）点击“查询”按钮，标“*”的为必填项，“计费周期起/止”与“结算月”可二选一。

7）系统根据合同自动计算客户租用面积或板数，由仓库结算员确认每月结算面积（见图 7-9）。

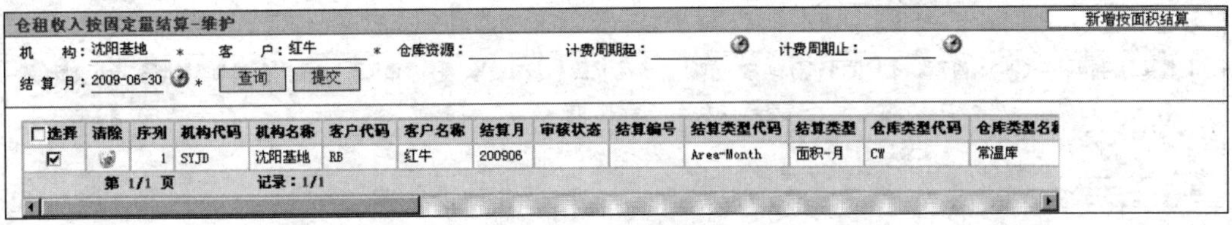

图 7-9　仓租收入按固定量结算-维护界面

操作步骤 2：仓库主管审核。

1）机构：默认。

2）客户：在下拉菜单中选择客户或输入客户代码。

3）计费周期起/止：直接输入年、月、日（8 位）或点击进行选择。

4）结算月：点击进行选择。

5）仓库资源：在下拉菜单中选择仓库资源或输入仓库资源代码。

6）点击“查询”按钮，标“*”的为必填项，“计费周期起/止”与“结算月”可二选一。

7）审核仓库结算员确认维护每月结算面积（见图 7-10）。

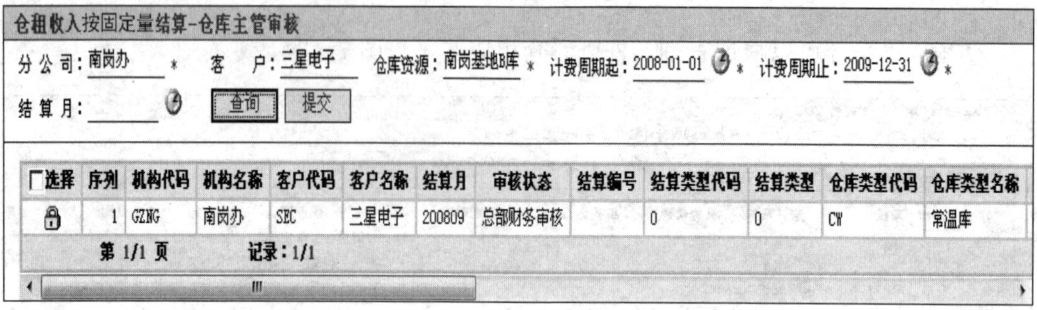

图 7-10 仓租收入按固定量结算-仓库主管审核界面

操作步骤 3：总部财务审核。

1）机构：默认。

2）客户：在下拉菜单中选择客户或输入客户代码。

3）计费周期起/止：直接输入年、月、日（8 位）或点击进行选择。

4）结算月：点击进行选择。

5）仓库资源：在下拉菜单中选择仓库资源或输入仓库资源代码。

6）点击“查询”按钮，标“*”的为必填项，“计费周期起/止”与“结算月”可二选一。

7）总部财务审核经仓库主管审核的客户结算量，形成应收结算单（见图 7-11）。

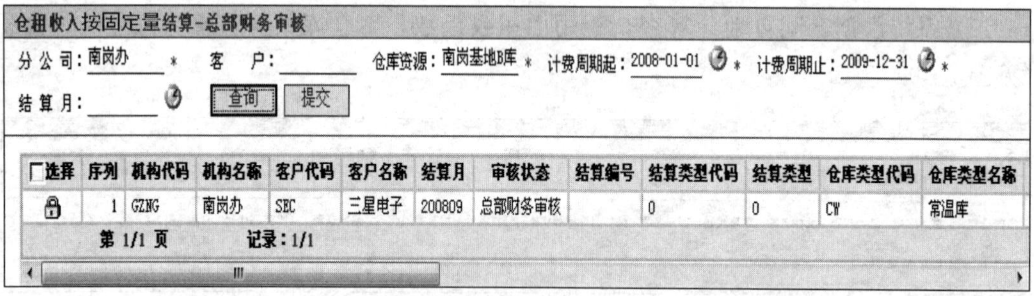

图 7-11 仓租收入按固定量结算-总部财务审核界面

操作步骤 4：实收录入。

1）机构：默认。

2）客户：在下拉菜单中选择客户或输入客户代码。

3）计费周期起/止：直接输入年、月、日（8 位）或点击进行选择。

4）结算月：点击进行选择。

5）点击“查询”按钮，标“*”的为必填项，“计费周期起/止”与“结算月”可二选一。

6）根据财务审核提交数据，产生应收结算单，在实收以后，在系统内导入实收数据（见图 7－12）。

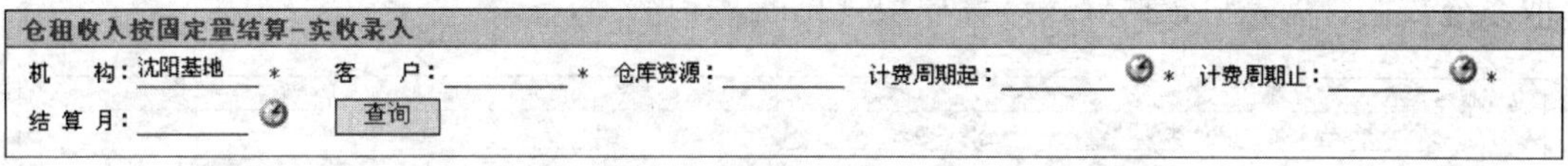

图 7－12　仓租收入按固定量结算-实收录入界面

(3) 仓租收入按运作量结算。

操作步骤 1：非面积数据导入。

1）客户：在下拉菜单中选择客户或输入客户代码。

2）货主：在下拉菜单中选择货主或输入货主代码。

3）点击“提交”，结算模块记录提交时间库存量。

该操作只针对系统能出具数据的客户，例如：EXE 系统客户都可以出具库存量，即库存板数或立方数等。数据需从 EXE 数据库导入 TOM 数据库（见图 7－13），同时为确保系统存储的库存结算数据与报给客户的数据一致，该部分库存应视为提交给客户的库存报表数据。

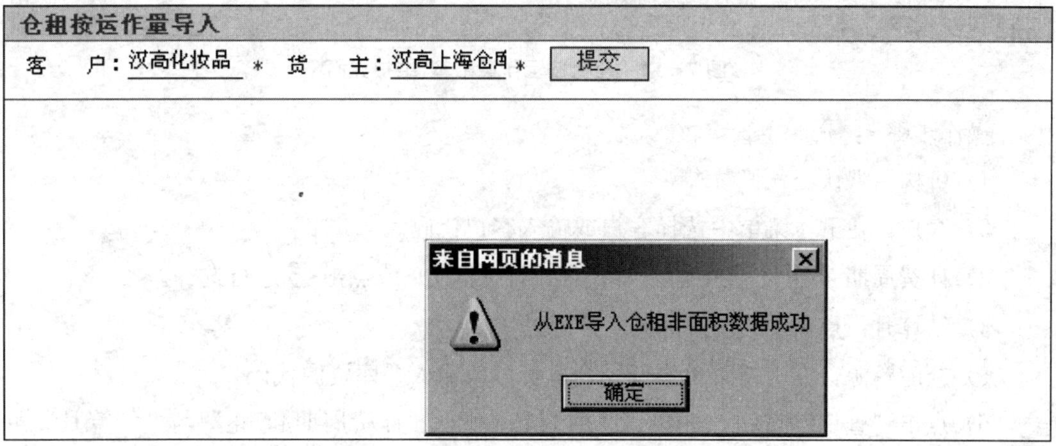

图 7－13　仓租按运作量导入界面

操作步骤 2：仓租收入运作量维护。

1）机构：默认。

2）客户：在下拉菜单中选择客户或输入客户代码。

3）计费周期起/止：直接输入年、月、日（8 位）或点击进行选择。

4）结算月：点击进行选择。

5）仓库资源：在下拉菜单中选择仓库资源或输入仓库资源代码。

6）点击“查询”按钮，标“*”的为必填项，“计费周期起/止”与“结算月”可二选一。

7）通过仓库结算员确认维护每日非面积（如板、立方）结算数，该维护如果是读取系统数据，需先将数据导入结算模块（见图 7-14）。

仓租按运作量结算-维护

客　户：汉高化妆品　机　构：上海基地 *　仓库资源：　货　主：

SKU 类别：　结 算 月：　运作日期起：2009-07-10 *　运作日期止：2009-07-10 *　查询　提交

仓库类型： *　结算类型： *　批量修改

选择	清除	序列	审核状态	结算月	库存时间	客户名称	客户代码	机构代码	机构名称	仓库资源名称	仓库资源代码	仓库类型代
		1		200907	2009-07-10 16:11:54	汉高化妆品	HENKEL	SHJD	上海基地	上海B1号库	SHB1	
		2		200907	2009-07-10 16:11:54	汉高化妆品	HENKEL	SHJD	上海基地	上海B1号库	SHB1	
		3		200907	2009-07-10 16:11:54	汉高化妆品	HENKEL	SHJD	上海基地	上海B1号库	SHB1	
		4		200907	2009-07-10 16:11:54	汉高化妆品	HENKEL	SHJD	上海基地	上海B1号库	SHB1	
		5		200907	2009-07-10 16:11:54	汉高化妆品	HENKEL	SHJD	上海基地	上海B1号库	SHB1	
		6		200907	2009-07-10 16:11:54	汉高化妆品	HENKEL	SHJD	上海基地	上海B1号库	SHB1	
		7		200907	2009-07-10 16:11:54	汉高化妆品	HENKEL	SHJD	上海基地	上海B1号库	SHB1	
		8		200907	2009-07-10 16:11:54	汉高化妆品	HENKEL	SHJD	上海基地	上海B1号库	SHB1	
		9		200907	2009-07-10 16:11:54	汉高化妆品	HENKEL	SHJD	上海基地	上海B1号库	SHB1	
		10		200907	2009-07-10 16:11:54	汉高化妆品	HENKEL	SHJD	上海基地	上海B1号库	SHB1	
		11		200907	2009-07-10 16:11:54	汉高化妆品	HENKEL	SHJD	上海基地	上海B1号库	SHB1	
		12		200907	2009-07-10 16:11:54	汉高化妆品	HENKEL	SHJD	上海基地	上海B1号库	SHB1	
		13		200907	2009-07-10 16:11:54	汉高化妆品	HENKEL	SHJD	上海基地	上海B1号库	SHB1	
		14		200907	2009-07-10 16:11:54	汉高化妆品	HENKEL	SHJD	上海基地	上海B1号库	SHB1	
		15		200907	2009-07-10 16:11:54	汉高化妆品	HENKEL	SHJD	上海基地	上海B1号库	SHB1	

合计［结算数］：0

第 1/26 页 -> >> 第　页 GO 记录：387/387

图 7-14　仓租按运作量结算-维护界面

操作步骤 3：仓库主管审核。

1）机构：默认。

2）客户：在下拉菜单中选择客户或输入客户代码。

3）计费周期起/止：直接输入年、月、日（8 位）或点击进行选择。

4）结算月：点击进行选择。

5）仓库资源：在下拉菜单中选择仓库资源或输入仓库资源代码。

6）点击“查询”按钮，标“*”的为必填项，“计费周期起/止”与“结算月”可二选一。

7）审核仓库结算员确认维护每月结算面积（见图 7-15）。

操作步骤 4：总部财务审核。

1）机构：默认。

2）客户：在下拉菜单中选择客户或输入客户代码。

3）计费周期起/止：直接输入年、月、日（8 位）或点击进行选择。

4）结算月：点击进行选择。

5）仓库资源：在下拉菜单中选择仓库资源或输入仓库资源代码。

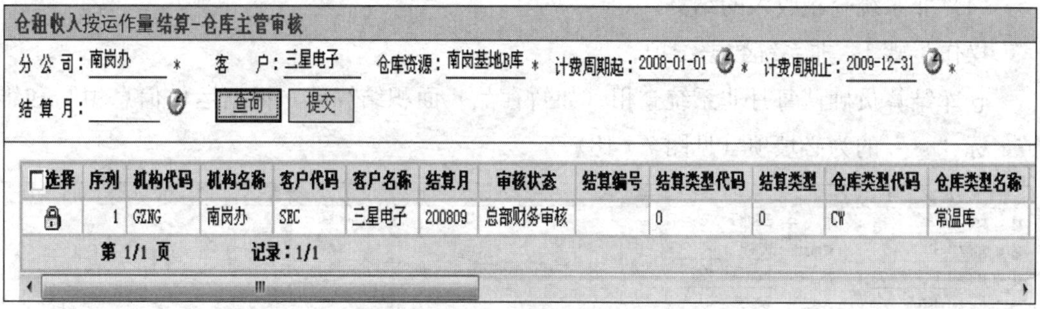

仓租收入按运作量结算-仓库主管审核

分公司：南岗办 *　客　户：三星电子　仓库资源：南岗基地B库 *　计费周期起：2008-01-01 *　计费周期止：2009-12-31 *

结算月：　查询　提交

选择	序列	机构代码	机构名称	客户代码	客户名称	结算月	审核状态	结算编号	结算类型代码	结算类型	仓库类型代码	仓库类型名称
	1	GZNG	南岗办	SEC	三星电子	200809	总部财务审核		0	0	CW	常温库

第 1/1 页　记录：1/1

图 7-15　仓租收入按运作量结算-仓库主管审核界面

6）点击“查询”按钮，标“*”的为必填项，“计费周期起/止”与“结算月”可二选一。

7）总部财务审核经仓库主管审核的客户结算量，形成应收结算单（见图 7-16）。

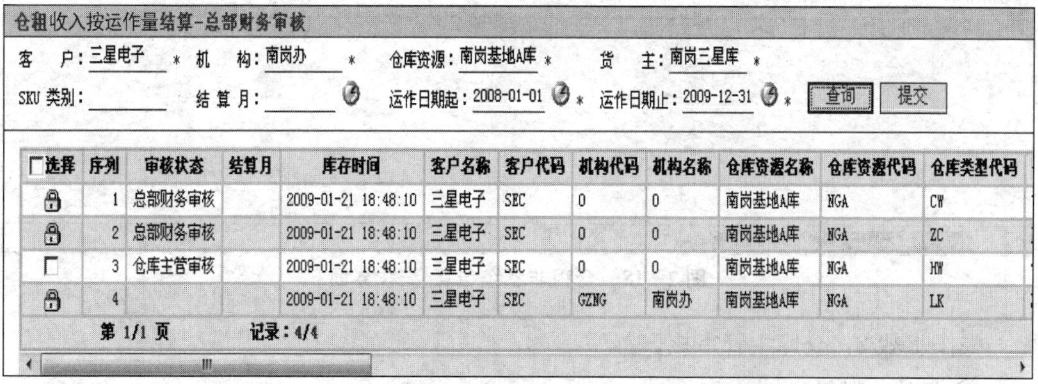

仓租收入按运作量结算-总部财务审核

客　户：三星电子 *　机　构：南岗办 *　仓库资源：南岗基地A库 *　货　主：南岗三星库 *

SKU 类别：　结 算 月：　运作日期起：2008-01-01 *　运作日期止：2009-12-31 *　查询　提交

选择	序列	审核状态	结算月	库存时间	客户名称	客户代码	机构代码	机构名称	仓库资源名称	仓库资源代码	仓库类型代码
	1	总部财务审核		2009-01-21 18:48:10	三星电子	SEC	0	0	南岗基地A库	NGA	CW
	2	总部财务审核		2009-01-21 18:48:10	三星电子	SEC	0	0	南岗基地A库	NGA	ZC
	3	仓库主管审核		2009-01-21 18:48:10	三星电子	SEC	0	0	南岗基地A库	NGA	HW
	4			2009-01-21 18:48:10	三星电子	SEC	GZNG	南岗办	南岗基地A库	NGA	LK

第 1/1 页　记录：4/4

图 7-16　仓租收入按运作量结算-总部财务审核界面

操作步骤 5：实收录入。

1）机构：默认。

2）客户：在下拉菜单中选择客户或输入客户代码。

3）计费周期起/止：直接输入年、月、日（8 位）或点击图标进行选择。

4）结算月：点击图标进行选择。

5）点击“查询”按钮，标“*”的为必填项，“计费周期起/止”与“结算月”可二选一。

6）根据财务审核提交数据，产生应收结算单，实收以后，在系统中导入实收数据（见图 7-17）。

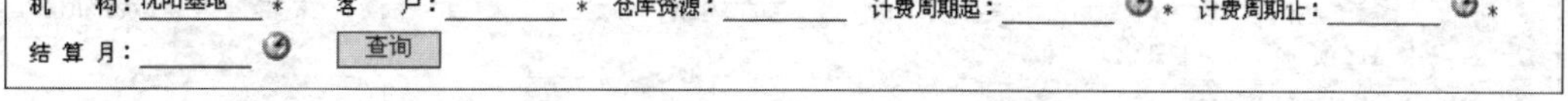

仓租收入按运作量结算-实收录入

机　构：沈阳基地 *　客　户：*　仓库资源：　计费周期起：*　计费周期止：*

结 算 月：　查询

图 7-17　仓租收入按运作量结算-实收录入界面

(4) 非系统仓租收入的结算。

操作步骤1：非系统数据维护。

仓库结算员确认每月非系统仓租（如暂存品）面积结算数，根据运作信息填写和维护，标“*”的为必填项（见图7-18）。

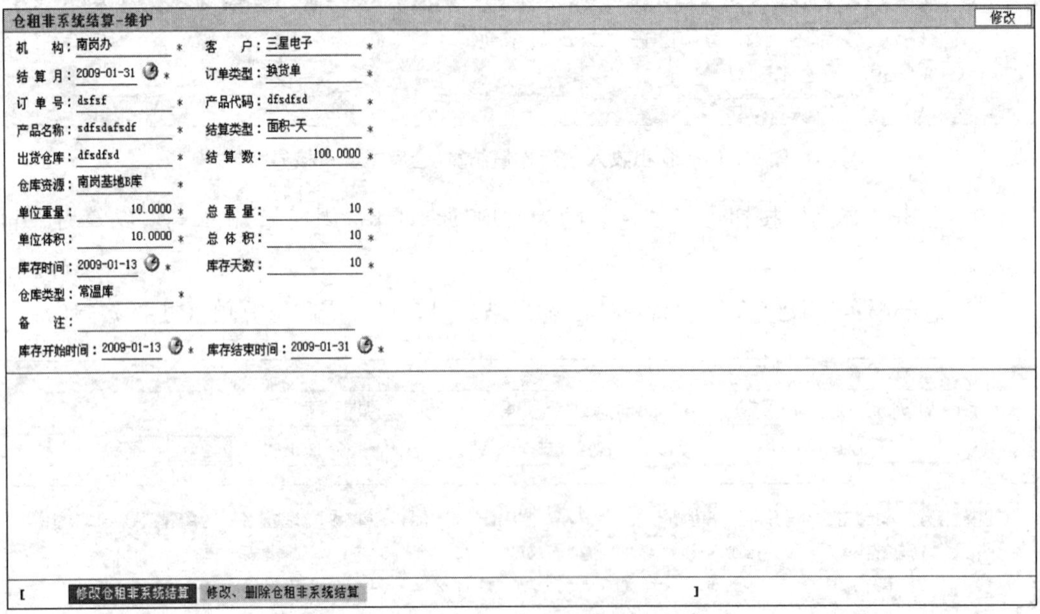

图7-18 仓租非系统结算-维护界面

操作步骤2：仓库主管审核。

1）机构：默认。

2）客户：在下拉菜单中选择客户或输入客户代码。

3）计费周期起/止：直接输入年、月、日（8位）或点击进行选择。

4）结算月：点击进行选择。

5）仓库资源：在下拉菜单中选择仓库资源或输入仓库资源代码。

6）点击“查询”按钮，标“*”的为必填项，“计费周期起/止”与“结算月”可二选一。

7）审核仓库结算员确认维护每月结算面积（见图7-19）。

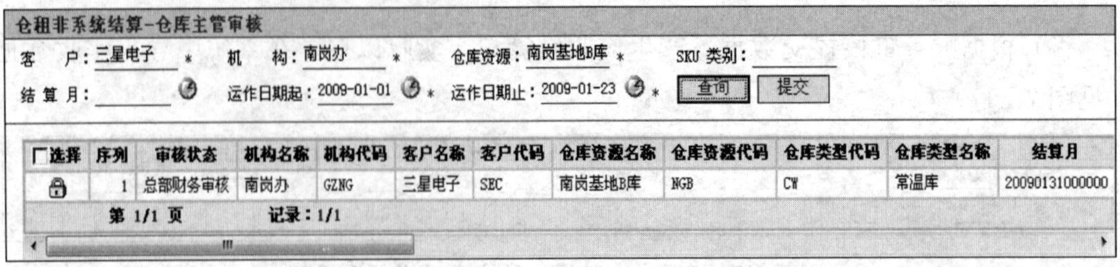

图7-19 仓租非系统结算-仓库主管审核界面

操作步骤3：总部财务审核。

1）机构：默认。

2）客户：在下拉菜单中选择客户或输入客户代码。

3）计费周期起/止：直接输入年、月、日（8位）或点击 进行选择。

4）结算月：点击 进行选择。

5）仓库资源：在下拉菜单中选择仓库资源或输入仓库资源代码。

6）点击“查询”按钮，标“*”的为必填项，“计费周期起/止”与“结算月”可二选一。

7）总部财务审核经仓库主管审核的客户结算量，形成应收结算单（见图7-20）。

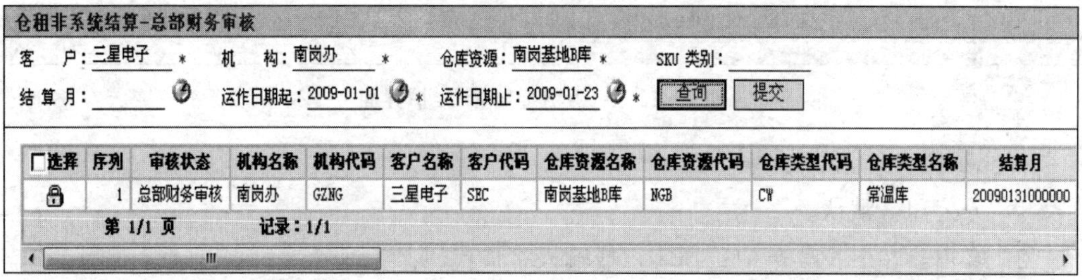

图7-20　仓租非系统结算-总部财务审核界面

操作步骤4：实收录入。

1）机构：默认。

2）客户：在下拉菜单中选择客户或输入客户代码。

3）计费周期起/止：直接输入年、月、日（8位）或点击 进行选择。

4）结算月：点击 进行选择。

5）点击“查询”按钮，标“*”的为必填项，“计费周期起/止”与“结算月”可二选一。

6）根据财务审核提交数据，产生应收结算单，实收以后，在系统中导入实收数据（见图7-21）。

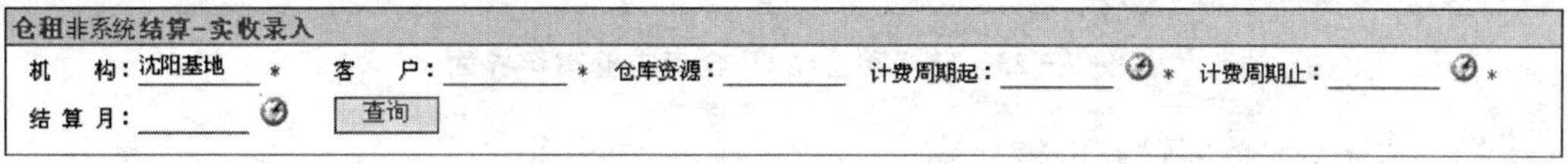

图7-21　仓租非系统结算-实收录入界面

（5）铲板租金结算。

操作步骤1：铲板租金维护。

1）分公司：默认。

2）客户：在下拉菜单中选择客户或输入客户代码。

3）计费周期起/止：直接输入年、月、日（8位）或点击 进行选择。

4）结算月：点击进行选择。

5）点击“查询”按钮，标“＊”的为必填项，“计费周期起/止”与“结算月”可二选一。

6）系统根据合同自动计算每月结算量，仓库结算员确认维护每月结算量，并点击“提交”（见图7－22）。

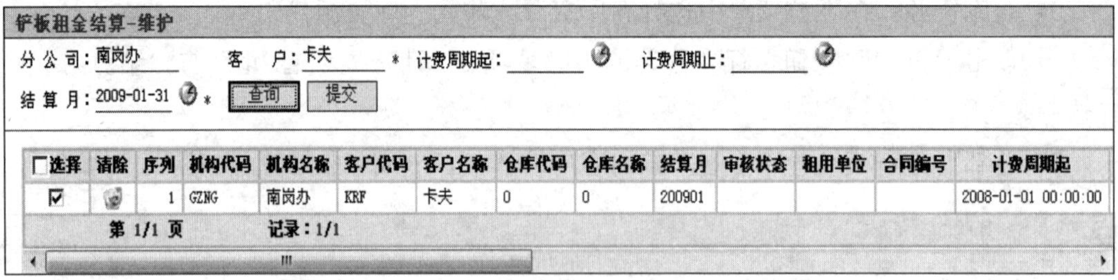

图7－22 铲板租金结算-维护界面

操作步骤2：仓库主管审核。

1）分公司：默认。

2）客户：在下拉菜单中选择客户或输入客户代码。

3）计费周期起/止：直接输入年、月、日（8位）或点击进行选择。

4）结算月：点击进行选择。

5）点击“查询”按钮，标“＊”的为必填项，“计费周期起/止”与“结算月”可二选一。

6）审核仓库结算员确认维护每月结算面积（见图7－23）。

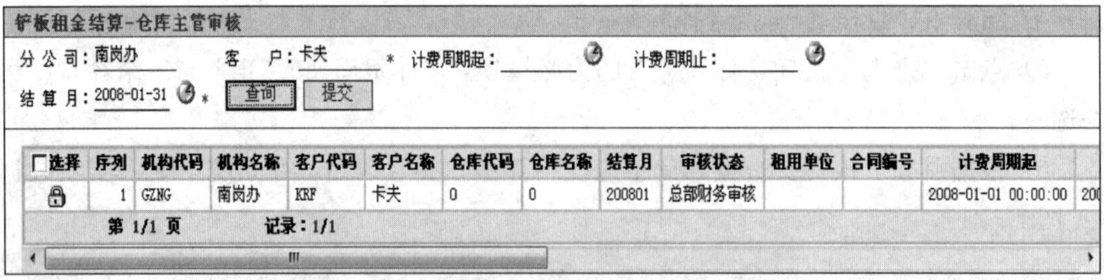

图7－23 铲板租金结算-仓库主管审核界面

操作步骤3：总部财务审核。

1）分公司：默认。

2）客户：在下拉菜单中选择客户或输入客户代码。

3）计费周期起/止：直接输入年、月、日（8位）或点击进行选择。

4）结算月：点击进行选择。

5）点击“查询”按钮，标“＊”的为必填项，“计费周期起/止”与“结算月”可二选一。

6）总部财务审核经仓库主管审核的客户结算量，形成应收结算单（见图 7－24）。

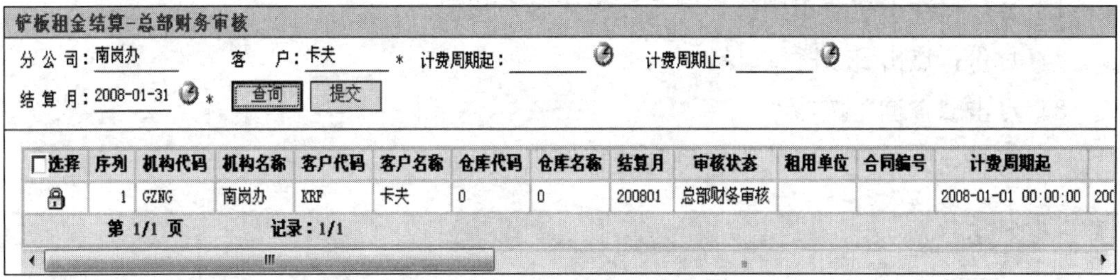

图 7－24　铲板租金结算-总部财务审核界面

操作步骤 4：实收录入。

1）分公司：默认。

2）客户：在下拉菜单中选择客户或输入客户代码。

3）计费周期起/止：直接输入年、月、日（8 位）或点击进行选择。

4）结算月：点击进行选择。

5）点击“查询”按钮，标“＊”的为必填项，“计费周期起/止”与“结算月”可二选一。

6）根据财务审核提交数据，产生应收结算单，实收以后，在系统中导入实收数据（见图 7－25）。

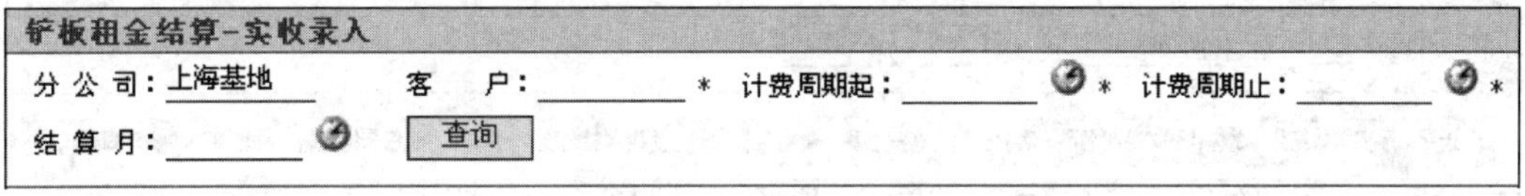

图 7－25　铲板租金结算-实收录入界面

（6）运作杂项结算。

操作步骤 1：杂项维护。

1）客户：在下拉菜单中选择客户或输入客户代码。

2）月份：点击进行选择。

3）点击“查询”按钮，系统根据合同自动计算每月结算量，仓库结算员确认维护每月结算量，并点击“提交”（见图 7－26）。

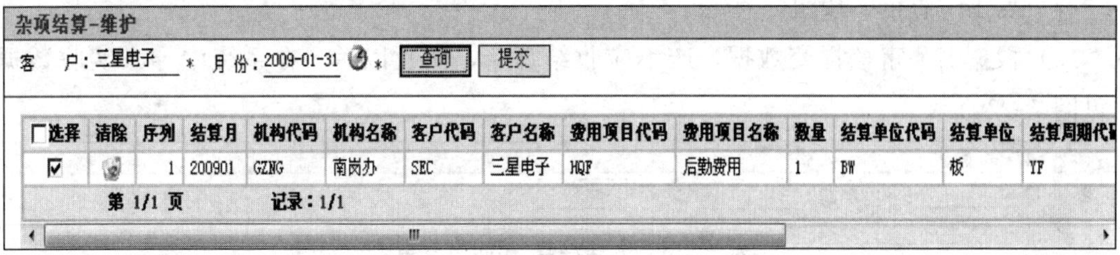

图 7－26　杂项结算-维护界面

操作步骤 2：仓库主管审核。

1）客户：在下拉菜单中选择客户或输入客户代码。

2）月份：点击进行选择。

3）点击“查询”按钮。

4）审核仓库结算员确认维护每月结算面积（见图 7－27）。

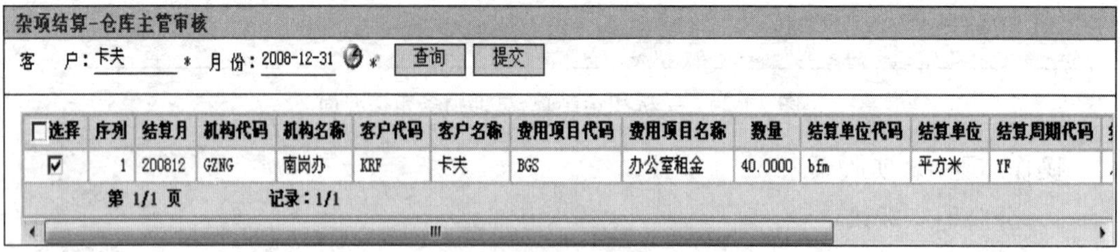
杂项结算-仓库主管审核

客　户：卡夫 *　月 份：2008-12-31 *　查询　提交

选择	序列	结算月	机构代码	机构名称	客户代码	客户名称	费用项目代码	费用项目名称	数量	结算单位代码	结算单位	结算周期代码
☑	1	200812	GZNG	南岗办	KRF	卡夫	BGS	办公室租金	40.0000	bfm	平方米	YF

第 1/1 页　记录：1/1

图 7－27　杂项结算-仓库主管审核界面

操作步骤 3：总部财务审核。

1）客户：在下拉菜单中选择客户或输入客户代码。

2）月份：点击进行选择。

3）点击“查询”按钮。

4）总部财务审核经仓库主管审核的客户结算量，形成应收结算单（见图 7－28）。

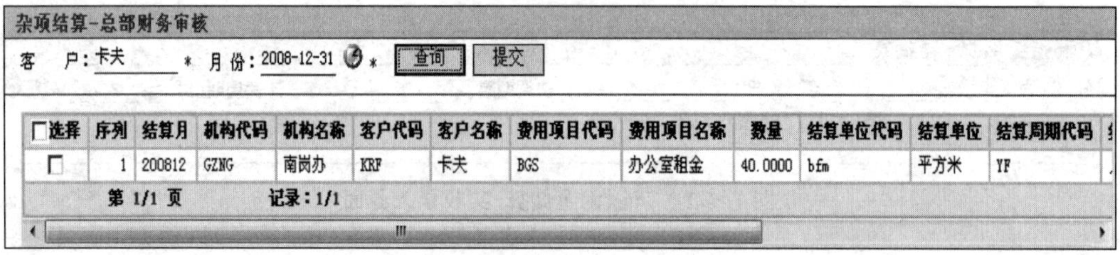
杂项结算-总部财务审核

客　户：卡夫 *　月 份：2008-12-31 *　查询　提交

选择	序列	结算月	机构代码	机构名称	客户代码	客户名称	费用项目代码	费用项目名称	数量	结算单位代码	结算单位	结算周期代码
☐	1	200812	GZNG	南岗办	KRF	卡夫	BGS	办公室租金	40.0000	bfm	平方米	YF

第 1/1 页　记录：1/1

图 7－28　杂项结算-总部财务审核界面

操作步骤 4：实收录入。

1）机构：默认。

2）客户：在下拉菜单中选择客户或输入客户代码。

3）结算月：点击进行选择。

4）点击“查询”按钮。

5）根据财务审核提交数据，产生应收结算单，实收以后，在系统中导入实收数据（见图 7－29）。

杂项结算-实收录入

客　户：________ *　月 份：________ *　查询

图 7－29　杂项结算-实收录入界面

说明：仓租收入中运作其他项目费用可通过仓库结算员确认维护每月非仓租、装卸、增值服务等费用的结算数（如客户驻库办公司租用费用），经由仓库主管审核认可，最后由总部财务审核形成应收结算单。

2. 仓租及杂项基础数据部分

（1）供应商合同维护。系统可以进行仓租费用的自动计算，如暂时不确定价格，可参照相同类型仓库维护合同，单价可先填“0”，操作界面显示无标准。不计费项目，结算类型可填“不计费”，以便区分是否计费（见图 7 - 30）。

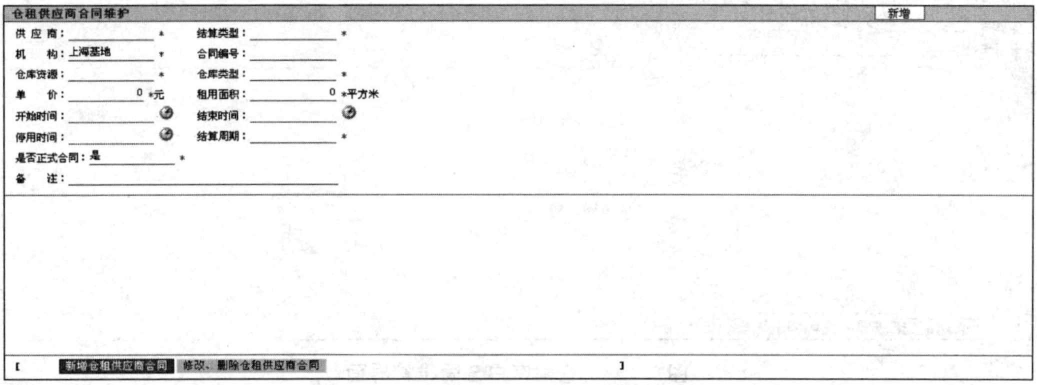

图 7 - 30　仓租供应商合同维护界面

（2）仓租供应商合同上传。供应商仓租合同可采取导入方式，按照“机构代码，供应商代码，仓库资源代码，仓库类型名称，合同编号，开始时间，结束时间，租用面积，单价，结算周期名称，结算类型名称，是否正式，备注”字段整理成 Excel 文件后直接上传，上传格式可为“xls”“csv”“txt”（见图 7 - 31）。

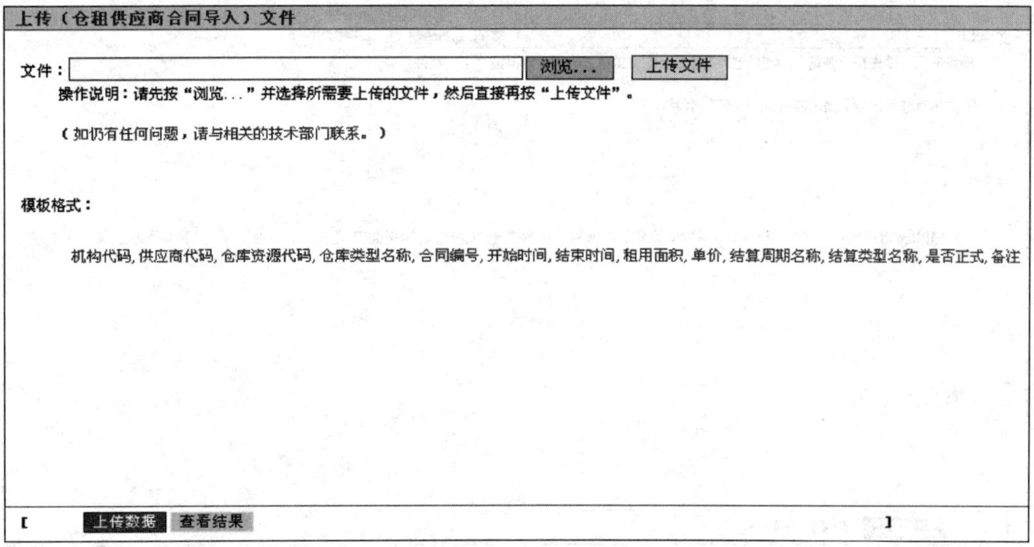

图 7 - 31　上传（仓租供应商合同导入）文件界面

(3) 客户合同维护。主要维护同客户收仓租费用的标准，用作自动生成应收报表。在进行价格维护后，系统才可以进行仓租的自动计算，如暂时不确定价格，可参照相同类型客户维护结算类型，单价可先填“0”，操作界面显示无标准。不计费项目，结算类型可填“不计费”，以便区分是否计费（见图7-32）。

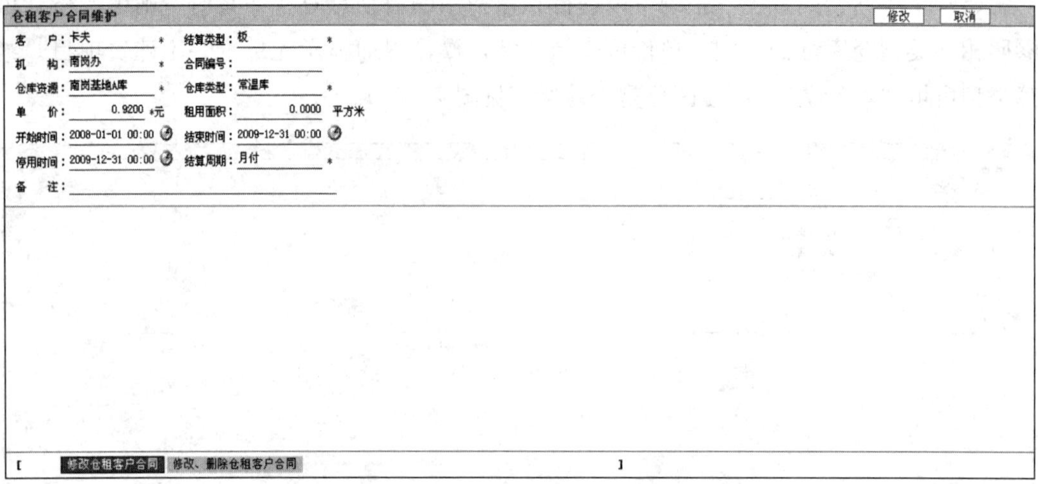

图7-32 仓租客户合同维护界面

(4) 仓租客户合同上传。客户仓租合同可采取导入方式，按照“机构代码，客户代码，仓库资源代码，仓库类型名称，合同编号，开始时间，结束时间，租用面积，单价，结算周期名称，结算类型名称，是否正式，备注”字段整理成Excel文件后直接上传，上传格式可为“xls”“csv”“txt”（见图7-33）。

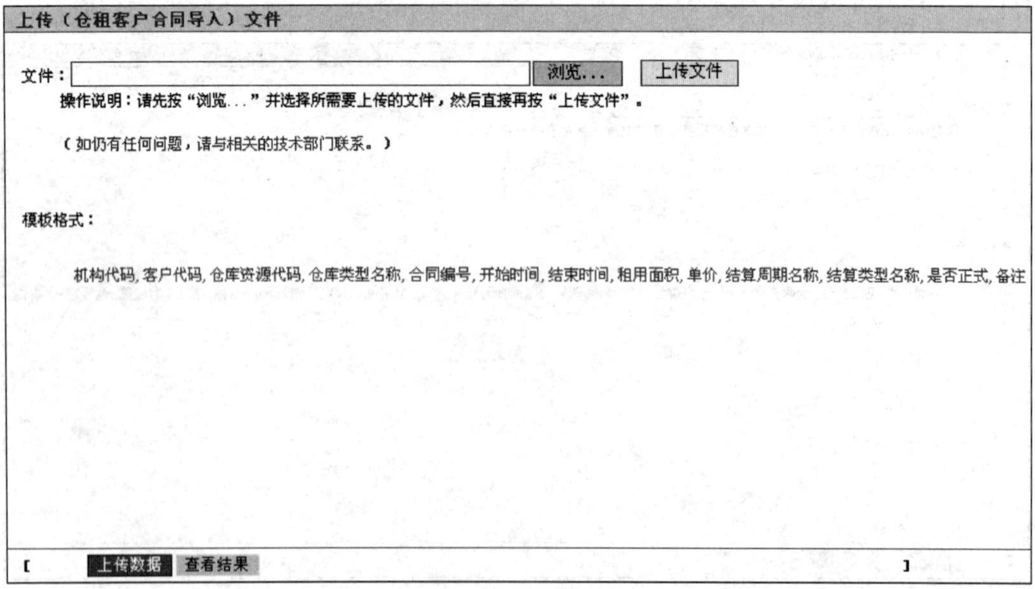

图7-33 上传（仓租客户合同导入）文件界面

（5）铲板合同维护。主要维护同客户收铲板费用的标准，用作自动生成应收报表。在进行价格维护后，系统才可以进行铲板租金的自动计算，如暂时不确定价格，单价可先填“0”，操作界面显示无标准（见图 7－34）。

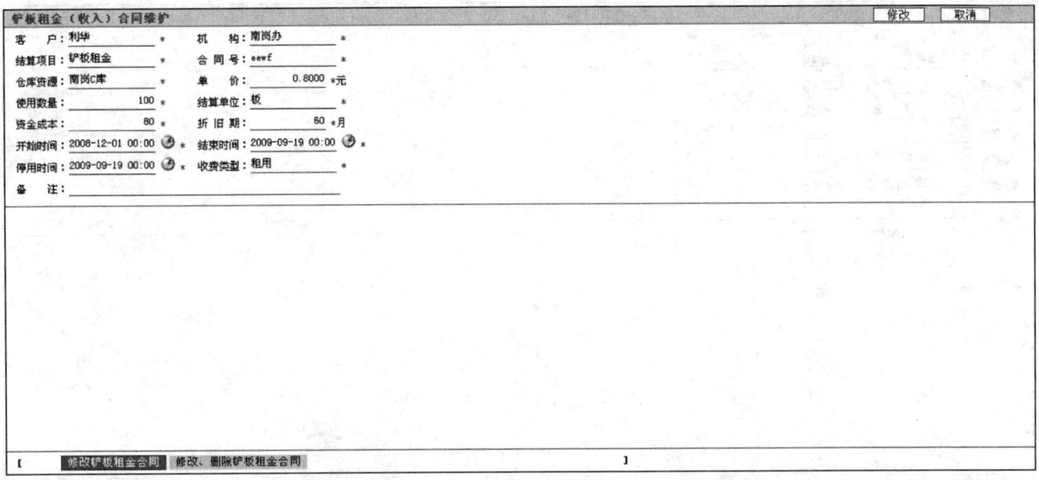

图 7－34　铲板租金（收入）合同维护界面

（6）铲板合同上传。仓租铲板合同可采取导入方式，按照“机构代码，客户代码，仓库资源代码，合同编号，开始时间，结束时间，费用类型名称，数量，单价，折旧月份，资金成本，是否正式，备注”字段整理成 Excel 文件后直接上传，上传格式可为“xls”“csv”“txt”（见图 7－35）。

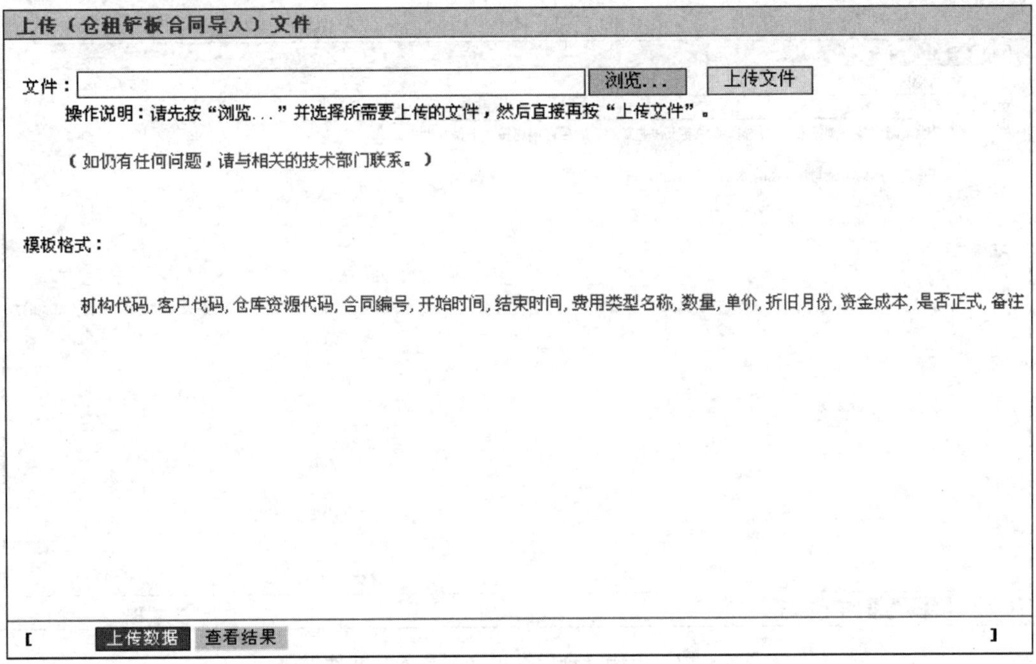

图 7－35　上传（仓租铲板合同导入）文件界面

（7）杂项合同维护。主要维护同客户收办公室租金、电话费等费用的标准，用作自动生成应收报表。在进行价格维护后，系统才可以自动计算，如暂时不确定价格，单价可先填“0”，操作界面显示无标准（见图 7-36）。

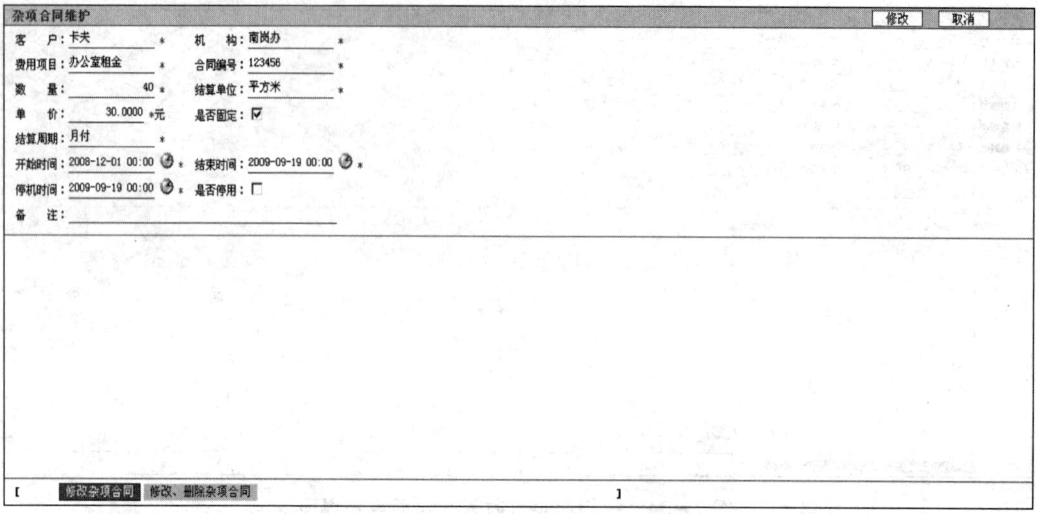

图 7-36　杂项合同维护界面

（8）杂项合同上传。仓租杂项合同可采取导入方式，按照“机构代码，客户代码，合同编号，开始时间，结束时间，是否停用，费用项目名称，数量，结算单位名称，单价，是否固定，结算周期名称，是否正式，备注”字段整理成 Excel 文件后直接上传，上传格式可为“xls”“csv”“txt”（见图 7-37）。

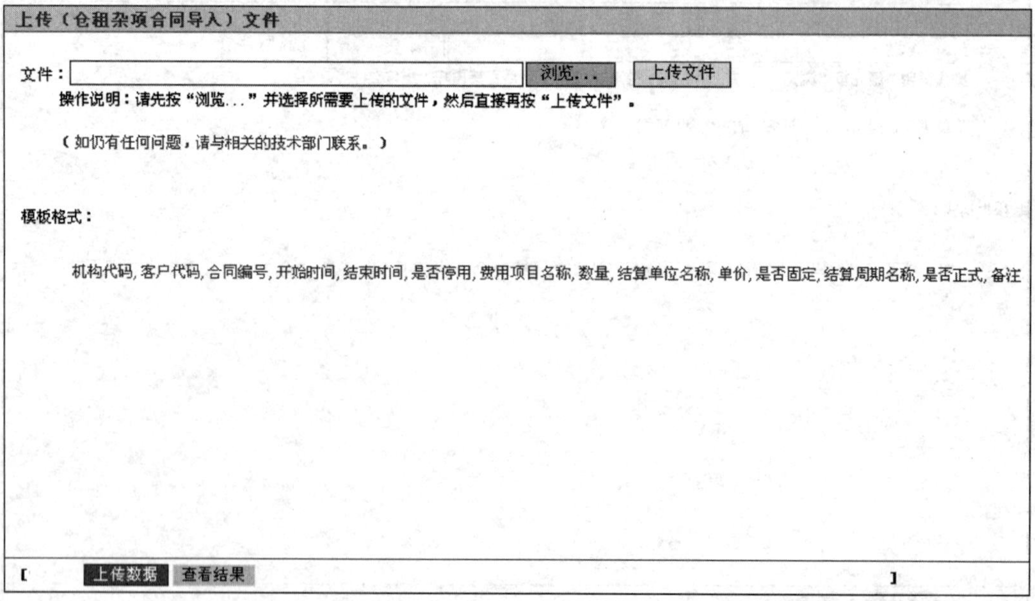

图 7-37　上传（仓租杂项合同导入）文件界面

（9）仓库类型维护。用于维护仓库类型，如正常库、暖库、冷库等（见图 7－38）。

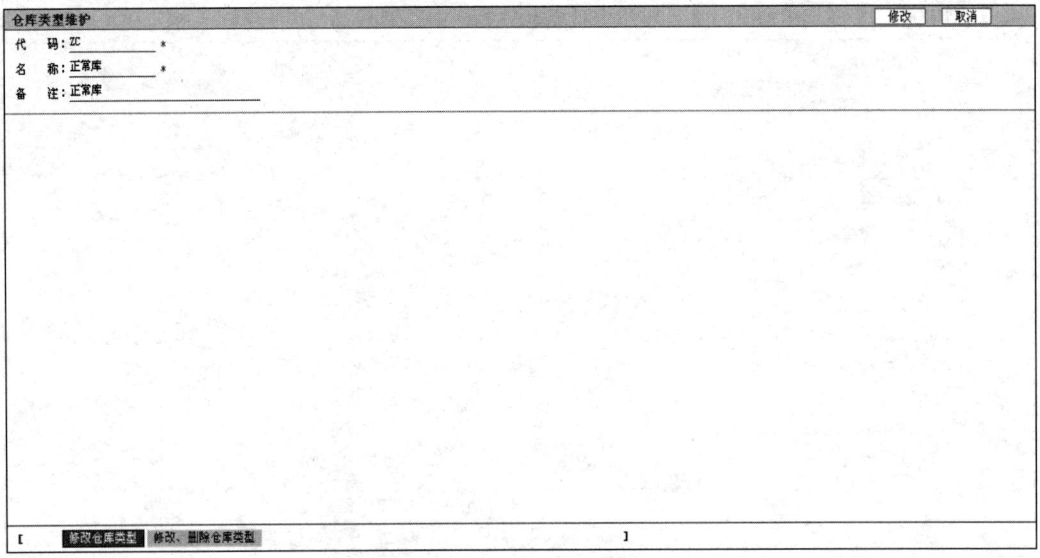

图 7－38　仓库类型维护界面

（10）结算周期维护。用于维护客户结算周期类型，如月付、周付、年付等（见图 7－39）。

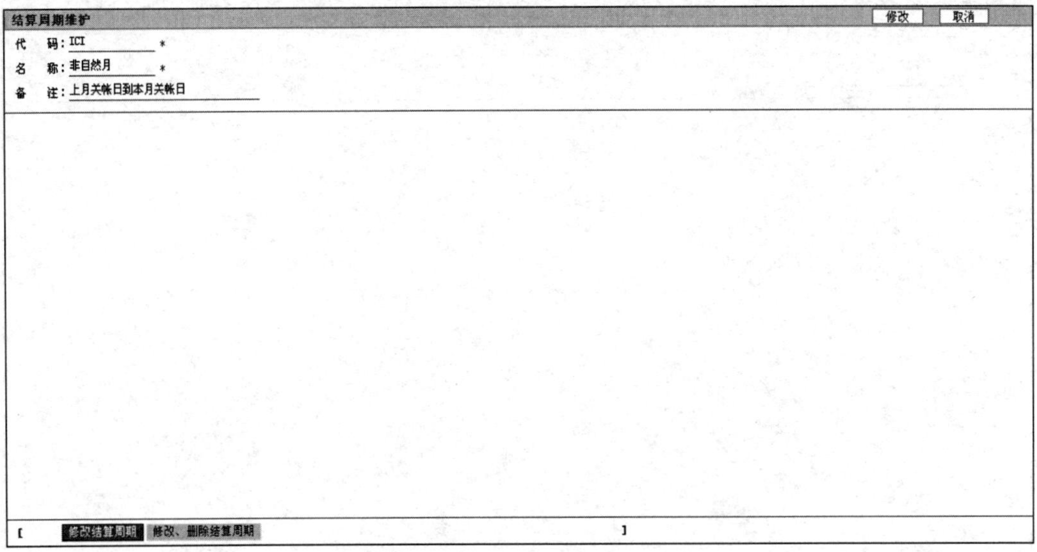

图 7－39　结算周期维护界面

（11）结算类型维护。用于维护仓租结算类型，如面积-月、板、立方米等（见图 7－40）。

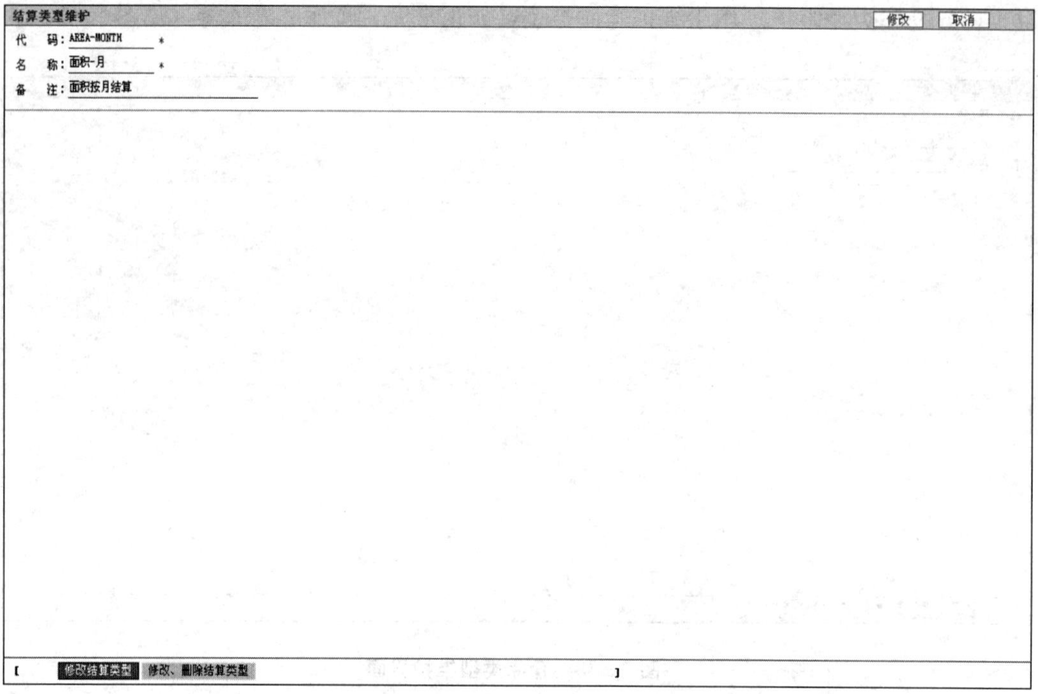

图 7-40 结算类型维护界面

（12）运作指令维护。用于维护仓租增加或减少等指令类型（见图 7-41）。

图 7-41 运作指令维护界面

（13）结算项目维护。用于维护结算费用类型，如铲板租金、仓租-平方米、装卸、杂项等类型（见图 7-42）。

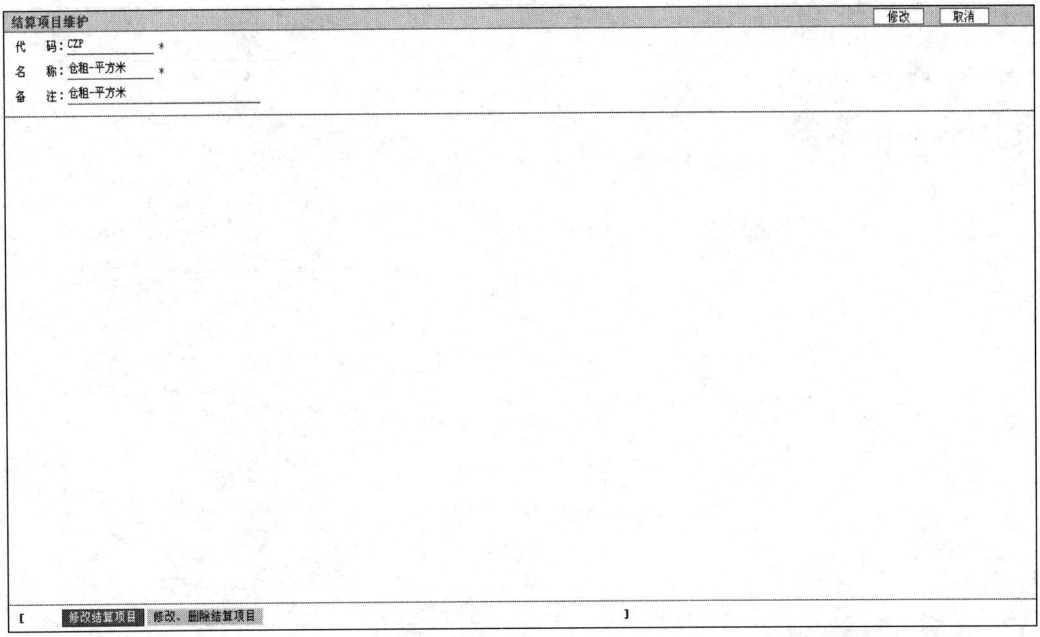

图 7-42　结算项目维护界面

（14）收费项目维护。用于杂项费用的收费项目类型维护，如办公室租金、网络费、电话费、电费、后勤费用、固定费用、邮寄费（见图 7-43）。

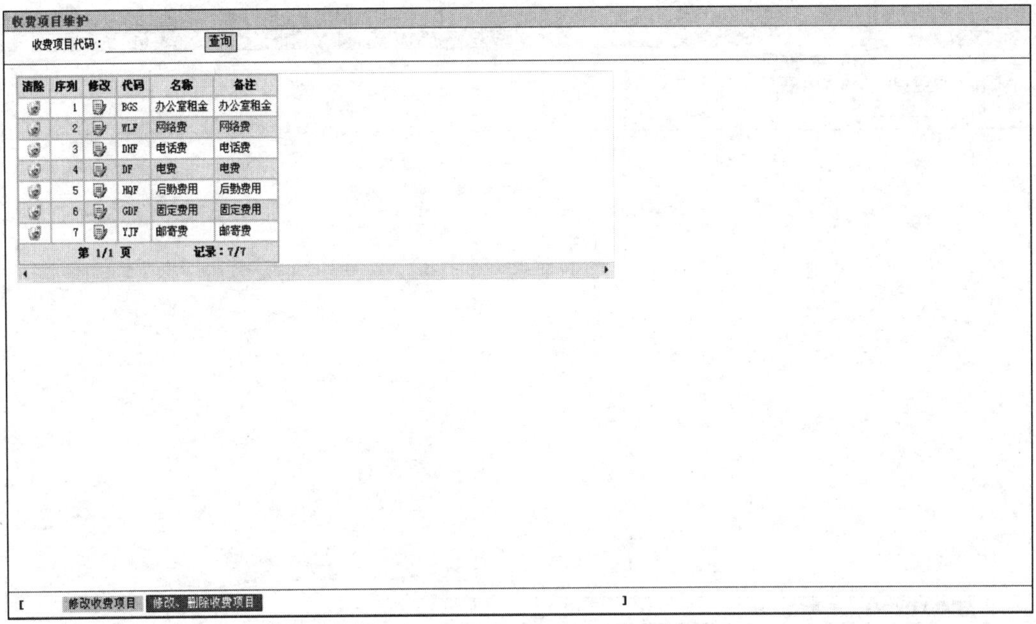

图 7-43　收费项目维护界面

（15）收费类型维护。用于铲板费用的收费类型维护，如折旧、租用等（见图 7-44）。

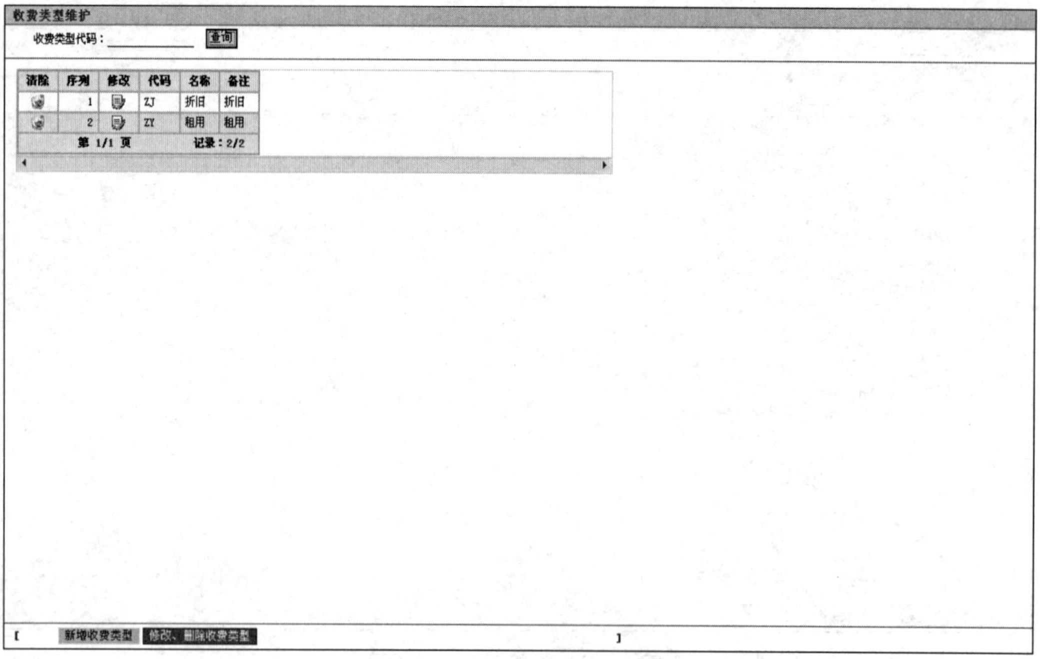

图 7-44 收费类型维护界面

(16) 仓库资源维护。用于维护各供应商下租用的各仓库，主要维护其仓库定义名称，如南岗 A 库、南岗 B 库、南岗 C 库等仓库（见图 7-45）。

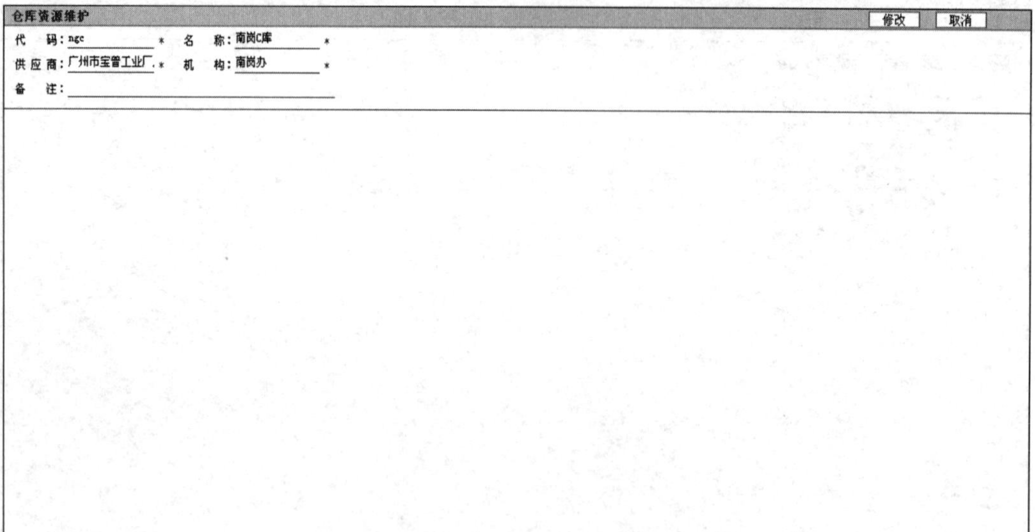

图 7-45 仓库资源维护界面

(17) EXE 仓库映射维护。用于维护 TOM 货主与 EXE 仓库对应关系映射，如“客户：卡夫，对应 EXE 仓库：南岗卡夫仓库”（见图 7-46）。

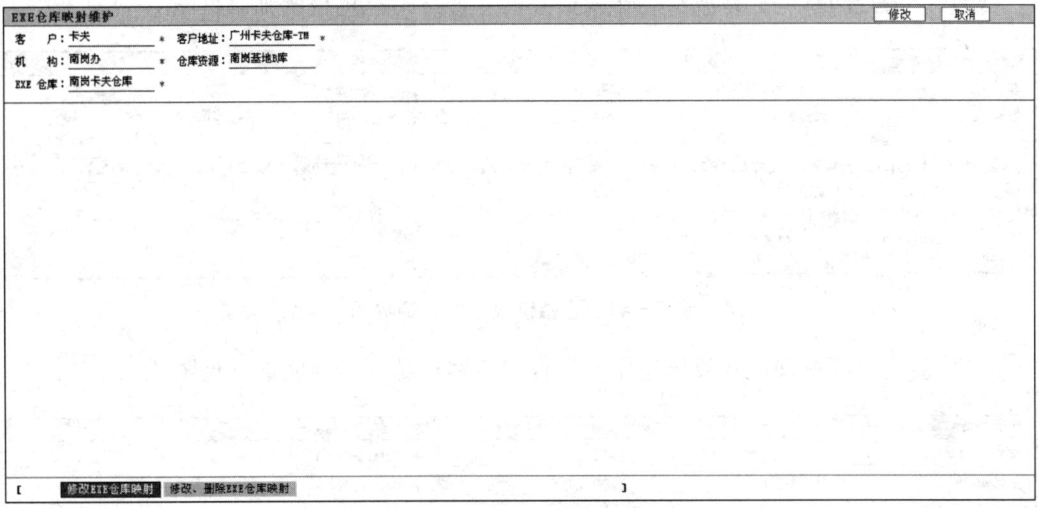

图 7－46　EXE 仓库映射维护界面

3. 装卸合同查询

(1) 供应商合同查询。开放给运作人员查询与供应商结算仓租明细（见图 7－47）。

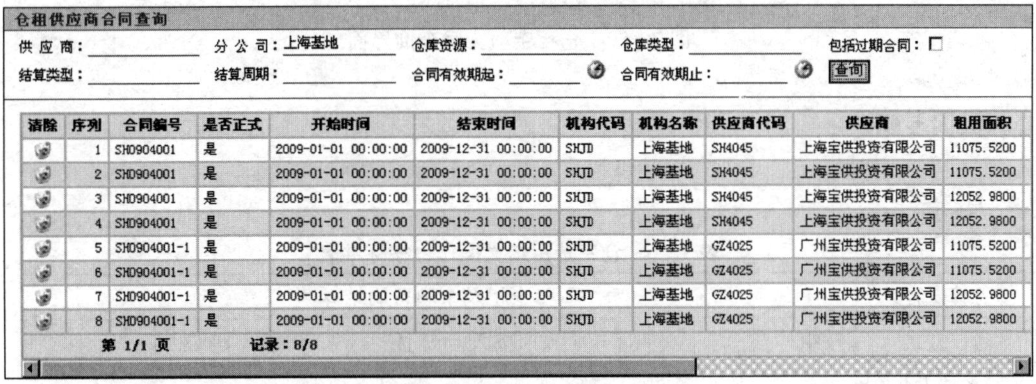

清除	序列	合同编号	是否正式	开始时间	结束时间	机构代码	机构名称	供应商代码	供应商	租用面积
	1	SH0904001	是	2009-01-01 00:00:00	2009-12-31 00:00:00	SHJD	上海基地	SH4045	上海宝供投资有限公司	11075.5200
	2	SH0904001	是	2009-01-01 00:00:00	2009-12-31 00:00:00	SHJD	上海基地	SH4045	上海宝供投资有限公司	11075.5200
	3	SH0904001	是	2009-01-01 00:00:00	2009-12-31 00:00:00	SHJD	上海基地	SH4045	上海宝供投资有限公司	12052.9800
	4	SH0904001	是	2009-01-01 00:00:00	2009-12-31 00:00:00	SHJD	上海基地	SH4045	上海宝供投资有限公司	12052.9800
	5	SH0904001-1	是	2009-01-01 00:00:00	2009-12-31 00:00:00	SHJD	上海基地	GZ4025	广州宝供投资有限公司	11075.5200
	6	SH0904001-1	是	2009-01-01 00:00:00	2009-12-31 00:00:00	SHJD	上海基地	GZ4025	广州宝供投资有限公司	11075.5200
	7	SH0904001-1	是	2009-01-01 00:00:00	2009-12-31 00:00:00	SHJD	上海基地	GZ4025	广州宝供投资有限公司	12052.9800
	8	SH0904001-1	是	2009-01-01 00:00:00	2009-12-31 00:00:00	SHJD	上海基地	GZ4025	广州宝供投资有限公司	12052.9800

第 1/1 页　记录：8/8

图 7－47　仓租供应商合同查询界面

(2) 客户合同查询。开放给运作人员查询与客户结算仓租明细（见图 7－48）。

清除	序列	合同编号	是否正式	开始时间	结束时间	机构代码	机构名称	客户代码	客户名称	租用面积	类型	仓库资
	1	20080527-11	是	2007-12-20 00:00:00	2010-12-20 23:59:59	SHJD	上海基地	LNSH	李宁	0.0000	收入	SHB1
	2	20090106-01	是	2008-12-31 00:00:00	2010-12-31 23:59:59	SHJD	上海基地	HENKEL	汉高化妆品	0.0000	收入	SHB1
	3	20080818-15	是	2008-08-15 00:00:00	2009-08-14 23:59:59	SHJD	上海基地	KW	康王	0.0000	收入	SHB1
	4	20081027-01	是	2008-09-26 00:00:00	2009-09-25 23:59:59	SHJD	上海基地	YST	养生堂	50.0000	收入	SHB1
	5	20090106-01	是	2008-12-31 00:00:00	2010-12-31 23:59:59	SHJD	上海基地	HENKEL	汉高化妆品	300.0000	收入	SHB1
	6	20080818-01	是	2009-05-01 00:00:00	2010-04-30 00:00:00	SHJD	上海基地	YK	约克	100.0000	收入	SHB1

第 1/1 页　记录：6/6

图 7－48　仓租客户合同查询界面

(3) 铲板合同查询。开放给运作人员查询与客户结算铲板明细（见图 7-49）。

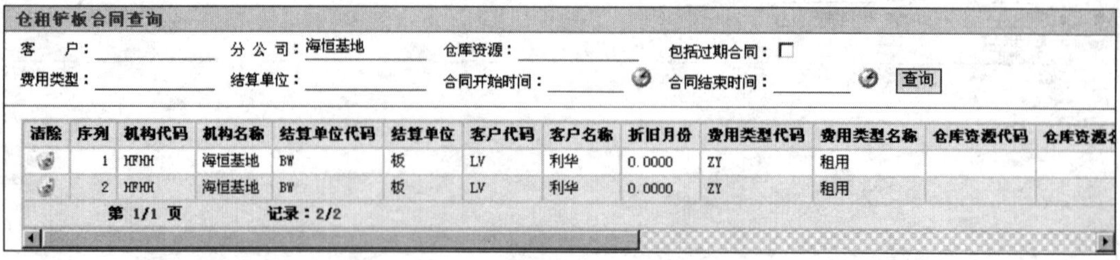

图 7-49 仓租铲板合同查询界面

(4) 杂项合同查询。开放给运作人员查询与客户结算杂项明细（见图 7-50）。

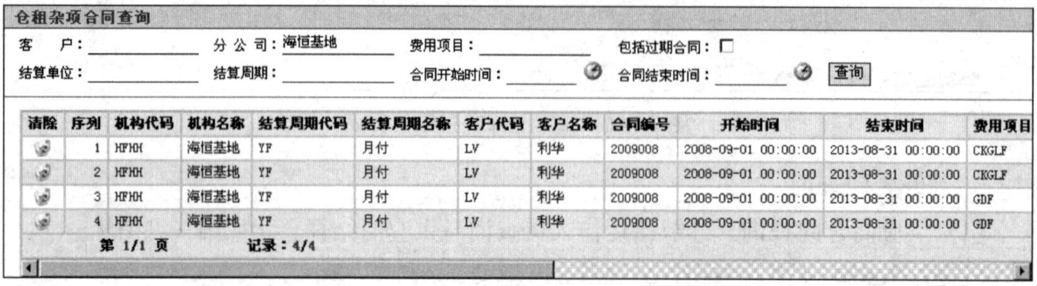

图 7-50 仓租杂项合同查询界面

实训考核

详见表 7-6。

表 7-6 仓库费用结算操作考核标准表

考核内容	仓租及杂项费用结算		
考核方式	按组检查□	按人检查□	
考核人		被考核人	
考核标准	具体内容	分值	实际得分
	熟悉仓库杂项作业类型	20	
	系统操作熟练	20	
	信息检索熟练	20	
	数据录入完整准确	20	
	结算操作结果总结描述正确	20	
合计		100	

参考文献

1. 北京中物联物流采购培训中心．物流管理职业技能等级认证教材（中级）[M]. 南京：江苏凤凰教育出版社，2019.

2. 孙秋高，等．仓储管理实务[M]. 4 版．北京：电子工业出版社，2020.

3. 薛威．物流仓储管理实务[M]. 2 版．北京：高等教育出版社，2011.

4. 汪永太．商品检验与养护[M]. 5 版．大连：东北财经大学出版社，2019.

5. 田侠，等．仓储与配送管理[M]. 2 版．大连：大连理工大学出版社，2016.

6. 孙慧．仓储业务运作与管理[M]. 北京：高等教育出版社，2015.

7. 朱文涛．仓储与配送管理[M]. 北京：冶金工业出版社，2009.

8. 杨叶勇．仓储与配送管理实训教程[M]. 北京：北京大学出版社，中国农业大学出版社，2009.

9. 浦震寰．现代仓储管理[M]. 北京：科学出版社，2009.

10. 梅艺华，等．仓储管理实务[M]. 北京：北京理工大学出版社，2010.

11. 唐秀丽．物流仓储管理[M]. 上海：上海交通大学出版社，2008.

12. 郑克俊．仓储与配送管理[M]. 北京：科学出版社，2005.

13. 潘炎建．物流综合实训[M]. 北京：高等教育出版社，2013.

14. 刘毅．仓储作业实务[M]. 北京：机械工业出版社，2012.

15. 徐玲玲，刘莉．仓储技术[M]. 北京：中国物资出版社，2010.

16. 刘智慧，徐斌华，彭光辉．物流仓储管理[M]. 西安：西安交通大学出版社，2014

17. 毛晓辉，刘光辉．仓储作业与管理[M]. 北京：中国传媒大学出版社，2011.

18. 李永生，郑文岭．仓储与配送管理[M]. 北京：机械工业出版社，2003.

19. 梁军．仓储管理实务[M]. 北京：高等教育出版社，2003.

20. 鲍吉龙，江锦祥．物流信息技术[M]. 北京：机械工业出版社，2003.

21. 孙丽芳，欧阳文霞．物流信息技术与信息系统[M]. 北京：电子工业出版社，2004.

22. 阎子刚．物流信息技术[M]. 北京：高等教育出版社，2003.

23. 黄静，范学谦．仓储管理实务[M]. 3 版．大连：大连理工大学出版社，2007.
24. 邓永胜，秦江华．物流信息技术[M]. 北京：电子工业出版社，2013.
25. 王晓平．物流信息技术[M]. 北京：清华大学出版社，2011.
26. 黄莉，王雅蕾，安小风．物流信息与物联网技术[M]. 北京：清华大学出版社，2013.